ISSN 1884-7382

インド論理学研究

XI

平成30年11月

インド論理学研究会

ISBN978-4-7963-0249-4 C3015

INDIAN LOGIC

XI

November 2018

Association for the Study of Indian Logic

INDIAN LOGIC, No.11
(インド論理学研究 INDO-RONRIGAKU-KENKYŪ　第 XI 号)

Editors
MATSUMOTO Shirō
KANAZAWA Atsushi
YOTSUYA Kōdō

c/o Kanazawa Atsushi
Faculty of Buddhism, Komazawa University,
1-23-1 Komazawa, Setagaya-ku, Tokyo,154-8525, Japan
e-mail:kanazawa@komazawa-u.ac.jp

First published November 2018 by the Association for the Study of Indian Logic.

ISSN 1884-7382
ISBN 978-4-7963-0249-4 C3015

インド論理学研究

平成30年度（第XI号）

目次

中観帰謬論証派における否定と証明（四津谷孝道） 1

『量評釈』「量成就章」第34偈における悲(karuṇā) に関する覚え書き（新井一光） 33

「久遠実成の仏」の寿量について（松本史朗） 41

「五百塵点劫の譬喩」に関する一つの覚書（李暎実） 49

arthāntaranyāsa について

　―ダンディン著『美文体の鏡』（*Kāvyādarśa*）における定義と用例―（和田悠元） 59

吐蕃王朝大蔵経編纂事業考（2）

　―『デンカルマ目録』と『パンタンマ目録』の編纂事情―（西沢史仁） 71

ラトナーカラシャーンティの『般若波羅蜜修習次第』梵文和訳（加納和雄・松田和信） 145

欧文目次 171

編集後記（金沢篤） 173

中観帰謬論証派における否定と証明

四津谷 孝道

I

> それ故に，プラサンガによって[過失を］もたらすことは，ただ対論者の主張を否定することのみを目的とすることより，プラサンガによって反対の意味内容が［プラサンガを投じた論者に］生ぜしめられることはない。[1]

この『プラサンナパダー』*Prasannapadāmūlamadhyamakakārikāvṛtti* の記述は，中観帰謬派（Prāsaṅgika-Madhyamaka）が空性を論じる際に，かれらが主として採用するプラサンガ論法（prasaṅga）による議論の目的が，対論者の主張 —正確には，対論者である不空論者が唱える実体論— を否定することのみである，ということをもっとも顕著に示す典拠の一つである。

さらに，同書においては，自立論証（svatantrānumāna）との比較のなかで，中観帰謬派が用いる推論に関しても同様なことが述べられている。

> 我々は自立論証を行わない。我々の推論はただ対論者の主張を否定することだけを目的とするのである。[2]

中観帰謬派が空性をめぐる議論において対論者の主張（pratijñā）をただ否定することに終始するか否かというこの問題は，ブッダパーリタ（Buddhapālita, 470-540 頃）をバーヴィヴェーカ（Bhāviveka 或は Bhavya, 500-570 頃）が批判し，次にチャンドラキールティ（Candrakīrti, 600-660 年頃）がブッダパーリタを弁護する一方でバーヴィヴェーカを批判したという中観派の思想史的な状況においては，どのようにとらえられるであろうか。そのことを，その当時には存在していなかった「中観帰謬派」並びに「中観自立派」（Svātantrika-Madhyamaka）という概念を，便宜上あえて用いて言い表せば，

・中観帰謬派はプラサンガ論法や推論を用いて対論者の主張を否定することのみに終始する。

・中観自立派はプラサンガ論法を用いて対論者の主張をただ否定することよりも，自立論証を用いて自らの主張を積極的に証明することに重きをおく。

---

[1] tataś ca parapratijñāpratiṣedhamātraphalatvāt prasaṅgāpādanasya nāsti prasaṅgaviparīta-arthāpattiḥ / (PPMV [s], La Vallée Poussin [1970]a, p.24)

[2] na vayaṃ svatantram anumānaṃ prayuñjyamāhe parapratijñāniṣedhaphalatvād asmadanumānānām / (PPMV [s], La Vallée Poussin [1970]a, p.34)

というように，比較的単純な図式のなかでとらえることができよう。だが，チベット仏教とくに後期伝播時代（spyi dar）においては，その問題はいささか複雑な様相を呈してくる。たとえば，中観帰謬派も世俗すなわち言説の立場においては対論者の主張を否定するだけでなく自らの主張を積極的に証明する，或は証明にはその内容に関して肯定的なものと否定的なものが有るとし，中観帰謬派においては少なくとも後者は認められるとするなど，[3] 中観帰謬派においても何らかのかたちで自らの主張が有り，その主張内容を証明することが認められるという理解が現われてくる。そうしたなかでとりわけ特徴的な理解を明確に提示した代表的な人物がツォンカパ（Tsong kha pa blo bzang grags pa, 1357-1419）であり，[4] その見解の類まれな独創性ゆえに多くの論者がかれの理解を批判したのであった。そして，本稿で取り上げるシャーキャ・チョクデン（gSer mdog paṇ chen Shākya mchog ldan, 1428-1507）もそうした論者の一人なのである。

本稿においては，シャーキャ・チョクデンが，主著である『中観決択』*Theg pa chen po dbu ma par nges pa'i mdzod lung dang rigs pa'i rgya mtsho* の第２章「［中観派が］中観帰謬派と［中観］自立派に分岐した根拠と［それら両者の］諸学説の依拠の明確な説示」（*dBu ma thal rang gig yes pa 'tshams dang grub mtha'i gnas rnams gsal bar bstan pa*）において展開した議論に着目し，そこで述べられているツォンカパ批判を検討することをとおして，中観思想のチベットにおける特異な進展の一端を紹介してみたい。

なお，中観帰謬派は対論者の主張を否定することのみに徹するのか，或はかれらが自らの主張を証明することに従事することもあるのか，という問題は，中観帰謬派における自らの主張の有無や自立論証批判などの問題とも密接に関係するのであるが，議論の拡散を避けるために，本稿においては，それらとの関連には必要以上に言及しないこととする。

II

---

3 『善説心髄』*Drang ba dang nges pa'i don rnam par phye ba'i bstan bcos legs bshad snying po* では，たとえば「中観派には，無自性を論証式や推論によって否定する自らの立場或は主張は有るが，それを論証式や推論によって積極的に証明する立場或は主張はない」というような，ツォンカパ以前のチベット人の説に対する言及がなされている。

dbu ma pa la rang bzhin 'gog pa'i rtags dang rjes dpag yod kyi rang bzhin med pa sgrub pa'i gnyis med / …. (LNy.pha.115a3)

【訳】中観派には自性を否定する証因と推論が有るが，無自性を証明するその二つ（証因と推論）は無い。…

4 ツォンカパは，『善説心髄』において，かれの理解と対照的な見解について，以下のようにふれている。

dbu ma rang rgyud pa la bdag med sgrub pa'i rtags dang rjes dpag yod kyi thal 'gyur ba la med de / …(LNy.pha.115 a4)

【訳】中観自立派には無我を証明する証因と推論はあるが，［中観］帰謬派には無いのである。…

まず，中観帰謬派が空性をめぐる議論において対論者の主張をただ否定することのみに終始するのではなく，自らの主張を有し，その主張内容（或は「所証」）を証明する，というツォンカパの理解を確認することから始めることにしよう。

ツォンカパが直接的にこの問題を主に扱っているのは，かれの主著の一つである『善説心髄』*Drang ba dang nges pa'i don rnam par phye ba'i bstan bcos legs bshad snying po* と『根本中頌』*Mūlamadhyamakakārikā* の註釈書である『正理海』*Theg pa chen po dbu ma rnam par nges pa'i mdzad lung dang rigs pa'i rgya mtsho* においてである。両書における記述を比較・検討すると，前者においては当該の問題が詳細に論じられており，後者においてはその議論が踏襲され，さらなる議論の展開がうかがわれる。[5] ともかく，ここでは主に『善説心髄』の記述に拠って，ツォンカパの理解を略説していくことにする。

ツォンカパによれば，

> 空性をめぐる議論において対論者の主張をただ否定することのみに終始するのではなく，自らの立場を定立・証明することは，中観自立派においてばかりでなく中観帰謬派においても認められる。

というのである。[6] ここにおいて「自らの立場を定立・証明することは認められる」ということは，たとえば，

> 対論者による「諸々の事物が実体的に或は自性によって存在する」という主張をただ否定することに終始するのではなく，それらが非実体的に存在するすなわち無自性であると証明することは，中観派によって ―すなわち，中観自立派のみではなく中観帰謬派によっても― 認められる。

と言い表すことができる。

一般に，「中観派にはいかなる自らの主張も無い」ということにおいて，中観派が採用する否定は非定立的否定（prasajya-pratiṣedha, med dgag）とされる。かれらにとって非定立的否定とは，大まかな言い方をすれば，ただ単に否定対象を否定するだけのもので，その否定をとおして何かを定立・証明することのない否定である。ところが，ツォンパによ

---

[5] LNy.pha.113b3-117b2; RGy.ba.23b3-26b3.

[6] ツォンカパは，下記の引用が示すように，無我のような所証を証明する証因と推論は中観自立派において存在するが中観帰謬派においては認められないという対論者の説を，否定されるべき前主張として紹介している。

gzhan dag dbu ma rang rgyud pa la bdag med sgrub pa'i rtags dang rjes dpag yod kyi thal 'gyur ba la med de / ….. (LNy.pha.115a4)

【訳】他の人々は，[以下のように]語っている。中観自立派には無我を証明する証因と推論があるが，[中観]帰謬派には無いのである。…..

れば,

> 空性をめぐる議論における自性や我などの否定は非定立的否定でありながらも，そこには定立・証明することは確固としてある。

とされるのである。

非定立的否定に関する主な典拠としてよく援用されるのは，バーヴィヴェーカのものとされる『思択炎』*Tarkajivālā* の以下の記述である。

> 非定立的否定とは，ある事物の特質のみを否定することだけなのであって，それと類似はするが，それ以外の事物（gzhan gyi dngos po）を定立するものではない。たとえば，「バラモンは飲酒してはならない」というのは，それ（飲酒）のみを単に否定するだけなのであって，「それ（酒）以外の飲み物を飲む」ということ或は「[酒以外の飲み物を]飲まない」というようなことを説くのではない，と[説かれている]。[7]

非定立的否定とは，引用文中の「バラモンは飲酒してはならない」(bram zes chang 'btung bar mi bya'o)という例に示されているように，否定対象である「飲酒」を否定するだけであって，その否定対象以外のもの，すなわち「酒以外の飲み物を飲んでよいこと」や「酒以外の飲み物を飲んではならないこと」を含意として定立しないものである，とここでは規定されている。

ツォンカパは，そうした非定立的否定を，「否定対象を直接的に（dngos su）断じて，他の法（chos gzhan）を含意しないもの」（dgag bya dngos su bcad nas chos gzhan mi 'phen pa）と解釈する。[8] つまり，それによって「非定立的否定においては，他の法は定立・証明されないが，他の法でないものは定立・証明される」と理解されることとなるのである。より正確には，「非定立的」という表現の「非」によって排除されているのは，単に何かを定立・証明することなのではなく，あくまで他の法を定立・証明する，ということなのである。[9]

では,「定立されない」或は「証明されない」とされる「他の法」（chos gzhan）というものを，ツォンカパはどのようにとらえているのであろうか。それを先にも言及した自性を否定する議論を例として説明してみると,

> 否定対象は「自性」であり，その自性が非定立的に否定された場合,

---

[7] med par dgag pa ni dngos po'i ngo bo nyid tsam zhig 'gog par zad kyi de dang 'dra ba de ma yin pa gzhan gyi dngos po sgrub par mi byed pa ste dper na bram zes chang btung bar mi bya'o / zhes bya ba de tsam zhig 'gog par zad kyi de las gzhan pa'i btung ba btung ngo zhe'am mi btung ngo zhes mi brjod pa lta bu'o zhes so // (LNy.pha.114a3-4 / TJ.D.dza.59b5-6)

[8] LNy.pha.114a2-3.

[9] 『善説心髄』における「他の法」をめぐる一連の議論については，松本 [1997], pp.321-331 参照。

> 中観派において通常は自性がただ否定されるだけであると理解されるのであるが，ツォンカパはそうではなく，以下のようにとらえるのである。その非定立的否定において，否定対象である自性は確かに否定される。だが，否定対象である自性が否定されたものである無自性は定立・証明されないことはない。何故ならば，自性の否定によって定立・証明される無自性は，否定対象である自性が否定されたものから見れば，他の法ではないからである。

ということとなる。

そして，その背後には「否定対象の否定は否定対象が否定されたものの肯定（定立・証明）を不可欠とする」というツォンカパの理解があると考えられる。つまり，「他」というのは，単に否定対象より他であるというのではなく，否定対象が否定されたもの以外であるということなのである。また，「他の法ではない」というのは， たとえば「自性が有るのではないこと」からみれば「自性が無いこと」が他ではないと見られるように，換質されたもののことであると考えられる。

次に，ツォンカパにとって「他の法が定立・証明される」というのはどういうことなのであろうか。この問題を考察することをとおして，ツォンカパの特徴的な理解を，また別な視点から見てみることにしよう。

ツォンカパは，芽が実体（諦）として成立することを否定する文脈で，

> それ故に，「芽が諦[として]成立すること」(myu gu bden grub)と「[芽が]諦[として]無であることが諦[として]成立すること」(bden med pa bden grub)の両者は[同時に]否定されうるから，[それらに関しては]一方が排除（否定）されることがもう一方を成立させる（決定する）のではない(gcig rnam par bcad pas cig shos yongs su gcod pa ma yin)。だが，「芽が諦[として]有ること」(myu gu bden yod)と「[芽が]諦として無いこと」(myu gu bden med)の二者[に関して]は，一方が排斥されるならばもう一方が決定されるはずである(gcig rnam par bcad na cig shos yongs su gcod dgos pa)から，両者を[同時に]否定することはできないのである。[10]

と述べている。ここにおいては，「芽が諦として存在すること」が否定されることに対し

[10] des na myu gu bden grub dang bden med bden grub gnyis ka dgag nus pas gcig rnam par bcad pas cig shos yongs su gcod pa ma yin kyang / myu gu bden yod dang bden med gnyis ni gcig rnam par bcad na cig shos yongs su gcod dgos pas gnyis ka ’gog mi nus te / … (LNy.pha.117a3-4)

て二つのことが想定されている。一つは芽が諦として存在することの否定と同時に否定されるもの，もう一つはそうではないものである。具体的には，芽が諦として存在することが否定されるとき，「芽が諦として存在しないこと」は否定されないが，「芽が諦として存在しないことが諦として存在すること」（すなわち「諦として有る『芽が諦として存在しないこと』」）は否定される，ということである。さらに，それを上掲の引用文のなかの「排斥」（vyavaccheda / rnam par bcad pa）と「決定」（pariccheda / yong su gcod pa）という対をなす術語を用いて言い表せば，

> 芽が諦として存在することが排斥されることによっては「芽が諦として存在しないこと」は決定されるのであるが，「芽が諦として存在しないことが諦として存在すること」（すなわち「諦として有る『芽が諦として存在しないこと』」）は決定されないのである。

ということになる。[11] では，「芽が諦として存在しないこと」が定立・証明すなわち決定されるのは，何故であろうか。すなわち，芽が諦として存在することが否定すなわち排斥されたものから見れば，「芽が諦として存在しないことが諦として存在すること」（すなわち「諦として有る『芽が諦として存在しないこと』」）は他の法であるが，「芽が諦として存在しないこと」は他の法ではないからである。要するに，否定対象が否定されたもの以外の他の法は，否定対象の否定と同時に否定されるが，他の法ではないものは同時に否定されない，ということである。[12]

ここにおいても自性を否定する議論を例として説明を加えるとすると，

> 否定対象である自性が排斥されるとき，その否定対象が排斥・否定された内容である無自性は決定されるのであるが，無自性が諦として存在すること（すなわち「諦として有る無自性」）は決定されないのである。何故ならば，否定対象である自性が排斥・否定されたものにとっては，無自性が諦として有ることは他の法であるが，無自性そのものは他の法ではないからである。

ということになる。こうしたツォンカパの理解を，本稿の主題である「中観自立派においてばかりでなく，中観帰謬派においても何らかのかたちで自らの主張が有り，その主張内容を証明することが認められる」ということとの関連のなかで要約すれば，

> 中観帰謬派が否定対象である対論者の主張を否定する場合，その否定

---

[11]『善説心髄』の当該箇所における「排斥」と「決定」については，Ruegg [2000], pp.195-197 参照。

[12] 「非定立的否定によっては否定対象が否定されるのみで，他の何ものも定立・証明されない」といった場合，そこにおいて他であることの基点となるのは，一般の中観派にとってはあくまで否定対象であり，ツォンカパにとっては「否定対象が否定されたもの」である，ということである。

> が非定立的否定であっても，その対論者の主張が否定すなわち排斥された内容それ自体がかれらによって証明・定立すなわち決定されることは認められる。

ということとなるのである。

こうしたツォンカパの理解を前提として，次節以下においては，それに対するシャーキャ・チョクデンの批判を見ていくことにしよう。

III

前節において述べたツォンカパの理解は，「空性をめぐる議論において，否定対象を否定するとき，その否定対象が否定されたものを内容とする所証が証明される」と表現し直すことができるのであるが，それに対するシャーキャ・チョクデンの批判を見ていく前に，この問題に関するかれ自身の基本的な立場を，まず確認しておくことにしよう。

> 要約すれば，[中観派は]勝義においては否定対象を否定することと所証を証明することの両者を認めない。しかし，中観派は[分別]知とことばによって言語表現する場合には，所証を証明することは認めないが，ほかならぬ否定対象を否定することをことばで表現することをチャンドラキールティはお認めになっている。[13]

このように，チャンドラキールティにしたがって —この場合は「中観帰謬派においては」と理解される—，確かに勝義そのものにおいて否定も証明もありえないのであるが，「[分別]知とことばによって言語表現する場合には」（shes brjod kyis tha snyad 'dogs pa'i tshe）と引用文のなかで言及されているような状況において，つまり言説としては所証を証明することはやはり認められないが，否定対象を否定することは認められる，ということなのである。別な言い方をすれば，勝義そのものにおいては戯論が寂滅していることより証明することだけでなく否定することも無いが，言説においては自らの主張を証明することは無くても，対論者の主張を否定することは有る，ということなのである。

要するに，

> 中観帰謬派の立場によれば，勝義そのものにおいてはいかなる概念知とことばによる営みも許されることはないが，そうした勝義に至る道程においてなされるべきことは，言説を用いてただ対論者の主

---

[13] mdor na don dam par ni dgag bya 'gog pa dang / bsgrub bya sgrub pa gnyis ka khas mi len mod / dbu ma pa'i shes brjod kyis tha snyad 'dogs pa'i tshe bsgrub bya sgrub khas mi len gyi dgag bya 'gog pa'i tha snyad tsam zhig ni byed par zla bas bzhed pa yin te / (BNg.kha.56b7-57a1)

張を否定することのみである。

ということなのである。

シャーキャ・チョクデンは，上記のような自らの立場から，ツォンカパの立場を批判するために，多くの聖教に言及している。そうした聖教には，シャーキャ・チョクデンのみによって援用されているものと，相互に異なった立場に立ちながらも，シャーキャ・チョクデンとツォンカパの両者よって援用されているものがある。ここでは，まず前者に属する聖教の中でも重要と思われる，ナーガールジュナの『ラトナーヴァリー』*Ratnāvalī* の詩句について見てみることにしよう。

それ故に，そのように我と無我を
正しくあるがままに認識しないで
我と無我を見る人々を
偉大な牟尼は退けた。[14]

ツォンカパにとっては，否定対象である我が否定されたならば無我が定立・証明されるのであり，我と無我は同時に否定されないものであるはずなのだが，ブッダはそれら両者を同時に否定している。これがこの詩句を引用したシャーキャ・チョクデンの意図と考えられる。

また，同書の別の詩句においては，有と無を直接矛盾するととらえる対論者に対して，

もし[対論者によってあるものの]有であることが非難されて
含意としてそれが無であると設定されるならば
それと同様に，[あるものの]無であることが非難されて
[それが]有であると何故に設定されないのか。
[そのように有であると設定されるはずである。[15]

と，ナーガールジュナ問いを投げかけている。つまり，否定対象である有が否定されるときに含意によって無が設定すなわち肯定されるというならば，それと同じように否定対象である無が否定されるときにも含意によって有が肯定されるはずである，というのである。この対論者の理解は，先に見た「自性が否定されるときには無自性が証明される」

---

14 de ltar bdag dang bdag med par // yang dag ji bzhin dmigs su med //
bdag dang bdag med lta ba dag // de phyir thub pa chen pos bzlog // (RV. II-3, Hahn [1982], p.41)
naivam ātmā na cānātmā yāthābhūtyena labhyate /
ātmānātmakṛte dṛṣṭī vavārāsmān mahāmuniḥ // (Hahn [1982], p.40)

15 gal te yod pa sun phyung bas // don gyis 'di ni med par bslan //
de bzhin med pa sun phyung bas // yod par ci yi phyir mi bslan // (RV. I-59, Hahn [1982], p.25)
syād astidūṣaṇād asya nāstitākṣipyate 'rthataḥ /
nāstitādūṣaṇād evaṃ kasmān nākṣipyate 'stitā // (Hahn [1982], p.24)

というツォンカパのそれと近似するものであるが，それを批判するのが下記の詩句なのである。

世間の人々や，サーンキヤ派，ヴァイシャーシカ派，
ジャイナ教[徒]に，有と無を超えることを説くかを尋ねてみよ。
[かれらは，有と無を超えると答えないであろう。[16]

要するに,「有でなければ無であり，無でなければ有である」ととらえる世間の人々やサーンキヤ派の人々は，中観派のように，有と無を超えた非有・非無の中道を説くことはない，ということである。

ナーガールジュナと共に初期中観派の中心人物であるアーリヤデーヴァ（Āryadeva, 2―3 世紀）の著作である『四百論』 *Catuḥśataka* からは，ツォンカパの理解を批判するために，シャーキャ・チョクデンは以下の詩句を引用している。

有と無と有且つ無という
主張が有るのではない人（中観派）に
長時を経ても
批判は語られ得ない。[17]

ここにおいて，有と無，そして有且つ無などの主張そのものが無いことを根拠に，いかなる批判も投じられないとされる論者とは，もちろん中観派のことである。したがって，先に見たように，有と無は同時に否定されないとするツォンカパの立場は，アーリヤデーヴァが考える中観派の立場とは真っ向から対立するものである，とシャーキャ・チョクデンはとらえているのである。[18]

次に，それぞれの異なった立場からではあるが，シャーキャ・チョクデンとツォンカパ

---

16 gang zag phung por smra ba yi // 'jig rten grangs can 'ug phrug dang //
gos med bcas la gal te zhig // yod med 'das pa smra na dris // (RV. I-61, Hahn [1982], p.27)
sasāṃkhyaulūkyanirgranthapudgalaskandhavādinam /
pṛccha lokaṃ yadi vadaty astināstivyatikramam // (Hahn [1982], p.26)

17 yod dang med dang yod med ces // gang la phyogs ni yod min pa //
de la yun ni ring po na'ang // klan ka brjod par nus ma yin // (CŚ. XVI-25 / CŚ [t], Lang [1986], p.150)
sad asat sadasac ceti yasya pakṣo na vidyate /
upālaṃbhaś cireṇāpi tasya vaktuṃ na śakyate // (CŚ [s], Lang [1986], p.150)

18 ツォンパは,『菩提道次第論・広本』*Byang chub lam rim chen mo* の主張をめぐる議論において（LRCh.pa.414b3-415a1），この『四百論』の詩句に言及して，中観帰謬派に主張が無いことの典拠とはならないと述べている。ツォンカパは，その文脈で当該の詩句における「有」を認める者を「事物（実体的な存在）が有ると認める者」すなわち「[事物が]自体によって成立すると認める者」(rang gi ngo bos grub par 'dod pa;)，「無」を認める者を「事物が無いと認める者」(dngos por med par smra ba) すなわち「アルタ・クリヤー（効果的作用を[行う能力]を認めない者」(gzugs sogs kyi dngos po rnams kyi don byed pa thams cad khegs par 'dod pa; 色などの諸々の事物のアルタ・クリヤーをすべて否定することを認める者）ととらえ，両者における有と無は同時に否定されるものと理解している。

の両者によって援用されているいくつかの聖教を取り上げ，それらに対する解釈の相違を比較・検討してみることにしよう。

ちなみに，以下に検討する四つの聖教については，これまで紹介してきた聖教の場合もそうなのであるが，シャーキャ・チョクデンは本文を引用するのみで解説を付すことはなく，一方ツォンカパはそれらのほとんどについて短いながらも説明を加えている。この差異は，各々の聖教を字義通りに理解しようとするシャーキャ・チョクデンの態度と，それとは対照的にさまざまなことばを補って自らの恣意的な解釈を聖教の中になんとか読みこもうとするツォンカパの態度の違いを反映しているものと考えられる。

ともかく，先にふれたように，両者によって引用されている聖教の一つが，

> [チャンドラキィールティ：]我々はこれを非存在（無）と証明するのではない。
> [対論者：]では，[汝ら（中観派）は]何を[なす]のか。
> [チャンドラキィールティ：我々は]対論者が有ると[誤って]構想したものこれを否定する[だけ]である。それと同様に，我々はこれが有ると証明するのではない。
> [対論者：]では，[汝らは]何を[なす]のか。
> [チャンドラキィールティ：我々は]対論者が無いと[誤って]構想したものこれを排斥する[のみ]である。何故ならば，我々は二つ（有と無）の極論を排斥することをとおして中道をうちたてることを望むからである。[19]

というチャンドラキールティの『プラサンナパダー』よりの一節である。この引用箇所を字義通りに理解すれば，中観派は対論者が誤って有ると構想したもの並びに誤って無いと構想したものを否定するだけであって，対論者が誤って有ると構想したものが無い或は誤って無いと構想したものが有ると定立・証明するのではない，ということである。つまり，対論者が誤って有ると構想したものと誤って無いと構想したものが否定されたものこそが中道であるというのである。つまり，ここでは中観派の典型的な非有・非無の考

---

[19] kho bo cag ni 'di med par sgrub pa ma yin gyi 'o na ci zhe na / 'di gzhan gyis yod pa nyid du yongs su brtags pa 'gog pa yin no // de bzhin du kho bo cag ni 'di yod pa nyid du sgrub pa ma yin te / 'o na ci zhe na / 'di gzhan gyis med pa nyid du brtags pa sel ba yin te mtha' gnyis bsal nas bdnu ma'i lam sgrub par 'dod pa'i phyir ro // (PPMV [t], 'a.127b3-4; LNy.pha.115a4-6)

na vayam asyasattvaṃ pratipādayāmaḥ / kiṃ tarhi paraparikalpitaṃ sattvam asya nirākurmaḥ / evaṃ na vayam asya sattvaṃ paripādayāmaḥ / kiṃ tarhi paraparikalpitaṃ asattvam asyāpākurmaḥ / antadvayaparihāreṇa madhyamāyāḥ pratipadaḥ pratipādayitum iṣṭatvād iti / (PPMV [s], La Vallée Poussin [1970]a, p.393)

えが示されているととらえることができ，そしてそれがそのままシャーキャ・チョクデンの理解でもあると考えられる。

だが，ツォンカパの解釈はそれとはいささか趣が異なるものである。それは，

> 「勝義として生じること」が断じられたことのみが証明されるのであって，それではない「勝義的な生の無いことが［諦として］有ること」を証明するものではないととらえられるのである。したがって，『プラサンナパダー』においても「対論者が有と構想したものを否定するのであって，無と証明するのではない」と説かれているが，［そこにおいて］「［対論者が］無と構想したものを否定する」［という］ことは，「勝義的な生が無いことが諦としてとらえられることは無い」（don dam pa'i skye med bden par bzung ba med do）という否定のようなものである。「有と証明するのではないこと」とは，「勝義的な生が有ると証明しない」（don dam pa'i skye ba yod par mi sgrub ba）という［ことなのである］。[20]

という記述の中に見てとることができる。ここでは，『プラサンナパダー』において「対論者が誤って有ると構想したものを否定するのであって，それが無いと証明するのではない」と「対論者が誤って無いと構想したものを否定するのであって，それが有ると証明するのではない」と二つのことが説かれているのに倣って，二つの議論が設定され，それら両方の議論において証明されるべきもの（所証）が有ることが，凝縮した表現で説かれているのである。

まず，誤って有ると構想されたものとは「勝義として生じることが有ること」であり，それが否定されることによっては「勝義として生じることが無いこと」は証明されるが，「勝義的な生が無いことが諦として有ること」（すなわち「諦として有る『勝義的な生が無いこと』」）は証明されるのではない。それらの中の後者は，否定対象である「勝義として生じることが有ること」が否定されたものから見れば他の法であるが，前者はそうではない。つまり，前者は所証として証明されるものなのである。

次に，誤って無と構想されたものとは「勝義として生じることが無いことが諦として有ること」（すなわち「諦として有る『勝義として生じることが無いこと』」）であり，それが否定されることによっては「諦として有るのではない『勝義として生じることが無いこ

20 ….. don dam par skye ba rnam par bcad tsam sgrub kyi de min pa'i don dam pa'i skye med yod par mi sgrub par go bas *tshig gsal* las kyang / gzhan gyis yod par brtags pa 'gog gi med par mi sgrub par gsungs la / med pa nyid du brtags pa 'gog pa ni don dam pa'i skye med bden par bzung ba med do zhes 'gog pa lta bu'o // yod pa nyid du mi sgrub pa ni don dam pa'i skye ba yod par mi sgrub pa'o // (LNy.pha.117a1-3)

と』」は証明されるが，「勝義的な生が有ること」（すなわち「勝義として生じることが有ること」）は証明されるのではない。そして，先の場合と同様に，否定対象である「諦として有る『勝義として生じることが無いこと』」が否定されたものから見れば，後者は他の法であるが，前者はそうではない。したがって，前者は所証として証明されるものである，ということである。

以上のように見てくると，先の『プラサンナパダー』の記述を「非定立的否定による否定がなされても証明されるべき所証は有る」という理解の典拠とするツォンカパの態度は幾分強引とももとらえられるが，かといってその解釈がまったく的外れなものであるとも見ることはできないのである。

次に言及する聖教は，チャンドラキールティの主要な自著である『入中論』*Madhyamakāvatāra* にある以下の詩句である。

> 諸々の分別の滅すること，［すなわち対論者の立場が否定されること］まさにそれは詳細な考察の目的であると賢者は語った。[21]

この詩句の意味するところを，字義通りにとらえれば，賢者である中観派の論書はただ対論者が誤って分別したものを否定することだけを目的として著されたのであるということであり，それはまさにシャーキャ・チョクデンの理解に相応するものであると考えられる。それに対して，ツォンカパは，中観派の論書はそのように対論者の誤った理解を否定するだけでなく，その誤った理解という否定対象が否定されたものは詳細に考察された上で，積極的に証明されるものである，と理解していると考えられる。[22]

---

21 rtog rnams log par gyur pa gang yin de //
rnam par dpyod pa'i 'bras bur mkhas rnams gsungs // (MA. La Vallée Poussin [1970]b, p.230; LNy.pha.115a6-b1)

22 ただし，ツォンカパは，『善説心髄』において，『入中論』のこの詩句に対しては解説を加えておらず，またかれの『入中論』の註釈書である『密意解説』*bStan bcos chen po dbu ma la 'jug pa'i rnam bshad dgongs pa rab gsal* においては，ただ以下のように解説しているだけであって，本文に記した筆者のような理解は示されていない。

gang gi phyir so so'i skye bo chos nyid 'di sngar bshad pa de ltar mi shes pa rnams ni gtso bor mthar 'dzin gyi rtog pas bcings pa de'i phyir chos nyid 'di de ltar thugs su chud pas phyin ci log tu rnam par mi rtog pa na rnal 'byor pa 'phags pa rnams ni grol bar 'gyur bas [/] de'i phyir mthar 'dzin pa'i rtog pa rnams kyi 'dzin stangs kyi yul ma lus bkag pas rtog pa log par gyur pa gang yin pa de nyid 'phags pas dbu ma'i bstan bcos las bshad pa'i rnam par dpyod pa'i 'bras bur rnam par bzhag go zhes mkhas pa rnams gsungs so // (NgR.ma.212a6-b2)

【訳】以前に説明したように，この法性をそのように理解しない異生凡夫は，主に辺執という分別に繋縛されているから，この法性をそのように了解することによって，誤って分別しないならば，諸々の聖なる瑜伽行者は解脱することとなる。それ故に，諸々の辺執のとらえ方をする［知］のすべての対境が否定されることによって分別が滅することとなることさまさにそれこそが，聖者（ナーガールジュナ）が中観の論書において説明した詳細な考察の目的として設定されているのである。

また，下記に引用されているのは，バーヴィヴェーカの『思択炎』からの一節である。

> 「地などは勝義においては大種を本質としない」と否定するのみであって，[それは大種以外の]他のものを本質とするものではない[ということ]と非存在を本質とすると証明（定立）しないのである。[23]

シャーキャ・チョクデンによれば，「地などは勝義として大種を本質としない」ということにおいては，地などが勝義としては大種を本質とすることのみが否定されているだけであって，それが勝義として大種以外のものを本質とすることや或は非存在を本質とすることなどのような，否定対象以外のいかなるものも定立・証明するのではない，ということなのであろう。一方，ツォンカパによれば，否定対象である「地などは勝義として大種を本質とすること」が否定されたものより他の法である「地が勝義として非存在を本質とすること」などはそこにおいては証明されないが，その否定対象が否定されたものより他の法ではない「地などが勝義としては大種を本質としないこと」すなわち「地が勝義として大種を本質とする存在としては無であること」は証明される，というのである。[24]

ナーガールジュナには「正理聚」（rigs tshogs）と呼ばれる一つの作品群がある。[25] ここで最後に言及するのは，それらの一つとされる『言説成就』*Vyavahārasiddhi* の一詩句である。

> これが有ることを否定することは，すなわち
> [これが]無であることを把握することではない。
> たとえば，「[これは]黒でない」と語るときに

このように諸々の賢者によって説かれたのである。

[23] sa la sogs pa don dam par 'byung ba'i ngo bo nyid ma yin par dgag pa tsam zhig byed par zad kyi / gzhan gyi ngo bonyid yin pa dang dngos po med pa'i ngo bo nyid yin par mi sgrub ste / （TJ. D.dza.59b7 / LNy.pha.115b2）

[24] sa ni don dam par 'byung ba'i ngo bo nyid ma yin zhes pas don dam par 'byung ba'i ngo bo nyid yin pa bkag pa tsam zhig byed ces smra ba na med dgag de bsgrub byar byed ces pa'i don yin pas dngos po med pa'i ngo bo nyid yin par sgrub ces pas don dam par 'byung ba'i dngos por med pa mi sgrub ces pa min gyi bkag tsam las ma gtogs pa'i dngos med kyi ngo bo nyid du mi sgrub pa'i don no // (LNy.pha.116a4-5)

【訳】「地[など] は勝義としては大種を自体（本質）としない」ということをとおして「『地などが勝義としては大種を自体とすること』をただ否定するのである」と語るときは，その非定立的に否定されたものを所証とするということである。したがって，[それは]「[地などが]非存在を自体とすることを証明するものではない」ということである。[それ]故に，[それは]「[地などが]勝義として大種[を自体とする]存在としては無であることを証明するのではない」ということではなくて，「[勝義として大種を自体とすることが]否定されたものそのものではない非存在を自体とするものとしての[地などを]証明するのではない」という意味である。

[25] 「正理聚」(rigs tshogs)とは，ナーガールジュナが空の論理を説き明かした五つ或は六つの著作の集まりを示す。すなわち，『根本中頌』，『六十頌如理論』*Yuktiṣaṣṭikā*，『空七十論』*Śūnyatāsaptati*，『廻諍論』*Vigrahavyāvartanī*，『ヴァイダルヤ論』*Vaidalyaprakaraṇa* の五つと理解するか，それに『言説成就』或は『ラトナーヴァリー』のいずれかを加えるかによって六つに理解するかである。正理聚については，ツルティム・ケサン［1986］参照。

「[これは]白である」と語られていないように。[26]

この詩句に関するシャーキャ・チョクデンの理解は，次のようなものととらえられる。あるものの有であることが否定されても，その否定によってそれの無であることが肯定されるのではなく，それの有であることがただ否定されるだけなのである。たとえば，それはあるものの黒であることが否定されても，それが黒以外の白であるととらえられないのと同様である，というのである。一方，ツォンカパによる理解は，以下のようなものである。[27] あるものの有であることが否定された場合，それが単に無であることが実体的であることすなわち諦有である無は肯定されるべきではないが，それが無であることは肯定すなわち定立・証明されるべきである。たとえば，あるものが黒であることが否定されるとき，それが白であることは証明されないが，黒でないことは証明されるべきであるのと同様である，というのである。つまり，あるものが黒でないことから見れば，それが白であることは他の法であるから証明されないが，黒でないことそれ自体は他の法ではないから証明される，というのである。

以上，同一の聖教に関するシャーキャ・チョクデンとツォンカパの解釈を対比することをとおして，両者の中観思想の際だった違いが幾許かは明らかになったと考えられる。次節においては，『中観決択』の第2章におけるシャーキャ・チョクデンのツォンカパ批判の核心的な部分に議論を進めていくことにしたい。

---

26 'di ni yod nyid 'gog pa ste // med nyid yogs su 'dzin pa min //
nag po min zhes smras pa na // dkar po yin zhes ma brjod bzhin // (VS / RGy.ba.29b3-4; LNy.pha.116b1)

27 ツォンカパはこの詩句に対しては，以下のように解説している。

dper na nag po med pa tsam zhig ston par 'dod pas 'di nag po min zhes smras pa na nag po bkag pa tsam zhig yin gyi / de las gzhan pa'i dkar po yin zhes mi ston pa ..... (LNy. pha.116b2)

【訳】たとえば，[これが]黒であるもの[として]無いことだけを説こうとして，「[これは]黒ではない」と説くときは，黒であること[だけ]が否定されているにすぎないのであって，それ以外に「[これは]白である」と説くのではない。.....

この記述からだけでは，確かに「あるものが黒であることが否定されるとき，それが白であることは証明されないが，黒でないことは証明されるべきである」と理解することはできないが，この後に続く以下の記述からは，ツォンカパが「黒でないことは証明されるべき」ととらえていたことを推し量ることができる。

Shes rab sgron ma 'grel bshad dang bcas pas kyang / ma yin dgag bsgrub bya min la med dgag yin pa'i don du bshad do // dper brjod kyis kyang shes te nag po min zhes pas nag po min pa ma bstan mi zer bar dkag po yin zhes ma bstan ces gsungs pas so // (LNy.pha.112b3-4)

【訳】『般若灯論』とその副註によっても「[それは]定立的否定が所証なのではなくて，非定立的否定が[所証]である」という意味を説明するものである。[それは]，喩例に基づいて語ることをとおしても理解されるのである。[たとえば]「[これは]黒でない」と説かれていないというのではなくて，[[これは]白である]と説かれていないのである」と,このように説かれているのである。

『般若灯論』の副註におけるこの『言説成就』の詩句については，片野・ツルティム [1998], p.270, 註記 370) 参照。

IV

以前にもふれたように，ツォンカパによれば，空性をめぐる議論においては中観自立派ばかりでなく中観帰謬派においても所証を証明することはある。つまり，中観自立派と中観帰謬派は所証を証明するという点においては軌を一にするというのである。とくに『正理海』の当該の議論においては，中観自立派のカマラシーラ（Kamalaśīla, 8 世紀）の『中観光明論』*Madhyamakāloka* の下記の二つの箇所が，ツォンカパのそうした理解に対する聖教として援用されている。[28]

> 相互に排除して存在するという特徴を有する二つの法は，一方が否定されることは他方を証明することが無いならば無いものであるから，［それら］両者ではない[第三の]立場を構想することも正しくないのである。[29]

そして，

> あるもの（X）の決定はあるもの（Y）が排斥されることが無いならば無い[とされる]それら二つは，「相互に排除して存在する」という特徴を有するものである。「相互に排除して存在する」という特徴を有するそれらは，あらゆる場合に見られるものである。あらゆる場合に見られる［「相互に排除して存在する」という特徴を有する]それら[二つのもの（X と Y）]は他の選択肢，［すなわち第三の選択肢]を排除するものである。たとえば，有身と非有身など[に見られる]特徴と同様である。[30]

---

28 『中観決択』の本章では，ツォンカパの理解の典拠として『中観光明論』のここに引用する箇所の他に，下記の『廻諍論』の一詩句が取り上げられている（BNg.kha.61a4-b7）

gal te rang bzhin med pa nyid kyis // ji ste rang bzhin med pa zlog //
rang bzhin med pa nyid log na // rang bzhin nyid du rab grub ’gyur // (VV.26 / VV [t], D.tsa.27b6-7)
【訳】何故ならば，もし諸々の無自性なものによって，まさに諸々の無自性なものが排除されるならば，無自性なものが覆されることより，まさに自性なものが成立する。
naiḥsvābhāvyanaṃ cen naiḥsvābhāvyena vāraṇaṃ yadi hi //
naiḥsvạbhāvyanivṛttau svābhāvyaṃ hi prasiddham syāt // (VV [s], Johnston and Kunst [1978], p.27)

なお，この詩句については，四津谷 [2012] 参照。

29 phan tshun spangs te gnas pa’i mtshan nyid kyi chos dag ni cig shos dgag pa gzhan sgrub med na med pa yin pa’i phyir gnyis ka ma yin pa’i phyogs su rtog pa yang rigs pa ma yin no // (RGy.ba25b4-5; MĀ.D.sa.191a4-5)

30 gang gi yongs su gcod pa gang rnam par bcad pa med na med pa de gnyis ni phan tshun spangs te gnas pa’i mtshan nyid yin pa de dag ni rnam pa thams cad la khyab par byed pa dag yin no // gang dag rnam pa thams

この聖教に基づいて，ツォンカパは，

さらにまた，[第]三の集まり（選択肢）を排除し，直接矛盾する[二つの]ものの一方を語ること（証明すること或は定立すること）が無いならば，「有と無・一と多などのいずれかを認めるのか」というように，選択肢を二つとする考察をなし，[もう一方を]否定する[という]ことは無い。しかし，[そのように選択肢を二つと決定する考察をなすことが]有るならば，直接矛盾する[二つの事項の]一方を否定することは，もう一方を証明（定立）することが無いならば無い[，すなわち一方を否定することは，もう一方が証明されることを不可欠とするのである]。[31]

と述べている。たとえば，有と無と一と多のように，直接矛盾する二つの事項には，それら以外に第三の選択肢は有り得ない。つまり，有でなければ無であり，無でなければ有であり，同様に一でなければ多であり，多でなければ一なのである。『中観光明論』において，そのように直接矛盾する二つの選択肢に関しては，一方が否定（排斥）されることはもう一方が定立・証明（決定）されることを不可欠とするということと，一方が定立・証明（決定）されることはもう一方が否定（排斥）されることを不可欠とするという両方向の関係が説かれていたのであるが，ツォンカパがここで言及しているのは，「一方が否定されることは，もう一方が定立・証明されることを不可欠とする」ということのみなのである。そして，この点は後の議論において非常に重要な意味をもつこととなるのである。

ちなみに，『正理海』で示されている「二つの選択肢に関して，一方が否定されることは，もう一方が定立・証明されることを不可欠とする」というこの理解は，『善説心髄』における「否定対象の否定は否定対象が否定されたものの肯定（定立・証明）を不可欠とする」というツォンカパの理解をより明確にしたものである，と考えられる。

ともかく，こうしたツォンカパによる理解を，シャーキャ・チョクデンは，自らのことばで次のように表現し直している。

このように，「[二つの事項が]直接矛盾するならば，[そこにおいては第]三つの選択肢は有り得ない」と説かれているのであるから，相互に排除し矛盾する［二つの］事項の一方が否定されるならばもう一方が証明され

---

cad la khyab par byed pa yin pa de dag nip hung po gzhan sel bar yed pa dag yin te / dper na lus can dang lus can ma yin pa bzhin no // (RGy.ba25b5-26a1; MĀ.D.sa.191b3-4)

[31] gzhan yang phung gsum sel ba'i dngos 'gal gcig ston rgyu med na ni yod med dam gcig dang du ma sogs gang 'dod ces mtha' gnyis su kha tshon bcad pa'i brtag byas nas 'gog sa med la yod na dngos 'gal gcig 'gog pa ni cig shos sgrub pa med na med pa yin te …. (RGy.ba.25b3-4)

るところの［それら］二つのものは一つのものに属する,［すなわち一つである］。[32]

このシャーキャ・チョクデンによる記述は, 先に示された『中観光明論』の当該箇所に関するツォンカパの解釈をほぼ正確にとらえているものといえよう。とりわけ, ここで強調されているのは,「相互に排除し矛盾する［二つの］選択肢の一方が否定されるならば, もう一方[の選択肢]が証明されるところの［それら］二つのものは一つのものに属する,［すなわち一つである］」(phan tshun spangs pa'i 'gal zla gcig bkag na cig shos bsgrub pa gnyis don gcig la 'du ba yin no) ということであり, ツォンカパがいう「直接矛盾する二つのものの一方を否定することは, もう一方が証明されることを不可欠とする」ということである。つまり, こうした「直接矛盾する二つのものの一方を否定することは, もう一方が証明されることを不可欠とする」というツォンカパの理解こそが,「中観帰謬派においても何らかのかたちで自らの主張があり, その主張内容を証明することが認められる」とするツォンカパの考えを根底において支えている論理であると考えられる。そして, ツォンカパはそうした自らの理解を正当化してくれる典拠を中観自立派の論書である『中観光明論』に求めているという状況のなか,「中観帰謬派は自らの立場を定立・証明することなく, ただ否定対象の否定のみに終始する」と考えるシャーキャ・チョクデンによるツォンカパ批判は, 当然『中観光明論』との関連において展開されることとなる。

こうした脈絡において, 前掲の『中観光明論』を典拠とするツォンカパの理解をシャーキャ・チョクデンがどのように批判しているかを, 以下において見ていくのであるが, その前にかれ自身が『中観光明論』の当該箇所をどのようにとらえているかを確認しておくことにしよう。シャーキャ・チョクデンは,

> その聖教 (『中観光明論』) によっては,「たとえば有と無のように, 相互に排除するすなわち直接矛盾するから, 二つの事項ではない第三の選択肢は有り得ない」ということのみが示されているのであって,....[33]

と述べている。つまり,『中観光明論』に説かれている「直接矛盾するような二つの事項については第三の選択肢は有り得ない」ということを,「直接矛盾する二つのものの一方を否定することは, もう一方が証明されることを不可欠とする」とツォンカパが解釈しているようにとらえてはならない, ということなのである。

議論を先取りするようであるが, まさに上記の点こそが, シャーキャ・チョクデンの『中

---

[32] ... zhes dngos 'gal bar na phung gsum mi srid par gsungs pa'i phyir na phan tshun spangs pa'i 'gal zla gcig bkag na / cig shos bsgrubs pa gnyis don gcig la 'du ba yin no // (BNg.kha.60b7-61a1)

[33] lung des ni yod med lta bu phan tshun spangs pa'i dngos 'gal yin pa'i phyir gnyis ma yin pa'i phung po gsum pa mi srid ces pa gcig bstan la / .... (BNg.kha.61b7-62a1)

観光明論』をめぐるツォンカパ批判の中核となる部分なのである。シャーキャ・チョクデンは，『中観光明論』の当該箇所について，

その聖教の意味は，［以下のようである。］すべての戯論の辺を否定する状況が[議論の]場とされたことにおいて，「諦無を理解する量が未だ生じていない[限り]は諦有を否定することができない」という意味であって，「諦有でないならば諦無であるはずである」という意味ではないのである。[34]

と，少し踏み込んだかたちで述べている。ここに示されていることは，詳しくは後に述べるが，ほぼ次のようなことである。『中観光明論』の記述の内容は，「諦有でないならば諦無であるはずである」（bden yod ma yin na bden med yin dgos）すなわち「諦有という否定対象が否定されることは，所証である諦無の証明を不可欠とする」とツォンカパがとらえているようなものではない。では，そこにおいて何が説かれているかと言えば，それは「諦無を理解する量が未だ生じていない限りは諦有を否定することができない」（bden med rtogs pa'i tshad ma ma skyes par bden yod 'gog mi nus）すなわち「諦無という所証が証明されるときには，必ず否定対象である諦有が否定される」ということなのである。そして，それはまさにツォンカパが言及しなかった「一方が定立・証明（決定）されることはもう一方が否定（排斥）されることを不可欠とする」ということにほかならないのである。

さらに，シャーキャ・チョクデンは，以下のように述べている。

勝義を考察する場合，[誰かをして]有と無を直接矛盾と認めさせようとしても，[かれは]「無でないならば有である」という遍充をけっして認めないからである。つまり，それ（無でなければ有であること）を認めないのである。何故ならば，四辺という戯論を否定するからである。[35]

すなわち，勝義そのものにおいてではなく，勝義を志向し考察する過程においては，「有と無が直接矛盾する」すなわち「有でないならば無であり，無でないならば有である」ということの「有でないならば無である」ということはたとえ認められたとしても，「無でないならば有である」ということはけっして認められないのである。何故ならば，そこにおいては，有，無，有且つ無，非有且つ非無という四辺の戯論の否定が認められないことになるからである。つまり，無辺が否定されることによっては，有辺が定立・証明され

---

[34] lung de'i don ni / spros pa'i mtha' thams cad 'gog pa'i skabs gzhir byas pa la / bden med rtogs pa'i tshad ma ma skyes par bden yod 'gog mi nus shes bya ba'i don yin gyi / bden yod ma yin na bden med yin dgos shes bya ba'i don ma yin no // (BNg.kha.62a4-5)

[35] don dam la dpyod pa'i skabs su yod med dngos 'gal du khas len du chug na yang / med pa ma yin na yod pas khyab pa khas mi len pas so // de mi len te / spros pa'i mtha' bzhi ka 'gog pas so // (BNg.kha.62b1-2)

てしまうことになるからである，ということなのである。

上記の総論的な議論に続いて，シャーキャ・チョクデンは多くの紙幅を割いて，各論的なツォンカパ批判を繰り広げていくのであるが，以下においては，その中でも肝要と思われるいくつかのものを取り上げて，見ていくことにしよう。

シャーキャ・チョクデンは，芽を主題とするいわゆる「離一多性論証」について，「汝は有法である芽のようなものそれ[に関して]一と多の二つ以外の第三の選択肢を認めるのか否か」(khyod kyis chos can myu gu lta bu de gcig dang du ma gnyis ma yin gyi phung po gsum par khas len nam mi len) というように，一でもなく多でもない第三の選択肢をツォンカパは認めるか否かという議論の枠組みを設定し，そのいずれの場合においてもツォンカパは自己矛盾に陥ることを指摘している。

まず，第三の選択肢を認めないことが前提とされて，そこにおいてツォンカパが自己矛盾に陥ることが，以下の論証式によって示されている。

> [主張：]芽という有法は一と多の二つであることとなる。
>
> [理由：]何故ならば，［それは第三の選択肢である］二つでないもの［，すなわち一でも多でもないもの］でないからである。[36]

これまでに見てきたように，「直接矛盾する二つのものの一方を否定することは,もう一方が証明されることを不可欠とする」ととらえるツォンカパにとっては，あるものが一でなければ多であり，多でなければ一であるはずである。そうした中で，ツォンカパが「芽は一でもなく多でもない」と主張するならば，「芽は一であると同時に多でもある」という第三の選択肢を認めなければならないこととなり，第三の選択肢を認めないという前提そのものと矛盾することとなる。

では，ツォンカパが第三の選択肢を認めることを前提とした場合は，どのような自己矛盾に陥るというのであろうか。それについては，

> 第一のようであるならば，［すなわち第三の選択肢を認めるのであれば,］芽が一と多の二つでない[という第三の]立場に属することは正しくない。何故ならば，芽に関して，［それが]一であることが証明されないならば多であることが否定されないのであり，多であることが証明されないならば一であることが否定されないからである。何故ならば，一と多は相互に排除し合って存在するという特徴を有する

---

36 myu gu chos can / gcig dang du ma gnyis yin par thal / gnyis ma yin pa ma yin pa'i phyir / (BNg.kha.63a2)

からである。[37]

と述べられている。離一多性論証において芽が一であることと多であることを否定した場合に第三の選択肢を認めるということは，具体的には「芽が一でないと同時に多でもない」ということを認めるということである。先に見たように，ツォンカパによれば，一であることが証明されないときには多であることは否定されないのであった。これを換言すれば，多であることが否定されるときには一であることが証明されるのである。上記の場合と同様に，多であることが証明されないときには一であることは否定されないのであった。そして，これを換言すれば，一であることが否定されるときには，多であることが証明されるのである。したがって，ツォンカパにおいては，芽が多でないならば一であり，その一方で一でないならば多である― 離一多性論証にそって表現すれば「芽が一でないならば多であると同時に，多でないならば一である」ということとなる―ことより，それは「芽が一でないと同時に多でもない」という第三の選択肢の内容そのものと矛盾することとなる，というのである。

さらに，第三の選択肢を認めるという設定の下では，無記（avyākṛta）― とりわけ「捨置記」と言われるもの ― と関連づけて，ツォンカパの立場が批判されている。

ブッダが無記によって示した態度を理解することは，仏教の特徴を理解する上で重要な示唆を与えてくれるのであるが，その無記に関する脈絡のなかでブッダ自身が示したとされる態度からツォンカパは逸脱してしまうことになることを，シャーキャ・チョクデンは，

> それと同様に，我と世間が常住か無常か，如来が亡くなって向こうの世界（彼岸）に生まれるのか生まれないのか，我と世間が有辺か無辺かなどの四つのいずれかと我々に尋ねるならば，[我々は]いずれとも明記することはできない。何故ならば，それらのいずれとも如来は明記しえないからである。[しかし，] 汝らに対して尋ねたならば，[汝らは無記の事項に関して]二でない第三の選択肢を明記すべきである。何故ならば，それらが有り，それらはその両者ではないからである。[38]

と述べている。我或は世間が時間的に無限か有限か（すなわち無常か常住か），空間的に

---

[37] dang po ltar na / myu gu gcig dang du ma gnyis ma yin gyi phyogs su gtogs pa mi rigs par thal / myu gu'i steng du gcig ma bsgrubs na du ma mi khegs / du ma ma bsgrubs nag cig mi khegs pa'i phyir te / gcig dang du ma phan tshun spangs te gnas pa'i msthan nyid can yin pa'i phyir te / ….. (BNg.kha.63a3-4)

[38] de bzhin du bdag dang 'jig rten rtag mi rtag dang / de bzhin gshegs pa grongs phan chad 'byung mi 'byung dang / bdag dang 'jig rten mtha' dang ldan mi ldan sogs bzhi po gang yin zhes kho bo cag la 'dri na ni / gang du yang lung ston par mi nus te / de dag gang du yang de bzhin gshegs pas lung ston par mi nus pa'i phyir / khyed cag la dris na ni gnyis min gyi phung po gsum par lung ston dgos te / de dag yod la de dang de gnyis ka ma yin pa'i phyir / (BNg.kha.63a5-7)

無限か有限か（無辺か有辺か），如来は死後に存続するか否かという三つのテーマに関して各々四つの選択肢が，さらには霊魂と肉体が同一か別異かについて二つの選択肢が設定され，ブッダはそれらのテーマに関する選択肢のいずれとも明言することなく沈黙を守ったとされている。このブッダの態度が無記の中のいわゆる「捨置記」といわれるものである。ただし，『中観決択』当該の文脈では霊魂と肉体というテーマに関する同一か別異かの二つの項目は扱われておらず，我或は世間が無常か常住かの問題が主に扱われているので，ここにおいてもそれを対象として考察を加えてみることにする。

シャーキャ・チョクデン自身は，ブッダの姿勢に倣い，それらの問題についてはいずれの立場に立つとも表明することはないとするのであるが，ツォンカパの場合は，どのようであるというのであろうか。

上掲の引用文の議論は，先に示したように，無記の各々のテーマのそれぞれに関して第三の選択肢が有るということが前提になっているのであり，それが「それらが有り」（de dag yod）ということの意味である。そして，「それらはその両者ではない」（de dag de gnyis ka ma yin pa）というのは，たとえば「我或は世間が無常でもなく常住でもない」というように，各々のテーマにおける第三の選択肢が第一と第二の選択肢のいずれでもないということであり，ツォンカパはそうした第三の選択肢を認めるべきであるというのである。

そのように，ツォンカパが「無常でないと同時に常住でもない」というような第三の選択肢を提示しなければならないことを前提に，シャーキャ・チョクデンは，

> それはまた，[汝（ツォンカパ）は]そのように[第三の選択肢を明記することを]認めるならば，[それは]正しくない。何故ならば，[汝が主張しているように,] 常住が証明されることなしに無常は否定されず，無常が証明されることなしに常住は否定されえないからである。というのは，常住と無常は相互に排除し合う，[すなわち]直接矛盾するものであるからである。以上のように，[我々がプラサンガを]投じるならば，［そのプラサンガは］汝によって覆されえないのである。[39]

というような批判を加えている。つまり，ツォンカパが第三の選択肢を認めるというならば，それは自らの説くところと矛盾することとなるというのである。ツォンカパの立場では，たとえば無常であることと常住であることは相互に排除し合って直接矛盾するものであるから，我或は世間が無常であることが否定されるならばそれらが常住であること

---

[39] de yang de ltar 'dod na ni / mi rigs te / rtag pa dang bsgrubs par mi rtag pa 'gog mi nus mi rtag ma bsgrubs par rtag pa 'gog mi nus pa'i phyir te / rtag mi rtag phan tshun spangs pa'i dngos 'gal yin pa'i phyir / zhes 'phangs na khyed kyis bzlog par mi nus so // (BNg.kha.63a7-b1)

が証明されることとなり,一方我或は世間が常住であることが否定されるならばそれらが無常であることが証明されることとなるのである。つまり,「常住であると同時に無常でもある」ということとなるのである。しかし,それは第三の選択肢として認められるべき「無常でないと同時に常住でもない」ということと明らかに矛盾するのである。

ツォンカパに対する批判は,さらに続けられる。

> 「[直接]矛盾する[二つの]事項の一方が証明されないでは,もう一方が否定されえないこと」[すなわち,一方の否定はもう一方の証明を不可欠とすること]は実事論者の主張(認めること)であるが,.....[40]

「直接矛盾する二つの事項の一方が証明されないときには, もう一方が否定されえない」ということは,「直接矛盾する二つの事項の一方が否定されることは,もう一方が定立・証明されることを不可欠とする」と言い換えられる。そして,そのように認められるのは,ほかならぬ実事論者すなわち実体論者の立場においてである,ということがここで指摘されているのである。したがって,まさにそれを主張するツォンカパは,非実体論者である中観論者としては相応しくないということなのである。

さらに,そのように認めることにおいては,二つの誤りが付随するというのである。

> まさにそれ[,すなわち直接矛盾する二つの事項においては,一方が証明されないときには,もう一方は否定されないこと]が証因として設定されるその慧の側では二ではない第三[の選択肢]を否定することを理解しないから誤っているのであり,排斥と決定の理解が混乱しているので誤っているのである。[41]

つまり,付随するとされる誤りの一つは,第三の選択肢を認めないということの意味を理解していないということである。これについては先に言及したので,ここで再度述べることはしない。もうひとつは,『中観光明論』の当該の引用文において重要な役割を果たしている「排斥」(vyavaccheda / rnam par bcad pa)と「決定」(pariccheda / yong su gcod pa)という二つの術語を,ツォンカパは正しく理解していないということである。

では,その排斥と決定に関するツォンカパの理解は,どの点において問題があるというのであろうか。シャーキャ・チョクデンは,ツォンカパの理解の要点を,

> 以下のように,四辺から生じないこと(四不生)それは芽が自性の生を有さないと証明する論証因となる。何故ならば,その場合に,決定

---

[40] 'gal zla gcig ma bsgrubs par cig shos 'gog mi nus pa dngos smra ba'i 'dod pa yin la ….. (BNg.kha.63b1-2)

[41] de nyid rtags su bkod nas de'i blo ngor gnyis min gyi phung gsum 'gog pa ma shes pas nongs pa dang / rnam bcad dang yongs gcod kyi go ba rnam par 'chol bas nongs so // (BNg.kha.63b2)

を所証とするからである。［その］証因を認める。何故ならば，排斥（rnam bcad）において自性によって生じることを断じて，決定（yongs gcod pa）において「自性によって生じることが無いこと」（自性不生）を所証とすることが『中観光明論』の意味である，と汝が認めているからである。[42]

というようにまとめている。「直接矛盾する二つのものに関して一方が否定されるときには，必ずもう一方が定立・証明される」ということは，「否定対象の否定はその内容が証明されることによって裏づけられる」と理解することができる。そして，以前に述べたように，それは「中観自立派だけでなく，中観帰謬派にも所証すなわち主張が有る」というツォンカパの中観思想を支える重要な論理なのであり，かれはそのことを排斥と決定という対をなす二つの術語を用いて説明していることは，すでに見たとおりである。そして，シャーキャ・チョクデンがここで問題としているのは，ツォンカパが自らの理解に対する聖教として援用した『中観光明論』の当該の箇所がはたしてツォンカパの理解の典拠となりえるか，ということである。こうしたことを念頭において，上掲の引用の内容を検討してみることによう。

事物が自性によって生じるとするならば，その可能性は四つに限られる。すなわち，自分自身から生じるか，他から生じるか，自と他の両者から生じるか，或は原因なくして生じるかであり，それらはいずれも受け入れがたいものとされ，それによって事物が自性によって生じることは無いこととなる。これがいわゆる四不生の議論である。

シャーキャ・チョクデンは，この四不生の議論を例として，ツォンカパの理解を次のように分析する。ツォンカパによれば，自性によって生じることについての四つの可能性（四辺生）がすべて否定されることが論証因となって，「自性によって生じることは無い」という所証が証明される。つまり，四辺生という否定対象が否定されることが排斥であり，それが論証因となって「自性によって生じることが無いこと」すなわち「四不生」という所証が証明・決定される，というのである。

そして，ツォンカパがそのように述べていることが『中観光明論』の文脈において見い出せないことについては，

その聖教は「所証を証明するときには，必ず否定対象が否定される」という遍充が有ると説いているのであって，［それとは反対に］「否定

---

42 'di ltar mtha' bzhi las mi skye ba de myu gu rang bzhin gyi skye med du sgrub pa'i gtan tshigs su thal bar 'gyur te / de'i tshe yongs gcod bsgrub byar byed pa'i phyir / rtags khas blangs te rnam bcad la rang bzhin gyis skye ba bcas nas / yongs gcod la rang bzhin skye med bsgrub byar byed pa *dbu ma snang ba*'i lung gi don du khyed kyis khas blangs pa'i phyir ro // (BNg.kha.63b3-4)

対象を否定するときには，必ず所証が証明される」という遍充が有る
と説明していないから，[その聖教が]汝の典拠となることはない。[43]

というように，シャーキャ・チョクデンによって指摘されている。先に示したツォンカパの理解とされたものは，ここで「否定対象を否定するときには，必ず所証が証明される」（dgag bya ’gog pa la bsgrub bya sgrub pa’i khyab pa）と言い表されているのであるが，そうしたことは『中観光明論』の当該箇所には説かれていない，というのである。

では，どのようなことが説かれているというのであろうか。シャーキャ・チョクデンによれば，ツォンカパの場合とはまったく反対に，「所証を証明するときは，必ず否定対象が否定される」（bsgrub bya sgrub la dgag bya ’gog pa’i khyab pa）ということが説かれている，というのである。したがって，『中観光明論』の当該箇所は，ツォンカパがとらえているような「否定対象が否定されるときには，必ず所証が証明される」という理解の典拠とはならないというのである。

また，『中観光明論』の当該箇所で排斥と決定という二つの術語によって説かれていることが，シャーキャ・チョクデンが述べているように，「所証を証明するときには，必ず否定対象が否定される」ということであるとするならば，そのことに何を見てとることができるであろうか。

まず第一に，それは『中観光明論』の著者であるカマラシーラがどうとらえているかというよりは，中観自立派の立場ではどうとらえられるかということが，シャーキャ・チョクデンの念頭にあった，と考えられる。つまり，中観自立派のテキストである『中観光明論』を誤ったかたちで自らの理解の典拠としているとするツォンカパについては，中観帰謬派の論者というよりは中観自立派の論者と，換言すれば，疑似中観帰謬派の論者とシャーキャ・チョクデンがみなしていることが推測される。[44]

---

43 lung des ni / bsgrub bya sgrub pa la / dgag bya ’gog pa’i khyab pa yod par bshad kyi / dgag bya ’gog pa la bsgrub bya sgrub pa’i khyab pa yod par ma bshad pas / khyed kyi* shes byed du song ba med do // (BNg.kha.63b4-5)

* text: kyis

44 『プラサンナパダー』の自立論証批判の議論に見られるように，空論者（非実体論者）である中観派が非空論者（実体論者）と空についての議論をする際には，共通な有法などを設定することができないから，論証式を採用することはできないというのが一般的な中観帰謬派の考え方である。しかし，それとは対照的に，ツォンカパは，自相（rang mtshan）によって成立する有法などによって構成される自立論証を否定はするが，中観派—正確には「中観帰謬派」のことである—は非空論者と議論する際においても，自らの主張を証明するために両者が共有する有法などによって構成される論証式を採用することができる，と理解するのである。中観帰謬派が自立論証は認めないけれども,自らの主張を証明することを認めないわけではないことは,『正理海』において以下のように述べられている。

des na rang lugs sgrub pa’i bsgrub bya sgrub byed kha len kyang rang rgyud kyi bsgrub bya sgrub byed khas len pa min no (RGy.ba.33b4)

第二には，その当該箇所の意味は，単に「所証を証明するときには，必ず否定対象が否定される」ということではなく，厳密には「空性をめぐる議論において，所証を証明するときには，必ず否定対象が否定される」とシャーキャ・チョクデンがとらえていると考えられる。つまり，そこには「空性をめぐる議論においては」という限定が付されるべきである，ということである。したがって，シャーキャ・チョクデンによれば，「中観自立派においては，空性をめぐる議論，たとえば無自性を証明するときは必ず自性は否定されるが，自性が否定されるときには必ず無自性が証明されるわけではない」ということなのであり，すなわち，

> 中観自立派は，主に自立論証を用いて事物が無自性であることを証明することによって自性を否定するが，かれらがプラサンガ論法を用いて事物が自性を有することを否定するときには，非定立的否定によってただ単に自性が否定される場合と，それが自立論証に転換されて事物が無自性であることを証明する場合がある。

ということを意味するものと考えられる。

以上が，ツォンカパが『中観光明論』を典拠とすることに対するシャーキャ・チョクデンの批判の主な内容である。

V

おわりに，シャーキャ・チョクデンによってまた別な観点からなされているもう一つの重要なツォンカパ批判を検討してみることにしよう。

先に，「中観帰謬派は，対論者の主張を非定立的な否定によって否定する場合であっても，その対論者の主張が否定すなわち排斥された内容それ自体はかれら中観帰謬派によっても定立・証明すなわち決定される」というツォンカパ独自の理解を，芽が実体（諦）として存在することを否定する議論を例として説明した。そのあらましは，

> 「芽が諦として存在すること」が否定（排斥）されることによっては「芽が諦として存在しないこと」は定立・証明されるが，「芽が諦として存在しないことが諦として有ること」（すなわち「諦として有る『[芽が］諦として存在しないこと』」）は定立・証明されない。

【訳】それ故に，[中観派帰謬派は]自らの主張を証明することである所証を証明することを認めるけれども，自立の所証を証明することは認めないのである。

したがって，通常の中観帰謬派から見れば，ツォンカパは，「自らの立場や主張を積極的に証明する」という点で，中観自立派に近いと理解されうるのである。

ということであった。シャーキャ・チョクデンは，それと同様なツォンカパの主張，

> あるものが実体的に成立するすなわち諦として成立する諦空であること（すなわち「諦として（実体として）有る諦空」）が否定（排斥）されるならば，諦無として有る諦空が定立・証明されるべきである。

ということを想定して批判を加えていくのである。そこで肝要なことは，諦として（実体として）成立する諦空の否定は「排斥」であり，諦無すなわち無自性・空である諦空の証明は「決定」と見なされている，ということである。換言すれば，諦として有る諦空の否定・排斥は，無自性・空である諦空の証明を不可欠とする，ということである。

では，上記のことを考えに入れて， 具体的な記述のなかにシャーキャ・チョクデンによる批判を見ていくことにしよう。今ほど言及したツォンカパの主張に対して，シャーキャ・チョクデンは，以下のように述べている。

> 「[諦として有る（実体的な）]諦空が否定されること」と「[諦空の]諦無であること[,すなわち無自性・空である諦空]が証明されること」[について,][前者は] 排斥そして [後者は] 決定と[ツォンカパが]認めることは，論理学の体系と中観自立派が最初に諦無を証明する場合の見解（skabs kyi lugs）とナーガールジュナが中間（第二転法輪）において我を覆す順序というようなものが説かれたことそれに関しては合理であるけれども，.....[45]

「諦有として成立する『諦空であること』」（すなわち「諦として有る諦空」）が排斥された場合，諦空そのものが諦無すなわち無自性・空であると証明・決定されるという理解は，論理学において，[46] 或は中観自立派が自立論証を用いて事物が諦無であると証明する際において，或はまたナーガールジュナが第二転法輪において我などを否定するという限定された場合においては認められる，[47] というのである。

---

[45] bden stong bkag pa dang bden med sgrub pa rnam bcad dang yongs gcod du ’dod ni rtog ge’i lugs dang / dbu ma rang rgyud pas dang po bden med sgrub pa’i skabs kyi lungs dang / klu sgrub zhabs kyis bar du bdag zlog pa’i rim pa zhes bya ba zhig gsungs pa der ’thad kyang ….. (BNg. kha.64a6-b1)

[46] ここにおいて，シャーキャ・チョクデンは，中観派が論理学派と同列に扱われることに対しては否定的な立場に立っていると考えられる。しかし，下記にあるように，ツォンカパは空性をめぐる議論においては，中観派と論理学派は方法論に関して異なることはないと述べている。

de’i phyir rigs pas rang bzhin bkag tsam yin te rang bzhin med pa bsgrubs pa min zhes smra ba ni dbu tshad gang gi yang rigs par mi snang ngo // (LNy.pha.116a4-5)

【訳】それ故に，「正理によって自性は否定されるのみなのであって，無自性が証明されるのではない」と語ることは，中観[派]と論理学[派]のいずれにとっても正しくないようである。

[47] bsod nams min pa dang por bzlog // bar du bdag ni bzlog pa dang //
phyi nas lta ba kun bzlog pa // gang gis shes de mkhas pa yin // (CŚ . VIII-15 / CŚ [t], Lang

だが，それはけっして究極的な立場ではなく，あくまで暫定的なものでしかないことを，シャーキャ・チョクデンは，以下のように述べている。

> ナーガールジュナが御覧になっている究極の離戯論を決択する場合[にも]，そしてチャンドラキールティのテキストの如何なる箇所においても，[先に示したように，諦として有る諦空が否定されることと諦無としての諦空が証明されることについて，前者は「排斥」そして後者は「決定」と認め]得る余地は有るのではない。何故ならば，チャンドラキールティが見を決択する場合に自立をお認めにならない論拠のすべての根本もここに集約されるからである。[48]

ナーガールジュナが究極的に離戯論を決択し，或はチャンドラキールティが見を決択する，すなわち自分自身の主張をいっさい立てることなく対論者の主張をプラサンガ論法をとおしてただ否定することにおいては，

> 「諦として成立する諦空」（すなわち「諦としての有る諦空」）を否定することは「排斥」であり，諦無すなわち「無自性・空である諦空の証明」は「決定」と見なされ，前者は後者を不可欠とする。

というツォンカパの理解は認められないということなのである。とりわけチャンドラキールティに関しては，そのように自らの主張を立て，それを積極的に論証式をとおして証明しないことこそが，かれが自立論証を認めないことの根拠である。シャーキャ・チョクデンによる論難は，このようにとらえられるのである。

またさらに，ツォンカパのそうした理解がナーガールジュナの究極的な立場と矛盾することを指摘するために，シャーキャ・チョクデンによって引用されているのが，『根本中頌』の下記の詩句である。

> もし不空なるものが幾許かあるならば
> 空なるものも幾許かはあることとなる。

[1986], p.150)
【訳】第一に福徳で無いものが覆され，次に我が覆され
その後にあらゆる見が覆される，と理解する者は賢者である。
vāraṇaṃ prāg apuṇyasya madhye vāraṇam ātmanah /
sarvasya vāraṇaṃ paścād yo jānīte sa buddhimān // (CŚ [s], Lang [1986], p.82)
引用文のなかで「ナーガールジュナが第二転法輪において我を覆す段階」（klu sgrub zhabs kyis bar du bdag zlog pa'i rim pa）というのは，『解深密経』の第二転法輪のことではなく，この『四百論』の詩句にあるような我が覆される第二の段階のことと考えられる。

[48] klu sgrub zhabs kyis gzigs pa'i mthar thug pa'i spros bral gtan la 'bebs pa'i skabs pa dang / zla ba'i zhabs kyi gzhung gi ni skabs gang du yang 'grig pa'i go skabs yod pa ma yin te / zla ba'i zhabs kyis lta ba gtan la 'bebs pa'i skabs su rang rgyud mi bzhed pa'i shes byed kyi rtsa ba thams cad kyang 'dir 'dus pa'i phyir dang / … (BNg.kha.64b1-b2)

不空なるものが少しも有るのではないならば
空なるものは何処に有ることとなろう。[49]

では，ツォンカパの理解はどのような点において，この詩句と矛盾しているというのであろうか。それについて，シャーキャ・チョクデンは，

このように了義［に関する］文脈において，諦成（不空なるもの）が有るのではないという証因によって諦空（空なるもの）が有るのではないと説かれている。［しかし］，汝（ツォンカパ）のようであるならば，諦成（不空なるもの）が有るのではないことそれは諦空が有ること［すなわち「諦無が肯定されること」］の根拠となるのではないか。よく考えてみよ。[50]

と述べている。前掲の『根本中頌』の後半部分では，「不空なもの」すなわち諦有なものが無いことによって「空なるもの」（すなわち「諦無なもの」）も無いと明示されている。だが，ツォンカパの立場では，そのように諦有なもの（不空なもの）が否定（排斥）されるときは，諦無（諦空）なものすなわち「空なるもの」が無いことではなくて，「空なるもの」が有ることが肯定（決定）されることを含意するはずである，というのである。[51]

最後にもうひとつ，シャーキャ・チョクデンの究極的な中観思想の立場からなされた批判に言及しておくことにしよう。

これまで何度も見てきたように，ツォンカパによれば，あるものが自性を有しているこ

---

49 gal te stong min cung zad yod // stong pa cung zad yod par 'gyur //
mi stong cung zad yod min na // stong pa yod par ga la 'gyur // (MMK. XIII. 7 / MMK [t]. tsa.8a6; BNg.kha.64b2-3)
yady aśūnyaṃ bhavet kiṃcit syāc chūnyam api kiṃ cana /
na kiṃcid asty aśūnyaṃ ca kutaḥ śūnyaṃ bhaviṣyati // (MMK [s], de Jong [1980], p.18)
この詩句をめぐる議論については，四津谷［2018], pp.3-16 参照。

50 … zhes nges don kyi skabs su bden grub yod pa ma yin pa'i rtags kyis bden stong yod pa ma yin par gsungs so // khyed cag ltar na / bden grub yod pa ma yin pa de bden stong yod pa'i shes byed du 'gyur ba ma yin nam / legs par bsoms zhig / (BNg.kha.64b3-4)

51 シャーキャ・チョクデンは，同様な議論を，他の『根本中頌』の下記の詩句ついても展開している。

de bshin du / yang ji skad du / 'dus byas rab tu ma grub pas // 'dus ma byas ni ji ltar grub //* ces 'dus byas ma grub pa'i rtags kyis 'dus ma byas ma grub par gsungs la / khyed ltar na / 'dus byas ma grub pa nyid 'dus ma byas grub pa'i shes byed du song ste / de gnyis rnam bcad dang yongs gcod yin pas gcig bkag pa na cig shos don gyis 'grub pa'i phyir ro // (BNg.kha.65a5-6)

【訳】それと同様に，以下のようにも，すなわち「有為が成立しないから，どうして無為が成立しよう」［と説かれている。］このように「有為が成立しない」という証因によっては「無為が成立しない」と説かれているが，汝（ツォンカパ）のようであれば，「有為が成立しないこと」は，「無為が成立する［こと］」の論拠となるのである。何故ならば，その二者は排斥と決定であるから，一方が否定されたときにはもう一方が含意によって成立するからである。

*saṃskṛtasyāprasiddhau ca kathaṃ setsyaty sasaṃskṛtam // (MMK. VII. 33 / MMK [s], de Jong [1980], p.11; MMK [t], D.tsa.5b6-7)

とすなわち諦有であることの否定は，それが無自性であることすなわち諦無であることの証明によって裏づけられるということであったが，シャーキャ・チョクデンは，中観派がめざす戯論寂静との関連の中でそうした理解を，以下のように批判している。

> 諦有を否定する中観の諸々の偉大な論証因は証明の論証因，[すなわち諦無を証明する論証因]となってしまう。何故ならば，一つの戯論が否定された後にもう一つの戯論が証明される定立的否定が所証の法とされるからであり，その根拠も[以下のようである。]諦有と諦無の二つに関して，[いずれかが]戯論の辺であり，[いずれかが戯論の辺]でないという区別を大学匠の誰も説き明してないからであり，[また]矛盾する[二つの]項の一方が戯論の辺であるならば，それ[と]直接に対立する項それも必ず戯論の辺であるとテキストに説明されているからである。[52]

中観派が究極的な真実のありようである戯論寂滅すなわちことばや概念が止滅している状態をめざすことは今ほどふれた。では，中観論者であるシャーキャ・チョクデンによるそのアプローチは，どのようなものなのであろうか。それは，実体的な存在（諦有）などの否定対象を，正確にはそれを誤って構想している分別（戯論）を，否定対象の否定に終始する非定立的な否定によるプラサンガ論法によってことごとく淘汰して最終的に戯論寂滅に至る，というものである。

それに対して，ツォンカパにおいては，たとえ非定立的な否定によっても否定対象が否定された内容そのものは所証として証明される，というものであった。しかし，それを別の角度から見れば，否定対象である誤った分別は新たな正しい分別 ―否定対象が否定されたものから他の法でないものを内容とする分別― が生じることによって否定される，ということができる。

シャーキャ・チョクデンは，そうした理解を，以下のような観点から批判するのである。諦有が否定されて諦無が証明されるということは，「諦有」という分別が否定されて「諦無」という新たな分別が生じることを意味する。つまり，「諦有」という戯論がひとつ滅じられて，「諦無」という戯論が新たにひとつ付加されるにすぎない，ということである。そして，そこにおける「諦有」という分別も「諦無」という分別も，偉大な学匠たちは戯

[52] bden pa yod ’gog pa’i dbu ma’i gtan tshigs chen po rnams sgrub pa’i gtan tshigs su thal bar ’gyur te / spros pa gcig bkag pa’i shul du spros pa gcig bsgrubs pa’i ma yin dgag bsgrub bya’i chos su byas pa’i phyir / de’i rgyu mtshan yang bden yod dang bden med gnyis la spros pa’i mtha’ yin min gyi khyad par shing rta chen po sus kyang ma bshad pa’i phyir dang / ’gal zla gcig spros pa’i mtha’ yin na de’i dngos kyi ’gal zla de yang spros pa’i mtha’ yin pas khyab par gzhung las bshad pa’i phyir / (BNg.kha.65b1-4)

論である点においては同じであるととらえるのである。また，その両者に関しては，たとえば「有」と「無」という分別にみられるように，直接に矛盾するものであり，換言すれば，相互に補完する関係にありつつ「分別」という点で同質である他方を予想・前提とするものであることより，一方が戯論であるならば，もう一方も同じく戯論である，とテキストに説かれているというのである。[53]

ツォンカパの「諦有という分別は，それと直接矛盾する諦無という分別が定立・証明されることをとおして否定される」という戯論寂滅へのアプローチは，言ってみれば，ひとつの戯論を否定することをとおして新たな戯論を産み出すものでしかない。したがって，そのプロセスがどれだけ精緻なものであり，またそれがどれだけ頻繁にくりかえされたとしても，究極的な目標である戯論寂滅には至ることはけっしてない，というのである。そして，これまで述べてきたシャーキャ・チョクデンによる一連のツォンカパ批判は，まさにこの点に収斂されると考えられるのである。

— 以 上 —

≪略　号≫

BNg:	*Theg pa chen po dbu ma rnam par nges pa'i chos kyi bang mdzod lung dang rigs pa'i rgya mtsho*, *The Collected Works of gSer mdog paṇ chen Sākya mchog ldan*, vol.14, 1975.
bKr:	bKra shis lhung po edition.
CŚ [s]:	*Catuḥśataka*, Lang [1986].
CŚ [t]:	*Catuḥśataka*, Lang [1986]; D (dBu ma), vol.2.
D:	Tibetan Tripiṭaka.（sDe dge edition）
NgR:	*bStan bcos chen po dbu ma la 'jug pa'i rnam bshad dgongs pa rab gsal*, *The Collected Works of rJe Tsong kha pa Blo bzang grags pa*, vol.24, 1979. (bKr)
LNy:	*Drang ba dang nges pa'i don rnam par phye ba'i bstan bcos legs bshad snying po, The collected Works of rJe Tsong kha pa Blo bzang grags pa*, vol.21, 1979. (bKr)
LRCh:	*Byang chub lam rim chen mo*, *The Collected Works of rJe Tsong kha pa Blo bzang grags pa*, vol.20, 1979. (bKr)
MA:	*Madhyamakāvatāra,* La Vallée Poussin [1970]b.

[53] たとえば，先に言及した『根本中頌』XIII. 7 や註記 50) で言及した同書の VII. 33 などを挙げることができる。

MĀ: *Madhyamakāloka*, D. (dBu ma), vol.12.

MMK [s]: *Mūlamadhyamakakārikā*, de Jong [1977].

MMK [t]: *Mūlamadhyamakakārikā*, D. (dBu ma), vol.1.

PPMV [s]: *Prasannapadāmūlamadhyamakakārikāvṛtti*, La Vallée Poussin [1970]a.

PPMV [t]: *Prasannapadāmūlamadhyamakakārikāvṛtti*, D. (dBu ma), vol.7.

RGy: *Theg pa chen po dbu ma rnam par nges pa'i mdzad lung dang rigs pa'i rgya mtsho*, *The Collected Works of rJe Tsong kha pa Blo bzang grags pa*, vol.23, 1979. (bKr)

RV: *Ratnāvalī*, Hahn [1982].

[s]: Sanskrit Version.

[t] Tibetan Version.

TJ: *Tarkajivālā*, D. (dBu ma), vol.3.

VS: *Vyavahārasiddhi.*

VV [s]: *Vigrahavyāvartanī*, Bhattacarya, Kamaleswar / E. H. Johnston / Anorld Kunst [1978].

VV [t]: *Vigrahavyāvartanī*, D. (dBu ma), vol.1.

≪参　照　文　献≫

Bhattacarya, Kamaleswar / E. H. Johnston / Anorld Kunst.

1978: *The Dialectical Method of Nāgārjuna* (*Vigrahāvyavartanī*): *Translated from the Original Sanskrit with Introduction and Notes*, (Reprint), Motilal Banarsidass.

de Jong., Jan W.

1977: *Mūlamadhyamakakārikā*, Adyar Library Series, 109, Adyar Library and Research Centre.

片野 道雄 / ツルティム・ケサン

1998: 『ツォンカパ 中観哲学研究 II『レクシェーニンポ』-中観章- 和訳』，文栄堂

La Vallée Poussin, Louis de.

1970a: *Mūlamadhyamakakārikā de Nāgārjuna avec la Prasannapadā Commentaire de Candrakīrti*, (*Bibliotheca Buddhica*, 4) Reprint. Biblio Verlag.

1970b: *Madhyamakāvatāra par Candrakīrti.* (*Bibliotheca Buddhica*, 9) Reprint,

Biblio Verlag.

Lang, Karen

1986: *Āryadeva's Catuḥśataka: On the Bodhisattva's Cultivation of Merit and Knowledge*, *Indiske Studier* VII, Akademisk Forlag.

松本　史朗

1997: 『チベット仏教哲学』，大蔵出版

Seyfort Ruegg, David.

2000: *Three Studies in the History of Indian and Tibetan Madhyamaka Philosophy*: *Studies in Indian and Tibetan Madhyamaka Thought*, *Wiener Studien zur Tibetologie und Buddhismuskunde*, 50, *Vienna: Arbetskreis für tibetische und buddhistische Studie*, Universität Wien.

ツルティム・ケサン

1986: 「チベットに於けるナーガールジュナの六つの「理論の集まり」について」，『印仏研』35-1, pp.175-178.

四津谷　孝道

2012: 「『廻諍論』26 偈を典拠とするツォンカパの思想」，『インド論理学研究』IV, pp.63-95.

2020: 「空見について」，『駒澤大学佛教学部研究紀要第 76 号, pp.1-29.

『量評釈』「量成就章」第34偈における悲 (karuṇā) に関する覚え書き

新井　一光

I.

筆者は目下，仏陀の最初説法の動機に関する研究に取り組んでいるが，これは仏教の慈悲に関する研究の一環として始められた。この動機の解明は梵天勧請や慈悲の考察を中心とするものであるが，しかし，この問題は「何故，釈尊によって，法は説かれたのか」（もしくは「何故，釈尊によって，法は説かれなければならなかったのか」）という，宗教としての，もしくは人類にとっての仏教の存在を基礎付けることにとって本質的な問いではないかと思われる。

ダルマキールティは，『量評釈』「量成就章」(*Pramāṇavārttika* [Miyasaka ed.], Pramāṇasiddhi = PV II）において，ディグナーガの『集量論』(*Pramāṇasamuccaya* = PS) の帰敬偈を註釈している。ディグナーガの自註 (*Pramāṇasamuccayavṛtti*) によれば，PS の帰敬偈において，世尊が量であることは，原因と結果を完成することによる (hetuphalasaṃpattyā)，と言われている。即ち，ディグナーガは，世尊にとって原因と結果の完成とは，四つの条件，即ち，「世間の人々の利益を求める者 (jagaddhitaiṣin)」,「教師 (śāstṛ)」,「善逝 (sugata)」,「救済者 (tāyin)」を完成することであると規定するが，これらの四つの条件の中，前二者が因の完成，後二者が果の完成にあたり，世尊はこの因と果の完成の故に，量である方 (pramāṇabhūta) となるという[1]。これに関してダルマキールティは，PV II 34a において PS の帰敬偈の第一の条件「世間の人々の利益を求める者」について次のように説明している。

PV II 34a: sādhanaṃ <u>karuṇā</u>bhyāsāt sā.

能証は<u>悲</u>である。それは数習に基づく。

ダルマキールティは PS の帰敬偈の「世間の人々の利益を求める者」という第一の条件に対し，「〔世尊が量であることの〕能証は悲である」と述べ，「悲 (karuṇā)」という概念が，世尊が量 (pramāṇa) であることを可能とする最初の成立させる要因 (sādhana) であり，そしてその悲は「数習に基づく」と説明するのである。

しかるに，このようなダルマキールティの説明が PS の帰敬偈「世間の人々の利益を求める者」の説明として適切であるかどうか筆者には疑問に思われた。というのも，もし仏陀に「悲」のような徳，もしくは概念が結び付けられて語られるならば，それは「大悲

---

[1] PS の帰敬偈の解説と訳について，特に Masaaki Hattori, *Dignāga, On Perception, being the Pratyakṣapariccheda of Dignāga's Pramāṇasamuccaya from Sanskrit fragments and the Tibetan versions*, Cambridge, Massachusetts, 1968: 23, 73-75，服部正明「仏教論理学派の宗教性」『インド中世思想研究』春秋社，1991 参照。

(mahākaruṇā)」でなければならないのではないか，そして「大悲」は『倶舎論』によれば，「悲」と厳密に区別されるものであると考えたからである[2]。

また近代の学者も，「世間の人々の利益を求める者」に対する PV II 34a の説明内容に関して何らかの問題を認めているようである。Eli Franco, *Dharmakīrti on Compassion and Rebirth*, Wiener Studien zur Tibetologie und Buddhismuskunde, Heft 38, Wien, 1997: 30 において，"For instance, we can explain the interpretation of *jagaddhitaiṣitā* as *karuṇā*. That this is not a faithful interpretation of Dignāga's intention is quite obvious; *karuṇā* could be understood at most as a cause, a reason or a motivation for *jagaddhitaiṣitā*, but not as its simple equivalent."，即ち，「例えば，我々は jagaddhitaiṣitā の解釈を karuṇā と説明できる。これがディグナーガの意図の忠実な解釈でないということは明らかである。karuṇā はせいぜい原因，理由，あるいは jagaddhitaiṣitā のための動機付けとして理解されるであろうが，しかし，それに全く対応するものとしてではない」と指摘されるが，jagaddhitaiṣitā を karuṇā によって説明する仕方に問題を認めている点で重要であろう。ただし，次のことが注意される。即ち，すでに言及したように[3]，この点に関連して Harvy B. Aronson, *Love and Sympathy in Theravāda Buddhism*, Delhi, 1980: 40 において次のように述べられている。"Gotama does not use the terms "love" (*mettā*) or "compassion" (*karuṇā*) to motivate the monks to teach others, or to describe his own motivation." 即ち，「ゴータマは愛と同情という術語を，他の人々に教える僧たちに動機を与えるために，あるいは彼自身の動機を言い表すために用いない」と述べて，「四無量」の前二支の「慈」と「悲」が説法の動機とならないことを明瞭に指摘している。

これらの指摘は PV II 34a の説明内容に何らかの意図があることを示唆するものであろうが，これらの二つの指摘やこれまでの諸研究に基づいて，PV II 34a は「世間の人々の利益を求める者」に対する説明に力点を置いたものというのではなく，正にチャールヴァーカの学説に向けられた説明であると理解される[4]。

しかしもしそうであるならば，「悲 (karuṇā)」こそが，仏陀を量たらしめている根本的な要因であるとは，必ずしも言えないということになるのではないだろうか。つまり，PV

---

2 Cf. *Abhidharmakośabhāṣya* (Pradhan ed.): 414,6-415,10（＝和訳：櫻部建，小谷信千代，本庄良文『倶舎論の原典研究　智品・定品』大蔵出版，2004: 135-139）。ここでは，不共仏法である「大悲」が「悲」といかに異なるか鮮明に説かれている。

3 拙稿「『根本中頌』27.30「最終偈」の解釈」『インド論理学研究』10，2017: 171，註 9 参照。

4 稲見正浩「『プラマーナ・ヴァールティカ』プラマーナシッディ章の研究（6）」『東京学芸大学紀要』(第 2 部門，人文科学) 48，木村俊彦『ダルマキールティにおける哲学と宗教』大東出版社，1998: 189ff. 等。なお，木村俊彦『ダルマキールティ宗教哲学の原典研究』木耳社，1981: 62 では，PV II 34a に続いてチャールヴァーカ (cārvākāḥ) の学説を否定する議論が展開されることについて，「幾分唐突の感は免れない」と指摘されている。

II の文脈上, 心の存在を認めないとされるチャールヴァーカの学説に反駁する概念としてのみ, PV II 34a においてこの「悲 (karuṇā)」が取り入れられたと見るのである。即ち, ダルマキールティは, 心のはたらきとして最も人々を惹き付け, 理解し易いものとして「悲 (karuṇā)」という概念を選びチャールヴァーカの学説へ向けて投げ付けたと理解するのである。しかしその際, ダルマキールティは, 「悲 (karuṇā)」を自己自身の真に主張すべきこととして説いたのであろうか。というのも, このように述べるのは, 筆者は, 仏教の慈悲の起源に関連して, 仏陀はその出家から成道に至るまで慈悲というような他者のためになることを顧慮する心情は持っていなかったと認め[5], またすでに論じたように, 仏陀の最初説法は慈悲に基づかないと考えているからである[6]。一体 PV II 34a のように述べるダルマキールティは「悲 (karuṇā)」についてどのように評価していたのであろうか。

「悲 (karuṇā)」は四無量の一つに挙げられ, 抜苦, 即ち苦しむ者の苦が消えることを願う禅定である。しかし, 率直に申し上げれば, 禅定において願うのみで或る他人の苦がなくなるならば誰も苦労はしない。かかる「悲 (karuṇā)」はあまりに観念的すぎて, これを実践と言えるかどうかということについてさえ躊躇いを覚えるのであるが, またこのような定義自体, 抽象的にして形式的であって, そこにはいかなる内容のものでも放り込むことができるため, この言葉自体を語って相手を惑わせるには十分であると思われる。では, このような「悲 (karuṇā)」を PV II 34a のように釈尊に結び付けて語ることは適切であろうか。これについて, 私は現段階では直ちに適切であると返答できないのである。つまり, このような徳の付与は, 後代の仏教徒が, 釈尊の全生涯を慈悲に満ち溢れたものとして説明したい, 信じたいという願い, あるいはこう言って良ければそのような欲望が生んだ信念であろうと思われる。しかし同時にまたそれは人間社会のことであるから, 仏陀の伝記を保持した教団の色々な思惑もあったであろう。そこにはもはや四門を観て生老病死を問い, 自らの立場も責任も, 妻子さえも捨てて道を求めた現実の姿など消し去られているのである。

平川彰博士は次のように述べておられる[7]。「純粋に歴史的な興味にもとづいて述べられた仏陀の伝記が, 古く仏教教団に存在したと考えることはできない。〔中略〕何らの目的も持たず, 単に記録にとどめるという関心のみにもとづいて, 伝記が作られるということは, 仏教教団においてはありえなかった。結果としては仏伝の形を取っている聖典の場合でも, それを作った人は別の意図をもっていたのである。」「それぞれの目的にしたがって, 種々なる型の仏伝があったのである」。各部派の仏伝が特定の意図もしくは目的の下に作成されたこと鋭く指摘する点で極めて重要な記述であるが, 慈悲の徳についても, 諸部派

---

[5] 高崎直道「慈悲の淵源」『成田山仏教研究所紀要　特別号仏教文化史論集 I』15, 1992: 162-163。
[6] 拙稿「仏陀の最初説法と慈悲」『印度学仏教学研究』67−1, 2018 参照。
[7] 平川彰『律蔵の研究 II』平川彰著作集第 10 巻, 春秋社, 2000: 100-101。

によって見解の相違があったと考えられる[8]。

しかるに，ダルマキールティは PV II 130-131ab において次のように述べている。

PV II 130-131ab:

tathā hi mūlam abhyāsaḥ pūrvaḥ pūrvaḥ parasya tu |
kṛpāvairāgyabodhādeś cittadharmasya pāṭave ||
kṛpātmakatvam abhyāsād ghṛṇāvairāgyarāgavat |

即ち，それぞれ先行する数習 (abhyāsaḥ pūrvaḥ pūrvaḥ) は，後の，悲 (kṛpā) と離欲と覚知 (bodha) 等である心の属性 (cittadharma) を鋭くするための根本である。

数習に基づいて，〔心の法は〕悲 (kṛpā) を本性とする。嫌悪と離貪と貪のように。

ここには，前世から現世そして来世へと続く生存の中で，前世の長時の数習によって「悲 (kṛpā)」が獲得されると考えられているが，「悲 (kṛpā)」が強調され目的的に説かれる点で，仏伝の中でも本生話のような釈尊個人の成仏の因縁を説くものというより，むしろ利他の願を説く仏伝が基礎の一つとされているであろうことは想像に難くない。ただし，PV II 130-131ab では，PV II 34a における karuṇā とは異なり，kṛpā という語が取り上げられている。PV II では「悲」に類する表現として，karuṇā の他に，主に kṛpā, dayā が用いられ，これらの語はほぼ同義と指摘される[9]。これ自体重要な指摘であるが，PV II 34a の karuṇā が PS の帰敬偈「世間の人々の利益を求める者」の説明として何らかの意図が込められたものであるならば，これらの微細な差異を明らかにすることはどうしても必要であると思われる。というのも，PV II 34a の karuṇā は実際の禅定の行為であるのに対して，PV II 130-131ab の kṛpā は，同偈自体において「心の属性 (cittadharma)」であり，「〔心の法は〕悲を本性とする (kṛpātmakatva)」と示されるように，「属性」「本性」を示すものではないかと考えられるからである。少なくともこの点で PV II 34a の karuṇā と PV II 130-131ab の kṛpā の間には差異が認められるのではないかと思われる。

なお，和訳に関して，上に掲げた PV II 130-131ab の kṛpā は，暫定的に karuṇā と同じく「悲」と訳し原語を記した。上述した理由から，本来は区別して訳すべきであると考えるものの，それぞれに適切な語を見出し難かったため，全くの同義語である可能性と，現代日本語の限界を考慮しつつ，このように訳した。

---

[8] 諸部派間の見解の相違に関して，上掲拙稿（前註 3 及び 6）を参照されたい。なお，高崎博士は上掲論文（前註 5）において「『倶舎論』など，北伝系の仏教では仏の不共功徳を十八種挙げる中に「大悲」を加えている。いわば他者へ憐れみ，いたわりはブッダに下駄をあづけた恰好である」と述べておられる (p. 162)。筆者はこの記述を読んだ時，「下駄をあづけた」と表現されていることに驚き，なぜこのような表現がなされたのか不思議な印象を抱いたが，仏教の慈悲に関する近代の学者の一つの評価としてここに引用した次第である。

[9] 稲見上掲論文（前註 4）：17，註 4 参照。

II.

以上，PV II 34a の「悲 (karuṇā)」に関して若干の私見を述べた。PV II 34 の解釈に関して，それ対するインド仏教における註釈文献はすでに詳細な考察がなされているが[10]，本論では，この問題の解明のために以下，PV II 34a に対するチベット仏教徒の註釈のテキストと訳を提示したい[11]。

'U yug pa, *rGyas pa'i bstan bcos tshad ma rnam 'grel gyi 'grel pa Grub mtha' sna tshogs kyi loṅs spyod kyis gtams pa'i rigs pa'i mdzod*. sDe dge ed., Patshang Lama Sonam Gyaltsen, 2 vols, Delhi 1982, Vol. 2.

210,6-211.3: daṅ po ni | 'o na tshad ma de'i **sgrub byed** gaṅ yin źe na **thugs rje** chen po'o || de ni gźan gyis phan btags pa la ma ltos bar sems can thams cad sdug bsṅal daṅ de'i rgyu daṅ bral bar 'dod pa źe sdaṅ med pa'i dge ba'o | de kho na rgyur 'chad pa ci ste źen źes sdug bsṅal daṅ bral bar 'dod pa yod na de'i thabs tshol ba'i skye la de las byaṅ chub kyi sems skye źiṅ des spyod pa rlabs po che la sbyor ba'i phyir ro | gñis pa ni | **de** rgyu gaṅ las skye źe na yul sdug pa la dmigs pa'i sñiṅ rje tsam ni gźan gyi sdug bsṅal mthoṅ ba'i rkyen gyi bag chags sad pa las kyaṅ skye mod kyi blo **de**'i ṅaṅ du gyur ciṅ sdug mi sdug par thams cad la khyab pa'i sñiṅ rje ni skye ba du mar yaṅ daṅ yaṅ du **goms** pa **las** skye ba yin no ||

第一は，しからば，その量の能証は何であるかというならば，<u>御</u>大<u>悲</u>である。それ（御大悲）は他によって助力 (phan btags pa) を期待せずに，一切衆生を，苦とそれの因から離れることを望むこと ('dod pa) であり，無瞋 (źe sdaṅ med pa) の善である[12]。正にその因を断ずること，あるいは，執着という苦から離れることを望むことが

[10] 稲見正浩「ダルマキールティの「慈悲の修習」の議論」『印度学仏教学研究』35-1，1986；生井智紹『輪廻の論証』東方出版，1996；Eli Franco 上掲書；稲見上掲論文，木村俊彦上掲書（前註 4）；岩田孝「仏教論理学派による世尊の量性の証明における悲愍」『東方学』104，2002；岩田孝「世尊の量性の証明の一解釈—プラジュニャーカラグプタの解釈の視点から—」『印度哲学仏教学』16，2001；岩田孝「プラジュニャーカラグプタの悲愍修習論（1）」『早稲田大学大学院文学研究科紀要』52-1，2007；岩田孝「デーヴェーンドラブッディによる悲愍増長の論証（上）」『日本仏教学会年報』72，2007 等参照。

[11] チベット仏教徒の註釈読解について，Yoichi Fukuda and Yumiko Ishihama, *A Comparative Table of sa-bcad of the Pramāṇavārttika found in Tibetan Commentaries of the Pramāṇavārttika*, Studia Tibetica, no. 12, Toyo Bunko, 1986 を参照した。PV に対する六人のチベット仏教徒の註釈の中，シャーキャチョクデンの註釈個所では，PV II 34a に関連して，一切知者の問題が詳細に議論されている。シャーキャチョクデン註の考察は稿を改める。

[12] デーヴェーンドラブッディの *Pramāṇavārttikapañjikā* (PVP) の記述に依拠する可能性がある。PVP (Derge ed.) 16a3-4: phan btags pa'i lan la sogs pa la ltos pa med pa can | sems can thams cad la sñoms pa śin tu sdug bsṅal daṅ bral bar 'dod pa'i rnam pa can źe sdaṅ med pa ni **thugs rje** yin te...「<u>悲</u>とは，返礼等を期待しないものであり，一切衆生に対して平等に，完全に苦から離れることを望むこと ('dod pa) を相とし，無瞋である」。PVP の記述について，稲見上掲論文（前註 4）: 17，註 4 参照。

あるならば，それの手段 (thabs) を希求するものの生起において，それから菩提心が生じて，それによって行を大きな波 (rlabs po che) において実践する (sbyor ba) からである。第二は，それ（御大悲）は，いかなる因から生じるのかというならば，清浄な対象を獲得する悲 (sñiṅ rje) のみは，他者の苦を見ることの縁の習気を起こすことからも生じるけれども，その慧 (blo) の味 (ṅaṅ) となって，浄不浄において一切を覆う悲 (sñiṅ rje) が生じることは，多く，何度も (yaṅ daṅ yaṅ du) 数習することに基づいて生じるのである。

Dar ma rin chen, *Tshad ma rnam 'grel gyi tshig le'ur bya pa'i rnam bśad Thar pa daṅ thams cad mkhyen pa'i lam phyin ci ma log par gsal bar byed pa*: Zhol ed., 1987, vol. Cha (= Tohoku, No. 5450): 141b3-6:

daṅ po ni | **thugs rje** chen po de tshad ma'i skyes bu de **sgrub** par **byed** pa la | daṅ por sṅon du soṅ dgos te | daṅ por mtha' dag sdug bsṅal las khol bar 'dod pa'i sñiṅ rje bskyed nas | de'i rjes su sdug bsṅal źi ba'i thabs la **goms** par byas pa **las** ston par 'gyur dogs pa'i phyir | **thugs rje** chen po de chos can | rgyu med daṅ mi mthun pa'i rgyu ls mi 'byuṅ ste | raṅ gi rigs 'dra ba sṅa ma **goms** pa **las** grub pa'i phyir | sñiṅ rje chen po de ñid theg pa chen po'i lam sgom pa'i thog ma'i **sgrub byed** yin pa daṅ | skyob pa rtaḍ kyi bsgrub byar byas nas de bsgrub pa la yaṅ | thog mar 'di grub dgos pa'i tshul ni 'og tu 'chad par 'gyur ro ||

第一は，その御大悲 (**thugs rje** chen po) は，かの量である人 (tshad ma'i skyes bu) を成立させる要因 (**sgrub** par **byed** pa) において，第一に先行したことが必要である。即ち，第一に，すべてのものを苦から救うことを望む悲 (sñiṅ rje) を生じてから，その後に，苦が寂滅する手段を数習したことから，教師 (ston pa) となるべきであるが故に。その御大悲が有法。無因と相違因から生じないのである。即ち，以前の自らと同類なものを数習することから成立するから[13]，ほかならぬ大悲 (sñiṅ rje chen po) は，大乗の道を修習する最初の能証する要因であり，そして救護者 (skyob pa) を論証因 (rtaḍ) の所証となしてから，それを証明することにおいても，最初に，これが成立すべきあり方は，後に説明することになるのである。

dGe ḥdun grub pa dpal bzaṅ po, *Tshad ma rnam ḥgrel legs par bśad pa*. Ed. dGaḥ ldan pho braṅ, vol. Ca. *The Collected Works of the First Dalai Lama dGe ḥdun grub pa*, vol. 5. Gangtok 1981:

[13] ダルマキールティは次のように述べている。PV II 126: yasmāc ca tulyajātīyapūrvabījapravṛddhayaḥ | kṛpādibuddhayas tāsāṃ saty abhyāse kutaḥ sthitiḥ ||「悲 (kṛpā) 等は同類の先行する種子から増大するから，数習があるとき，一体どうしてそれら（悲等）が住することがあるのか」。タルマリンチェンの註釈もこの説に基づくと一応想定される。

7a4-6:

daṅ po ni bcom ldan ’das de chos can | tshad ma’i skye bu yin te | de’i **sgrub byed thugs rje** chen po **goms** pa **las** ’khruṅs pa’i phyir | **thugs rje** chen po chos can rgyu med daṅ mi mthun pa’i rgyu las byuṅ ba ma yin te | sñiṅ rje skye ba du mar **goms** pa **las** byuṅ ba’i phyir | skye ba du mar **goms** pa med spaṅ | **goms** kyaṅ mtha’ med du ’phel ba med pa spaṅ pa’o |

第一は，かの世尊が有法。量である人である。即ち，それ（量である人）の能証である御大悲は，数習することから生まれるが故に。御大悲が有法。無因と相違因から生じるのではないのである[14]。悲 (sñiṅ rje) が生じることは，多く，数習することに基づいて生じるが故に，生じることを多く数習することがないことを捨て，数習も際限なく (mtha’ med du) 増大することがないことを捨てるのである。

mKhas grub rje dGe legs dpal bzaṅ po, *rGyas pa’i bstan bcos tshad ma rnam ’grel gyi rgya cher bśad pa Rigs pa’i rgya mtsho*, Zhol ed., 1897, vols. Tha, Da (= Tohoku No. 5505)

mtha’ dag sdug bsṅal las sgrol bar ’dod pa’i **thugs rje** chen po de thams cad mkhyen pa **sgrub** par **byed** pa la daṅ por sṅon du ’gro dgos te | mtha’ dag sdug bsṅal las sgrol bar ’dod pa’i sñiṅ rje chen po med na de’i thabs la slob par mi ’gyur ba’i phyir ro || de lta bu’i **thugs rje** chen po de yaṅ rgyu med daṅ mi mthun pa’i rgyu la ’byuṅ ba min te | ’gro ba mtha’ dag sdug bsṅal ba la mi bzod pa’i rnam pa can gyi sñiṅ rje skye ba du mar **goms** pas khyad par du gyur pa **las** ’grub pa’i phyir de lta bu’i **thugs rje** chen po de ñid kyaṅ skye ba dpag tu med pa **goms** par byas pa **las** mtha’ med du ’phel te | thams cad mkhyen pa’i go ’phaṅ mṅon du byas pa na yaṅ ’gro ba mtha’ dag skyabs la dus las yol ba mi mṅa’ ba’i **thugs rje** chen po mthar phyin pa ’grub pa yin no ||

すべてのものを苦から救うことを望む，かの御大悲 (thugs rje chen po) は，一切智者を成立させる要因において，第一に先行することが必要である。即ち，すべてのものを苦から救うことを望む大悲 (sñiṅ rje chen po) がないならば，それの手段において，教師 (slob pa) とならないからである。そのような，その御大悲も無因と相違因において生じるものではないのである[15]。即ち，すべての苦しむ有情において耐えないことを相とするが，悲が生じることは，多く数習することによって特殊になることから，成立するが故に，そのような，ほかならぬその御大悲も生じることは，無数 (dpag tu med pa) を数習したことから，際限なく，増大するのである。即ち，一切知者の位を実現したとしても，すべての有情救済において，時が過ぎることを持たない究極的な

[14] 前註 13 参照。
[15] 前註 13 参照。

御大悲が成立するのである。

Go rams pa, *baTan bcos tshad ma rnam 'grel gyi rnam par bśad pa Kun tu bzaṅ po'i 'od zer. Sa skya pa'i bka' 'bum*, Vol. 11, Tokyo, 1969: 74.4.3-5:

daṅ po ni | de sgrub byed kyaṅ med pa'i phyir || źes pa mi 'thad de | 'di ltar skye bu tshad ma chos can | khyod kyi sgrub byed yod de | phan btags pa'i lan la sogs pa la ltos pa med par sems can thams cad la sñams par śin tu sdug bsṅal daṅ bral bar 'dod pa'i rnam pa can gyi **thugs rje** de khyod kyi sgrub byed yin pa'i phyir || gñis pa ni | **thugs rje** de chos can | khyod kyi rgyu yod de | skye ba du mar sñiṅ rje'i dmigs rnam **goms** pa **las** khyod skye ba'i phyir |

第一は，「それは能証もないが故に」，というのは正しくない。このように，量である人 (skye bu tshad ma) が有法。それ (khyod) 〔即ち，量である人〕の能証がある。即ち，返礼 (phan btags pa'i lan) 等を期待することなしに一切衆生を考えて[16]，完全に (śin tu) 苦から離れることを望むことを相とする，その御悲 (thugs rje) が，それの能証であるが故に。第二は，その御悲が有法。それ (khyod) 〔即ち，御悲〕の因がある。即ち，生が，多く悲 (sñiṅ rje) の獲得の相である数習に基づいて，それ〔即ち，御悲〕が生じるが故に。

[16] テキストは sñams par であるが，先のデーヴェーンドラブッディの註釈（前註 12）に従うならば，sñoms par のように訂正すべきかもしれない。

「久遠実成の仏」の寿量について

松本　史朗

私は、これまで、『法華経』「如来寿量品」に説かれる所謂「久遠実成の仏」について、以下の論考において、自らの解釈を示してきた。

a. 「『法華経』の文学性と時間性」『こころ・在家仏教こころの研究所紀要』2, 2007, pp. 63-73.

b. 『法華経思想論』大蔵出版、2010年、pp. 539-544.

c. 「久遠実成の仏について」『インド論理学研究』5, 2012年，pp.252-254.

d. Considerations on the So-called Eternal Buddha, 『こころ・在家仏教こころの研究所紀要』8, 2017, pp. 47-55.

その私の解釈のポイントは、「久遠実成の仏」を、「無始無終」でも、「有始無終」でもなく、「有始有終」と見る点にある。即ち、『報恩抄』で「久遠実成の釈迦仏」とも日蓮によって呼ばれる[1]この「久遠実成の仏」は、『法華経』を説いている現在の時点よりも、『妙法蓮華経』の表現を用いれば、「無量無辺百千万億那由他劫」（大正 9, 42b）以前に伽耶 Gayā で[2]仏陀と成ったのであり、これが、「久遠実成の仏」の仏陀としての「始め」の時点であり、また、未来に向かっては、この「無量無辺百千万億那由他劫」の二倍（dvi-guṇa）を過ぎてから、涅槃に入るのであり、この涅槃に入る時点が仏陀としての「終り」の時点である、と見るのである。

従って、「無量無辺百千万億那由他劫」以前に仏陀となった時点をA時点、現在をB時点、涅槃に入る時点をC時点として、「無量無辺百千万億那由他劫」をXとするならば、以下のような図式が成り立つであろう。

————————————A←------X-------→B-←------------2×X--------------→C

このうち、A時点、つまり、『法華経』説いている現在の時点よりも、「無量無辺百千万億那由他劫」以前の時点が、仏陀としての「始め」の時点とされていることは、

---

1 大正 84, 269c26.

2 「久遠実成の仏」は、「無始無終」の「永遠の仏陀」であるから、成仏した（覚った）特定の時点も、特定の場所も、ある筈はない、という通念は、非常に根深いものである。しかし、私見によれば、このような理解は、『法華経』の経文とは一致しない。特に、経文で、「久遠実成の仏」が成仏した場所が「伽耶」Gayā とされていることは、拙稿「久遠実成の仏について」（pp.243-248）で、論証した通りである。従って、また、おそらくは、湛然以来、用いられてきたであろうと推測される「伽耶近成」「伽耶始成」と「久遠実成」という対比も、成立しないと思われる。

〔1〕我実成仏已来、無量無辺百千万億那由他劫。(大正 9, 42b12-13)

という『妙法蓮華経』の経文を文字通りに読めば、容易に理解されるであろう。

問題は、「久遠実成の仏」の寿命の量、つまり、A 時点から C 時点までの期間と、仏陀となる A 時点より前の期間との関係はどのようなものかという点である。

これについて、『妙法蓮華経』では、

〔2〕我本行菩薩道所成寿命、今猶未尽。復倍上数。(大正 9, 42c22-23)

と言われている。これは、「私が過去に菩薩行を行じて完成した寿命は、今も猶、尽きていない。今後も、今までの二倍残っている」という意味であろう。つまり、「久遠実成の仏」は、仏陀となった A 時点より以前は、「菩薩」であって、「菩薩行」を、長い期間行じたことによって、A 時点から C 時点までの仏陀としての寿命(X+2×X=3X)を完成した、という意味であろう。

しかるに、上掲〔2〕の『妙法蓮華経』の経文に対応する梵語テキストは、KN(ケルン・南条本)では、次のようになっている。

〔3〕 na ca tāvan me kulaputrā adyāpi paurvikī bodhisattvacaryāparinişpāditāyuşpramāṇam apy aparipūrṇam /api tu khalu punaḥ kulaputrā adyāpi taddviguṇena me kalpakoṭīnayutaśatasahasrāṇi bhaviṣyanty āyuṣpramāṇasyā paripūrṇatvāt//
(KN, 319, 2-4)[3]

しかし、この梵語テキストは、『妙法蓮華経』〔2〕の訳文と内容が一致しない。そこで、私は、『妙法蓮華経』〔2〕の趣旨を尊重し、渡辺照宏博士の指示[4]に従い、KN〔3〕の paurvikī という読みを paurvika-に訂正して、次のような和訳を提示したのである。

〔4〕しかるに、善男子たちよ、これまで、私の、過去世の菩薩行(bodhisattva-caryā)によって完成された寿命の量(āyuṣ-pramāṇa)は、今でも(adyāpi)、まだ満了されていない(aparipūrṇa)。善男子たちよ、私の寿命の量が満了するまでには、今後も(adyāpi)、それ(今までの寿命の量)の二倍、幾百千コーティ・ナユタもの劫があるであろう。(『法華経思想論』p. 539)

---

3 私は、本論文では、『法華経』のギルギット写本、カシュガル写本、ネパール写本等の梵語諸写本における多くの異読には、一切言及しない。その理由は、様々な異読の存在によって、本論文の趣旨が否定されることはないと考えるからである。例えば、D1 写本では、KN〔3〕前半に対応するものが、na ca tāvan me kulaputrā : adyāpi paurvikī bodhisattvacarī parinişpāditā āyuşpramāṇam apy aparipūrṇam (*Saddharmapuṇḍarīka Manuscripts Found in Gilgit*, ed. by Shoko Watanabe, Part Two, Romanized Text, Tokyo, The Reiyukai, 1975, p.113)と示されているが、この異読の存在によっても、本論文の結論を変更する必要はないであろう。梵語諸写本の異読については、李暎実「如来寿量品の文献学的研究」(駒澤大学 2018 年度修士論文)で、詳細な検討がなされている。

4 渡辺照宏「法華経原典の成立に関する一考察」『法華経の成立と展開』平楽寺書店、1970 年、p.85 参照。ただし、paurvika-という読みは、現在まで如何なる写本にも確認されていないようである。

しかし、KN〔3〕の paurvikī を paurvika-に変更してみても、〔4〕の和訳は適切なものではない。この点を、私は、上掲 b の「久遠実成の仏について」という論文において、

〔5〕これは一種の不注意による訳であって、たとえ“paurvikī”を“paurvika-”に訂正したとしても、冒頭にある“na”が、私訳〔28〕では訳出されていないという誤りがある。(p. 252)[5]

と認めていたのである。

KN〔3〕、特に、問題となる下線を付した前半部分 na ca--- aparipūrṇam の翻訳としては、以下のような Kern による英訳や松濤誠廉博士による和訳が、確かに適切であろう。

〔6〕And even now, young gentlemen of good family, I have not accomplished my ancient Bodhisattva-course, and the measure of my lifetime is not full. (Kern H. , *The Lotus of the True Law*, SBE, 21, Oxford, 1884, p. 302)

〔7〕しかも、良家の子らよ、いまもなお、私の過去の菩薩としての修行は完成されていないし、寿命の長さもいまだ満ちてはいないのである。(『大乗仏典 5　法華経 II 』中央公論社、1976 年、p. 109)

この二つの翻訳は、KN〔3〕の下線を付した部分の構造を、次のようにとらえる点で、一致しているであろう。

① na ca tāvan me kulaputrā adyāpi paurvikī bodhisattvacaryā parinişpāditā

② āyuşpramāņam apy aparipūrṇam

つまり、この部分は、①と②の二つの文章（否定文）からなっている、と見るのである。このような理解を、ここで、「二文章説」と呼んでおこう。

しかし、私は、このような「二文章説」を生み出すもとになる KN〔3〕のテキストの正当性に大きな疑問を抱いている[6]。この点を、私は、すでに、「久遠実成の仏について」という論文において、次のように述べていたのである。

〔8〕現在の梵語テキスト〔26〕に関する私の最大の疑問をいえば、「久遠」の過去に成仏した「久遠実成の仏」が、「菩薩行」を未だに「完成していない」ということは、有り得るであろうかということなのである。つまり、「仏陀」は「菩薩」ではない。「菩薩」として「菩薩行」を満たしてから、「仏陀」になるというのが、常識的な理解であろう。「菩薩行」を為している「菩薩」である「仏陀」というのは、考えられないように思われる。(p. 254)

---

[5] ただし、中村瑞隆博士によって指摘されているように、P1, P2 の写本には、問題の na という否定辞は欠落している。中村瑞隆『現代語訳　法華経　下』春秋社、1998 年、p. 237, n. 7 参照。

[6] KN だけでなく、前註の 3 に示した D1 を含めて、多数の写本は「二文章説」に従っている。

従って、同上論文では、『法華論』における『妙法蓮華経』〔2〕の引用の仕方が不可解であることも問題にしたうえで[7]、私は、結論として、次のように述べたのである。

〔9〕要するに、私は、『妙法華』の「我本行菩薩道所成寿命、今猶未尽」という訳文が、本来のテキストを伝えている可能性もあるのではないかと考えているのである。

(「久遠実成の仏について」pp. 253-254)

しかるに、その後、KN〔3〕のテキスト、及び、それに基づく「二文章説」に対する私の疑問は充分に根拠を持っているのではないかと思わせるようなテキストの存在に気づいたので、それを以下に問題にしたい。それは、次のような「如来寿量品」第18偈後半なのである。

〔10〕āyuś ca me dīrgham anantakalpaṃ
samupārjitaṃ pūrva caritva caryām// [XV, v.18cd](KN, 326, 2)

〔11〕寿命無数劫、久修業所得[8]。(大正9, 43c21)〔『妙法華』〕

〔12〕前世所行、無量劫数。慈心之品、平坦無求。(大正9, 115a20-21)〔『正法華』〕

〔13〕ṅa yi tshe riṅ bskal mthaḥ yas te/ de ni sṅon gyi spyod pa spyad pas bsgrub//
(P, chu, 140b8)

〔14〕また、私の寿命(āyus)は、長く、無辺の劫をもち、過去に、〔菩薩〕行(caryā)を行じて、私によって、獲得された。(〔10〕の拙訳)[9]

〔15〕私の寿命は長く、無辺の劫であり、それは過去の行を行じたことによって完成された。(〔13〕の拙訳)

「如来寿量品」偈が、その散文部分より後で成立したことは明確であると思われるが[10]、

---

7 「久遠実成の仏について」p. 253参照。

8 「久修業所得」という漢訳は、dīrghamをāyuśにかかる形容詞ではなく、caritvaにかかる副詞と解しているであろう。つまり、「長く行じて」というのである。

9 私は、既に『法華経思想論』(p. 544)において、KN〔10〕の和訳を示していたが、その時点では、この偈が「二文章説」に対する明確な反証になることを意識してはいなかった。

10 「如来寿量品」の偈には、所謂「釈迦仏の常住」だけではなく、「娑婆世界の常住」も、evaṃ ca me kṣetram idaṃ sadā sthitaṃ〔XV, v. 14a〕(KN, 325, 5)「また、このように、私のこの国土は、常に住している」(「我浄土不毀」『妙法華』大正9, 43c12)と述べられているが、このような教説は、「如来寿量品」の散文部分には存在しないので、散文部分の成立以後に付加されたものと推定される。
また、「如来寿量品」の偈には、「久遠実成の仏」が成仏から現在までの寿命(X)の「二倍」を過ぎた時点で入滅することを示すdvi-guṇa「二倍」という語も存在しない。従って、既に論じたように(『法華経思想論』p. 544)、「如来寿量品」の偈だけを読んでいると、「久遠実成の仏」が最終的には入滅するという理解は得られない。しかるに、このような偈の思想的立場、つまり、「久遠実成の仏」の最終的な入滅を否定しようとするような立場と、「娑婆世界の常住」を説く立場は、私見によれば、基本的には一致しているように思われる。つまり、いずれも、言わば、やみくもに「常住」を主張しようとしているのである。

この偈で、āyuś --- samupārjitaṃ「獲得された寿命」という表現が用いられたということは、KN〔3〕には、parinişpādita-āyuşpramāṇam「完成された寿命の量」という複合語があるという理解を、偈の作者が持っていたことを示しているであろう。つまり、samupārjita は、偈の作者が parinişpādita を言い換えた表現であると思われる。従って、少なくとも、この偈の作者は、KN〔3〕に、parinişpāditā āyuşpramāṇam ではなく、parinişpādita-āyuşpramāṇam「完成された寿命の量」という複合語の存在を認めていたのである。

しかるに、それは、KN〔3〕という散文自体ではなく、あくまでも偈の作者の解釈にしか過ぎないという考え方もあり得るであろう。しかし、その解釈が最も古い解釈の一つであること、従って、また、極めて有力な解釈であることは否定できないであろう。それ故、「所成寿命」という『妙法蓮華経』〔2〕の訳文は、本来存在していたと想定される parinişpādita-āyuşpramāṇam「完成された寿命の量」というテキストに関しては、妥当であると見ざるを得ないであろう。

「①菩薩行は完成されていない。②寿命の量も満たされていない」というように否定文が二つあるという理解、つまり、「二文章説」は、『妙法蓮華経』〔2〕の「我本行菩薩道所成寿命、今猶未尽」によって支持されないだけでなく、『正法華経』の以下の訳文によっても支持されないと思われる。

〔16〕又如来不必如初所説、前過去世時行菩薩法、以為成就寿命限也[11]。(大正 9, 42c22-23)

それればかりではない。通常、梵語テキストと一致することが多いチベット訳も、また、「二文章説」を採ってはいないのである。即ち、チベット訳は、以下の通りである。

〔17〕rigs ki bu dag ṅas da duṅ yaṅ sṅon kyi byaṅ chub sems dpaḥi spyad pa yoṅs su rdsogs par byas paḥi tsheḥi tshad du yaṅ ma phyin te/ (P, chu, 138a2)

この文章は難解であるが、テキストを修正せずに、そのまま訳せば、次のようになると思われる。

〔18〕善男子たちよ。私によって、今でも、過去の菩薩行を完成した寿命の量にも至っていない。

しかし、この訳文は、ほとんど意味をなしていないように思われる。そこで、KN〔3〕を再び以下に示して、それと対比してみよう。

〔3〕na ca tāvan me kulaputrā adyāpi paurvikī bodhisattvacaryāparinişpāditāyuşpramāṇam apy aparipūrṇam /

---

[11]「前過去世時行菩薩法、以為成就寿命限」という訳文は、私にとっては難解であるが、ほぼ、「過去世に菩薩行を行じて成就した寿命の量」という意味ではないかと思われる。「限」は pramāṇa の訳語であろう。従って、『正法華経』〔16〕の訳者も、KN〔3〕の本来のテキストに、bodhisattvacaryā-parinişpādita-āyuşpramāṇa という複合語の存在を認めていたのではないかと思われる。

まず、〔17〕の ṅas は〔3〕の me に対応しているであろう。つまり、me を mayā の意味に解したのである。次に、最も重要な点であるが、〔17〕には、否定辞が、一つしか存在しない。つまり、ma phyin の ma である。この否定辞 ma は、〔3〕冒頭の na に対応しているのか、それとも、〔3〕末尾の aparipūrṇam の a に対応しているのかと言えば、おそらく後者であろう。しかも、チベット訳〔17〕には tāvan に対応する訳語も見られない。

従って、少なくとも、チベット訳〔17〕には、「①菩薩行は完成されていない。②寿命の量も満たされていない」というように否定文が二つあるという「二文章説」は、認められないのである。

仮に、〔17〕の下線を付した部分、つまり、byaṅ chub sems dpaḥi spyad pa を byaṅ chub sems dpaḥi spyad pas に訂正することが認められるならば、〔17〕の訳文は、

〔19〕善男子たちよ。私は、今でも、過去の菩薩行によって完成された寿命の量(bodhisattvacaryā-pariniṣpādita-āyuṣpramāṇa)にも至っていない。

ということになり、これは、bodhisattvacaryā-pariniṣpādita-āyuṣpramāṇa「菩薩行によって完成された寿命の量」という複合語の存在を認める点で、〔4〕の私訳に一致することになる。この複合語の前に、paurvika-がつくか否かは別にして、現在の私としては、KN〔3〕の本来のテキストには、bodhisattvacaryā-pariniṣpādita-āyuṣpramāṇa「菩薩行によって完成された寿命の量」という複合語が存在していたと推定しておきたい。

また、私が、「①菩薩行は完成されていない。②寿命の量も満たされていない」というという「二文章説」を承認できない理由は、もう一つある。それは、言ってみれば、論理的な理由である。つまり、つまり、経典の論旨の流れを考えるならば、この箇所で、「①私の菩薩行は完成されていない」などと述べる必要はないのではなかろうか。つまり、この箇所で、あるいは、「如来寿量品」全体でも、中心的なテーマとされているのは、あくまでも、「如来の寿命の量(āyuṣ-pramāṇa)」がどれ程あるか、どれほど長いか、という問題であって、「如来の過去の菩薩行」ということは、重要なテーマではなく、それは、単に「如来の寿命の量(āyuṣ-pramāṇa)」がどれ程あるかという中心的テーマとの関連においてのみ、副次的に言われているだけであろう。

その証拠にとでも言うべきか、『妙法蓮華経』の「如来寿量品」全体において、「菩薩」という訳語が用いられるのは、僅か6箇所にしか過ぎない。そのうち、『妙法蓮華経』〔2〕の「我本行菩薩道所成寿命、今猶未尽」以外の他の5箇所は、全て「如来寿量品」冒頭の部分で、仏陀の対告衆として、「菩薩」が言われる場合に限られる。つまり、「諸菩薩」「菩薩大衆」「諸菩薩」「弥勒菩薩等」「大菩薩衆」(大正 9, 42b1, b4, b8, b18, b23)という箇所であるが、これらは、いずれも複数形であるから、仏陀、即ち、「久遠実成の仏」の過去のあり方について述べたものではない。従って、『妙法蓮華経』の「如来寿量品」に限っては、「久遠実成の仏」の過去のあり方を「菩薩」と規定したものは、『妙法蓮華経』〔2〕の

「我本行菩薩道所成寿命」という経文しか存在しないのである。

勿論、梵語テキスト（KN）では、「如来寿量品」における bodhisattva の用例はより多数となり、13 例を数える。しかし、これは、私見によれば、『法華経』全体の“大乗仏教化”“菩薩化”[12]に基づいて、多用されるようになったもので、必ずしも、本来の形を示すものではないであろう。

なお、『妙法蓮華経』「如来寿量品」の偈には、「菩薩」の用例が一つだけあるが、それは次のようなものである。

〔20〕 samādapemī bahubodhisattvān [XV, v.2a](KN, 323, 9)

〔21〕 私は、多数の菩薩たちを教化する。

その漢訳は次の通りである。

〔22〕勧助発起、無数菩薩。(大正 9, 114c5-6)〔『正法華』〕

〔23〕教化無数億衆生。　　(大正 9, 43b14)〔『妙法華』〕

この偈には、本来から、bahubodhisattvān という表現が用いられていたかもしれないが[13]、これも複数形であるから、「久遠実成の仏」の過去のあり方を述べたものではない。

要するに、私は、KN〔3〕前半の本来の経文に、「①私の菩薩行は完成されていない」という文章が存在したとは考えられないのである。このような文章は、経文の論旨の流れを考えても、全く必要ないものであろう。

従って、結論として言えば、私は、KN〔3〕前半の本来のテキストに、bodhisattvacaryā-parinişpādita-āyuşpramāņa「菩薩行によって完成された寿命の量」という複合語が存在したことは、否定できないであろうと考えるのである。それ故、また、『妙法蓮華経』〔2〕の「我本行菩薩道所成寿命、今猶未尽。復倍上数」という訳文は、基本的には、本来の梵語テキストを正確に伝えているであろうと思うのである。　　　　（2019 年 2 月 21 日）

12　『法華経』成立の最古層である「方便品」散文部分には mahāyāna という語も、bodhisattva という語も、使用されていなかったが、それが後に多用されるようになるというのが、拙著『法華経思想論』の基本的主張である。

13　bahu-bodhisattva という複合語は、『法華経』梵本（KN）、特に偈に多用されている。即ち、18 例がある。これに対して、散文部分での用例は、3 例（KN, 151, 10; 243, 7; 299, 4）にしか過ぎない。この事実は、何を物語るであろうか。単純に考えれば、散文部分よりも、後に成立した偈の部分の方が、「菩薩化」「大乗化」の傾向が更に進んでいるということであろうか。

　なお、偈の部分では、KN〔20〕以外にも、bahubodhisattvān が、samādapeti という動詞の目的語として使用される例が多い（KN, 23, 6; 51, 8; 56, 4; 64, 7; 394, 4)。つまり、「多数の菩薩たちを教化する」というような意味である。従って、「教化無数億衆生」という『妙法蓮華経』〔23〕の訳文とは一致しないが、KN〔20〕という偈にも、本来から、bahubodhisattvān という表現が用いられていた可能性は高いであろう。『正法華経』〔22〕の「勧助発起、無数菩薩」という訳文も、この想定を支持している。

〔この論文は、2018 年 9 月 28 日に、在家仏教こころの研究所で開催された第 43 回法華経思想懇談会で、「久遠実成の仏の寿量について」と題してなされた発表にもとづいている〕

「五百塵点劫の譬喩」に関する一つの覚書

李　暎実

はじめに

「五百塵点劫の譬喩」とは、『法華経』「如来寿量品」の散文部分において[1]、釈迦牟尼仏が成仏してから現在（釈迦牟尼仏が『法華経』を説いている時点）に至るまでの時間が如何に長大であるかを示すために用いられた譬喩である。これと類似の譬喩に、『法華経』「化城喩品」に説かれる「三千塵点劫の譬喩」[2]があるが、「三千塵点劫」と「五百塵点劫」という表現から受ける印象とは裏腹に、『法華経』の経文によれば、「三千塵点劫」よりも「五百塵点劫」の方が、遥に長い時間とされている。そのため、誤解を避けるために、「五百億塵点劫」という言い方もなされているが、「五百塵点劫」にせよ、「五百億塵点劫」にせよ、『妙法蓮華経』の「譬如五百千萬億那由他阿僧祇三千大千世界」（大正 9,42b13-14）いう表現にもとづいていることだけは、明かである。

「五百塵点劫」という表現が、中国仏教文献でどれほど用いられたか明らかではないが、日本仏教では盛んに使用されたようである。例えば、仏教文学とも見なされる『梁塵秘抄』では、「釈迦の正覚なることは、この度初と思ひしに、五百塵点劫よりも、彼方に仏と見え給ふ」[3]と言われ、浄土教文献の『安心決定鈔』では、「釋尊ハ五百塵點劫ノムカシヨリ、八千遍マテ世ニイテテ」（大正 83, 922a3-4）と述べられる。特に、日蓮の『法華取要抄』で、「教主釋尊、既五百塵點劫已來、妙覺果滿佛」（大正 9, 84c22）と説かれていることは、重要であろう。

---

1 「如来寿量品」韻文部分には、「五百塵点劫の譬喩」は説かれていない。この点は、注意を要する。

2 「三千塵点劫の譬喩」の梵文テキストとその私訳を、以下に示そう。

tad yathāpi nāma bhikṣavo yāvān iha trisāhasramahāsāhasre lokadhātau pṛthivīdhātus taṃ kaścid eva puruṣaḥ sarvaṃ cūrṇīkuryān maṣiṃ kuryāt | atha khalu sa puruṣas tasmāl lokadhātor ekaṃ paramāṇurajo gṛhītvā pūrvasyāṃ diśi lokadhātusahasram atikramya tad ekaṃ paramāṇuraja upanikṣipet | atha sa puruṣo dvitīyaṃ ca paramāṇurajo gṛhītvā tataḥ pareṇa parataraṃ lokadhātusahasram atikramya dvitīyaṃ paramāṇuraja upanikṣipet | anena paryāyeṇa sa puruṣaḥ sarvāvantaṃ pṛthivīdhātum upanikṣipet pūrvasyāṃ diśi | (SP VII KN, 156. 5-10)

例えば、実に比丘たちよ、誰かある人が、この三千大千世界においてある限りの地界（pṛthivī-dhātu）それを全て、粉末にして（cūrṇīkuryāt）、粉（maṣi）にするとしよう。そこで、その人は、その世界から、一つの極微の塵（paramāṇu-rajas）を取ってから、東の方角に幾千もの世界を過ぎてから、その一つの極微の塵を下に置くとしよう。そこで、その人は、また第二の極微の塵を取ってから、そこからさらに先に（tataḥ pareṇa parataraṃ）幾千もの世界を過ぎてから、第二の極微の塵を下に置くとしよう。このようなやり方で、その人は、全ての地界（pṛthivī-dhātu）を、東の方角に、下に置くとしよう。（拙訳）

この「三千塵点劫の譬喩」では、「第二の極微の塵」という表現があるが、同じ表現が、「如来寿量品」では CA rec. のみに存在する。この点を如何に理解すべきかについては、今後の課題としたい。

3 佐佐木信綱『新訂 梁塵秘抄』岩波文庫 1979 年、第 28 刷、pp. 15-16.

本稿は、梵語諸写本、漢訳、チベット訳を参照して、「五百塵点劫の譬喩」に対応する梵文テキスト（KN）に見られる表現、特に vyavagata という語に関して疑問を提起し、vyayagata という読みの方が妥当ではないかという私見を提示したい。仮に、本稿によって、この読みの妥当性が承認されたとしても、それによって、「如来寿量品」の思想的理解に資するところは皆無に近いであろう。

しかし、いかに些細な問題であろうとも、正しいテキスト、あるいは本来のテキスト（仮にそれがあるとして）を追求しよう努めること自体は、全く無意味とは言えないであろう。特に、筆者は最近、『法華経』の様々な梵文写本に見られる異読の多様性に驚かされ、写本研究の重要性を理解するようになった。本稿は、そのような筆者の『法華経』研究のささやかな中間報告の一つである。

では、まず、以下に、「五百塵点劫の譬喩」に対応する箇所の梵文（KN）と諸写本、漢訳、チベット訳を参照して、その譬喩の内容及びテキストの問題点を考察しよう。

I.「五百塵点劫の譬喩」に対応する梵文（KN）、及び、その和訳

tad yathāpi nāma kulaputrāḥ pañcāśatsu lokadhātukoṭīnayutaśatasahasreṣu ye pṛthivīdhātu-paramāṇavaḥ | atha khalu kaścid eva puruṣa utpadyate sa ekaṃ paramāṇurajam[4] gṛhītvā pūrvasyāṃ diśi pañcāśallokadhātvasaṃkhyeyaśatasahasrāṇy atikramya tad ekaṃ paramāṇurajaḥ samupanikṣipet | anena paryāyeṇa kalpakoṭīnayutaśatasahasrāṇi sa puruṣaḥ sarvāṃs tāṃl lokadhātūn vyavagata[5]pṛthivīdhātūn kuryāt sarvāṇi ca tāni pṛthivīdhātuparamāṇurajāṃsy anena paryāyeṇānena ca lakṣanikṣepeṇa pūrvasyāṃ diśy upanikṣipet | (KN, 316. 5-11)

例えば、実に、良家の子らよ、五百万コーティナユタもの世界（loka-dhātu）に、地界の極微（pṛthivī-dhātu-paramāṇu）がある。そこで、誰かある人（puruṣa）が出て（utpadyate[6]）、彼は一つの（eka）極微の塵（paramāṇu-rajas）を取ってから（gṛhītvā）、東の方角に、五百万もの無数の世界を過ぎてから（atikramya）、その一つの極微の塵（paramāṇu-rajas）を下に置くとしよう（samupanikṣipet）。このようなやり方（paryāya）によって、幾百千コーティナユタ劫の間、その人は、それらすべての世界を、尽くされた（vyayagata）地界の極微（pṛthivī-dhātu-paramāṇu）をもつもの（地界の極微が尽くされたもの）とするとしよう（kuryāt）。また、それらすべての地界の極微の塵（pṛthivī-dhāu-paramāṇu-rajas）を、このようなやり方によって、また印（lakṣa）を置くこと（nikṣepa）によって、東の方角に、下に置くとしよう。（拙訳）

---

4 paramāṇurajam v. l. °rajo (nt. sg. acc.) D1,D3,C4, Bj,T2,N1,T9. ; °rajaṃ K,C6,B,A1,A3,(=KN,WT). ; °rajaḥ T6. ; °raja T7. ; paramāṇavo C5. ; Cf. FB, O not decipher. 尚、TF のみ ekaḥ paramāṇu[ra]j[odg]ṛ[hī].

5 vyavagata v. l. vyavagata C4,R,(=KN). ; vyapagata D1,K,Bj,C5,C1,C2,T8,B,P3,etc. ,(=WT). Cf. apaga[ga?]ta (=TF), apagata (=HB,O). ; yapagata D3. ; vyagata N1. ; vyayagata A1.

6 後に論じるように、utpadyate という読みは、utpadyeta に訂正されなければならないであろう。

上記の和訳は、KN を忠実に訳したものではない。下線を付した paramāṇurajam と vyavagata を、それぞれ paramāṇurajo と vyayagata に訂正して訳してあるからである。そこで、その訂正の理由を説明しよう。

まず、paramāṇurajam という読みは、BHSGによれば[7]、SP の韻文に使用されるものであるが、KN では、ネパール写本（B）[8]にあるこの読みが採用されたのである。しかし、この KN の paramāṇurajam に相当する箇所は、中央アジア写本（O,FB）においては、不鮮明であり、明確には解読できない。また、上述した「化城喩品」散文部分にある「三千塵点劫の譬喩」[9]では、「極微の塵」は、KN でも paramāṇu-rajas（中性形）と、校訂されている[10]。従って、これらの理由から筆者は、中性形と読むギルギット写本(D1,D3)の paramāṇurajo（中性形）という読みを採用し、KN の paramāṇurajam を paramāṇurajo に訂正して、上掲の和訳を示した。

次に、KN の vyavagata については、諸写本の読みは、一定していないため、これを vyayagata に訂正した理由について、以下に詳しく論じよう。

II. vyavagata に対応する諸写本の異読

まず、諸写本における異読を提示する。

【中央アジア写本と断簡（CA rec.）】vyavagata の文章の前文には、KN、G/N rec. にない読みが、CA rec. と『正法華経』にある。その箇所を点線で示す。

[CA rec.]

atha sa puruṣo dvitīyakam api paramāṇurajodgṛhītvāḥ tataḥ pareṇaparaṃ pañcāśallokadhātv-asaṃkhyeyakoṭinayutaśatasahasrāṇy atikramitvā tad api paramāṇurajam upanikṣipet etena paryāyeṇa sa puruṣas sarvāṃs tāml lokadhātūn apagatapṛthivīdhātūṃ kuryāt

O, FB, TF(fragm.), それぞれ読めない箇所は異なるけれども、全て同じ読みである。

[正] 如是、次取越爾所國土、復著一塵。如斯比類、（大正 9, 113b09-10）

ここで、「如斯比類」は、KN anena paryāyeṇa（vyavagata より前に位置）に対応するであろう。

---

[7] Cf. BHSG §16. 16. Nom. -acc. sg. nt. -aṃ, -am : rajaṃ SP 157. 12 (vs); paramāṇurajaṃ 316. 7(prose) and (Kashgar rec.)316.8 (prose; ed. with Nep. mss. °jaḥ)

[8] KN が参照した写本は、R, B, C4, C5, T8, W, O, 写本である。W に関しては、KN 本 Preface に「Watters 氏の所有するネパール写本」と書かれているだけであり、それ以外の詳細は書かれていない。

[9]「化城喩品」では、「如来寿量品」とは異なり、「三千塵劫の譬喩」は、韻文部分（vv. 2-5）にも説かれる。

[10] 前註 2 参照。なお、KN,156. 7(paramāṇurajo), 156. 8(paramāṇuraja) に対応する O 本の字訳(translitelation)を、以下に示しておこう。

Toda CA, p. 78. 150b. 6 : paramâṇurajôdgṛhṇitvā[t], 150b. 7 : paramâṇurajôpanikṣiped

【ギルギット写本（D1, D3）】D1のみ、同じ文章を繰り返す。

[D1] anena paryāyeṇa sa puruṣaḥ sarvāṃs tāṃ lokadhātun vyapagatapṛthivīdhātūṃ kuryād anena paryāyeṇa sa puruṣaḥ sarvāṃs tāṃ lokadhātūn vyapagatapṛthivīdhātūṃ kuryāt

【ネパール写本】vyavagataは、ネパール写本C4、Rの読みである[11]。しかし筆者は、この vyavagata だけではなく、上記の CA rec. の読み apagata も、ギルギット写本の読み vyapagataも、採用することなく、ネパール写本A1のvyayagataを採用した。その理由は、二つの漢訳とチベット訳で使用された訳語と、A1のvyayagataが一致するように思われるからであり、また、譬喩の文脈を考察した結果、vyayagata を採用するのが妥当だと考えられるからである。

III. vyavagata, vyapagata, vyayagataの語義説明

既に述べたように、問題の箇所をvyavagataと読む写本は、ネパール写本C4、Rである。それ以外に多い読みとしては、apagata, vyapagataがあるが、筆者が採用したvyayagataという読みは、今の所、A1 写本にしか確認できない。それにもかかわらず、筆者は何故vyayagataを採用するのであろうか。その理由を説明しよう。

先ず、i. vyavagata, ii. (vy)apagata, iii. vyayagataそれぞれの語義を、辞書類における説明を示してから、考察したい。

【 i. vyavagata】*KN, R, C4

BHSD p. 515	SP 36. 9 prose、so KN without ms. authority ; read vyapa°
MW p. 1033,1	vy-ava-√ gam Ā, *to go apart, separate*
PW p. 5-1370	√gam −vyava med. *sich trennen*

【 ii. (vy)apagata】*G/N rec. , CA rec. , WT

AMg. Dic. p. 356	vavagaya (skt. vyapagata)[12] (1)*Gone; devoid of* (2)*Separated*
PW p. 1-278	apagata (von gam mit apa) adj. 1) *fortgegangen, geschwunden, verschwunden*
PW p. 2-673	√gam −apa *fortgehen, weichen, schwinden*
PED(Pāli) p. 50	apagata 1. *gone, gone away from(c.abl), removed; deceased, departed*
梵和 p. 416	√gam apagata 去れる；消滅せる。
PW p. 2-673	√gam −vyapa dharmādvyapagataḥ *vom Rechte gewichen*

---

[11] 前註5参照。

[12] 問題の箇所の原文は、プラークリットの一種で書かれていた可能性もあるので、AMg. Dic. を参照すべきであるという御教示を、矢島道彦教授から頂いた。

MW p. 1031,3	vy-apa-°gata mfn. *gone away, disappeared*
梵和 p. 1289	vy-apagata 無；除、尽[13]、止息
梵和 p. 417	vyapagata 去れる

【 iii. vyayagata】*A1, (正)尽[14], (妙)尽[15], Tib. zad pa[16]

PW p. 6-1449	vyayagata adj. *Verarmt*, v. l. für vyayaguṇa. vyayaguṇa adj. *verschwenderisch der sein Vermögen verausgabt hat* 彼の財産を使い尽くした浪費家の[性を有する]
MW p. 1032,3	vyayagata mfn. (v. l. for next). vyayaguṇa mfn. *prodigal, spendthrift,one who spends all his money, impoverished*
梵和 p. 1290	vyayagata 財産を全部使い果した、破産した、零落した
PW p. 6-1448	vyaya (von 3. i mit vi) 1) adj. *vergänglich* (stets in Verbindung mit avyaya). 2) m. a) *Untergang, Verderben*, b) *Ausgabe* 支出, *Aufwand* 費やすこと
PED(Pāli) p. 653	Vaya [Sk. vyaya, vi+i; occasionally as vyaya in Pāli as well] 1. *loss, want, expense* (opp. āya) 2. *decay* (opp. uppāda) (aniccā vata sankhārā uppāda --vaya -- dhammino)
Jäschke p. 464	'dzad-pa, pf. zad, 1. *to be on the decline*, pf. *to be consumed, spent*
LC. TS p. 1638	zad pa vyaya

以上の辞書類の説明によって、i. vyavagata, ii. (vy)apagata, iii. vyayagata の語義は、ほぼ知られたであろう。引用文を多く含む PW において、i. vyavagata、ii. (vy)apagata は、$\sqrt{}$gam の語根の動詞に vy-ava、vy-apa、apa という接頭辞を加えたものとされ、$\sqrt{}$gam の過去分詞 gata「行った」の基本的な意味が強調される。つまり、「ava 遠離・下方、vi 分離・反対、apa 隔離」[17]という動詞接頭辞によって、*fortgehen*「立ち去る」や *weichen*「消え去る」等

[13] 梵和にも、WT にも、荻原雲来が関与している。従って、梵和の vyapagata の項目に、「尽」が漢訳語として採録されたのは、KN が vyavagata と校訂した問題の箇所を、荻原が複数の写本によって vyapagata に校訂し直したこと(WT, 269.11; Cf. WT, p. 269, n. 3)に基づいている可能性がある。つまり、荻原は、自ら校訂した vyapagata の漢訳語である「尽」を梵和の vyapagata の項目に採録したのではないか、というのが、松本史朗教授の見解である。この見解は、他の経典を含めて、問題の箇所以外に、vyapagata が「尽」と漢訳された用例が示されれば、否定されるが、筆者は、一応この見解を支持する。本稿の結論からしても、vyapagata が「尽」と漢訳された可能性については、否定的にならざるを得ない。

[14] 諸佛國悉令塵尽 (正) T9,113b11

[15] 如是東行尽是微塵 (妙) T9,42b16

[16] sa'i khams rnams zad par byas nas / (Tib.) D, ja. 118b3

[17] 辻文法, pp. 244-245.

の過去分詞の意味となる。これに対して、iii. vyayagata では、vi-√i からなる vyayayati[18] *verausgaben*「支出する」の意味が強調される。そして、名詞 vyaya と前置詞的な機能をもつ[19] gata が結合して、vyaya-gata という tapuruṣa 複合語が成立すると考えられる。

IV. "vyayagata" に一致する漢訳・チベット訳

ここで、再び当初の問題に立ち返り、上掲の I.で、「五百塵点劫の譬喩」に対応する梵文（KN）として示したテキスト（KN, 316. 5-11）に対応する漢訳とチベット訳とその和訳を、以下に示すことにしよう。

『正法華経』113b06-11

譬有無數五百千億佛世界、所有土地滿其中塵。若有士夫、擧取一塵、過于東方不可計會億百千姟諸佛國土、乃著一塵。如是、次取越爾所國土、復著一塵。如斯比類、取無數五百千億佛界所有土地一切之塵、一一取布著諸佛國悉令塵尽。

『妙法蓮華経』42b13-16

譬如五百千萬億那由他阿僧祇三千大千世界。假使有人、末爲微塵、過於東方五百千萬億那由他阿僧祇國、乃下一塵。如是東行尽是微塵。

Tib. D, ja. 118b2-4

rigs kyi bu dag 'di lta ste dper na / mi la la zhig byung la des 'jig rten gyi khams grangs med pa bye ba khrag khrig brgya stong phrag lnga bcu'i sa'i khams kyi rdul phra rab dag las rdul phra rab gcig khyer te / shar phyogs su 'jig rten gyi khams grangs med pa bye ba khrag khrig brgya stong phrag lnga bcu kho na 'das nas rdul phr rab kyi rdul de bzhag la / mi des rnam grangs 'dis 'jig rten gyi khams de dag thams cad kyi sa'i khams rnams zad par byas nas / sa'i khams kyi rdul phra rab kyi rdul de dag thams cad rnam grangs 'di dang gzhag pa'i tshul 'dis shar phyogs su bzhag na /
良家の子らよ、例えば、ある人が出て（byung la）、彼は、五百万コーティナユタもの無数の世界の地界の極微（rdul phra rab）から、一つの極微を運んで、東方に、五百万コーティナユタもの無数の世界だけ（kho na）を過ぎてから（'das nas）、その極微の塵を置いて（bzhag la）、その人は、このやり方によって、それらすべての世界の地界を尽くしてから（zad par byas nas）、それらすべての地界の極微の塵を、このやり方とこの置くことの方法によって、東方に置いたならば、（拙訳）

ここで、漢訳とチベット訳の下線を付した箇所において、「尽」も "zad pa"も、いずれ

---

18 PW, p. 1-776.
19 辻文法, p. 231. この gata の用法に関して、金沢篤教授からご教示頂いた。

も、vyavagata や(vy)apagata、の訳語とは考えられず、“vyayagata”の訳語と見るのが自然であろう。つまり、vyayagata-pṛthivīdhātu という表現は、「vyayagata 尽くされた pṛthivīdhātu 地界をもつ」、「地界が尽くされた」を意味する bahuvrīhi 複合語として、先行する lokadhātu を形容しているのである。では、vyayagata という読みを採用することにして、以下のように、二つの漢訳、チベット訳と対比して、問題の文章の構造をより明確に示すことにしよう。

anena paryāyeṇa sa puruṣaḥ sarvāṃs tāṃl lokadhātūn vyayagatapṛthivīdhātūn kuryāt

(正) 如斯比類、取無数五百千億佛界所有土地一切之塵、一一取布著諸佛國悉令塵尽。

(妙) 如是東行尽是微塵。

(Tib.) mi des rnam grangs 'dis 'jig rten gyi khams de dag thams cad kyi sa'i khams rnams zad par byas nas /

(Tib.拙訳) その人は、このやり方によって、それらすべての世界の地界を尽くしてから、

まず、梵語“kuryāt”の動詞語根である√kṛ には対格を二つ取り、「A を B とする」という用法があり[20]、ここでは、sarvāṃs tāṃl lokadhātūn が A に相当し、vyayagata-pṛthivīdhātūn が B に当たる。つまり、訳すならば、「A＝全てのそれらの世界を、B＝尽くされた地界をもつもの〔とする〕」ということになる。この A と B を、漢訳、チベット訳に当てはめれば、ほぼ次のようになるであろう。

(正)　A=無数五百千億佛界所有土地一切之塵、 B=悉令塵尽

(妙)　A=訳語を欠く、 B＝尽是微塵

(Tib.)　A=それらすべての世界、 B＝地界を尽くしてから

従って、結論として、次に示すような梵文テキストと和訳が得られるであろう。

V. 筆者による校訂テキスト及び和訳

tad yathā nāma kulaputrāḥ pañcāśatsu lokadhātukoṭīnayutaśatasahasreṣu ye pṛthivīdhātuparamāṇavaḥ | atha kaścid eva puruṣa utpadyeta[21] sa ekaṃ paramāṇurajo gṛhītvā pūrvasyāṃ diśi pañcāśad eva lokadhātvasaṃkhyeyakoṭīnayutaśatasahasāṇy atikramya tat paramāṇurajaḥ samupanikṣiped anena paryāyeṇa sa puruṣaḥ sarvāṃs tān lokadhātūn vyayagatapṛthivīdhātūn kuryāt sarvāṇi ca tāni pṛthivīdhātuparamāṇurajāṃsy anena paryāyeṇānena ca lakṣanikṣepena[22] pūrvasyāṃ diśy upanikṣipet |[23]

---

[20] Cf. MW, p. 300,3 √kṛ to make, render (with two acc.)

[21] v. l.utpadyeta(A. opt. sg. 3rd.) D1,Bj,C4,C5,C6,T6,T7,A1,N1,N2. ; °yetaḥ K,T2. ; °yate R,etc. ,(=KN,WT). 以上の異読の中から、後に続く samupanikṣipet と同じ願望法である utpayeta を選択する。 なお、CA rec. (O,FB,TF)では、この語は不鮮明であり、読解できない。

[22] “lakṣa”という語は、参照したすべての写本に認められる。しかし、『正法華経』と『妙法蓮華経』

例えば、良家の子らよ、実に、五百の百千コーティナユタもの世界（loka-dhātu）に、地界の極微（pṛthivī-dhātu-paramāṇu）がある。そこで、誰かある（kaścit）人が出るとしよう（utpadyeta）。彼は一つ（eka）の極微の塵（pramāṇu-rajas）を取ってから（gṛhītvā）、東の方角に、まさに（eva）五百万もの無数（asaṃkhyeya）の世界を過ぎてから（atikramya）、その極微の塵を下に置くとしよう。このようなやり方（paryāya）によって、その人は、それらすべての世界（loka-dhātu）を、尽くされた（vyayagata）地界（pṛthivī-dhātu）をもつものとするとしよう（kuruyāt）。そして、それらすべての地界の極微の塵（pramāṇu-rajas）を、このようなやり方によって、また、印を置くことによって、東の方角に下に置くとしよう。（拙訳）

最後に

『法華経』「如来寿量品」に説かれる「五百塵点劫の譬喩」は、実は、ある人が東方に微塵を次々と置いて行く、という内容で終わるものではない。その人によって微塵が置かれた世界と置かれなかった世界をすべて微塵にして、そのすべての微塵の一つ一つを一劫と考えたとき、そのすべての劫をまとめた時間よりも、釈迦牟尼仏が成仏してから現在までの時間の方が遥に長い、と言おうとするものである。従って、端的に言えば、釈迦牟尼仏が成仏してから『法華経』を説いている現在までの時間は「五百塵点劫」よりも長いというのが、この譬喩の主眼であり、この点が、『妙法蓮華経』では、「是諸世界、若着微塵、及不着者、尽以為塵、一塵一劫。我成仏已来、復過於此、百千万億那由他阿僧祇劫」（大正 9, 42b23-26）と述べられたと考えられる。

しかし、この釈迦牟尼仏は、今後、未来に向かっても、永遠に生き続ける“永遠の仏陀”なのであろうか。それとも、今後も仏陀として非常に長い寿命をもってはいるが、最終的にいずれは涅槃に入ることがあるのであろうか。この問題について、先ずは松本史朗教授の一連の論考[24]を参照すべきであろうが、筆者も、KN, 319. 2-4 のテキストの問題点に関する論文を著わして、更なる知見を加えたいと考えている。

には、この語を含む“ca lakṣanikṣepena”という表現に対応する訳語が欠落しているようである。また、チベット訳“dang gzhag pa'i tshul 'dis”にも、“lakṣa”に対応する訳語が欠けている。ただし、「化城喩品」韻文部分で「三千塵点劫の譬喩」を説く部分（vv. 2-5）の第 4 偈と第 5 偈に、KN では“lakṣya”(KN,158. 4; 158. 6)と校訂された語が存在する。この語と問題の“lakṣa”に関連があることは明らかであるが、この KN で“lakṣya”と校訂された語は、チベット訳で”mtshan ma” (D, ja. 59b6)と訳されてはいるものの、『正法華経』(88c16-21)と『妙法蓮華経』(22b8-13)では、対応する訳語を欠いている。

[23] 李暎実『如来寿量品の文献学的研究』（駒澤大学 2018 年度修士論文）、テキスト編§4-5 参照。このテキスト編の底本はギルギット写本であり、KN の読みとは異なる。

[24] 「久遠実成の仏について」『インド論理学研究』5, 2012 年, pp. 234-254; 「「久遠実成の仏」の寿量について」『インド論理学研究』11, 2018 年.

【辞書類】
AMg. Dic.: An Illustrated Ardha-māgadhī Dictionary (5 vols), Muni Ratnacandraji, 1977(1923-32)
BHSG : Buddhist Hybrid Sanskrit Grammar and Dictionary, Edgerton F. , New Haven,1953
Jäschke : A Tibetan-English Dictionary. comp. Heinrich August Jäschke. London,1881. Reprint,1993
LC. TS : Lokesh Chandra. Tibetan-Sanskrit Dictionary, Supplementary Volume, Kyoto, Rinsen 2009
MW : Monier-Williams Sanskrit-English Dictionary, 1899
PED : The Pāli Society's Pāli-English Dictionary, 1952
PW : Otto Böthlingk & Rudolph Roth: Sanskrit-Wörterbuch (7 vols), Petersburg (1855-1875)
辻文法 ：辻直四郎『サンスクリット文法』岩波全書、1974 年(初版)、第 38 刷
梵和 ：荻原雲来『梵和大辞典』鈴木学術財団、1974 年
【テキスト類】
KN : Saddharmapuṇḍarīka, ed. H. Kern and Bunyiu Nanjio. Bibliotheca Bddhica X, 1908-1912
D1,D3 : LSMS 12, インド国立公文書館所蔵ギルギット法華経写本、写真版、2012
FB : Farhād-Bēg Manuscript. 本田義英・出口常順撮影将来、「西域出土梵本法華經」京都 1949
O : LSMS13, ロシア科学アカデミー東洋古文書研究所所蔵(SI P/5 他)写真版、2013
TF : E. N. Tyomkin, Manuscripta Orientalia, Vol. 2 No. 4, St. Petersburg-Helsinki, 1996
WT : 荻原雲来・土田勝弥編『改訂梵文法華経』山喜房佛書林、1935
正 ：『正法華』（竺法護譯）『正法華経』大正、第九巻、二六三番
妙 ：『妙法華』（鳩摩羅什譯）『妙法蓮華経』大正、第九巻、二六二番
Tib. : Dam pa'i chos padma dkar po shes bya ba theg pa chen po'i mdo, in the Derge Kanjur (abbr. D)

arthāntaranyāsa について
—ダンディン著『美文体の鏡』（*Kāvyādarśa*）における定義と用例—

和田　悠元

I.　はじめに

8 世紀[1]の詩論家ダンディン（Daṇḍin）は，活動期の近接する詩論家バーマハ（Bhāmaha, 7 世紀後半）とともに，インドの初期古典修辞学の双璧をなしている。その主著である詩論書『美文体の鏡』（*Kāvyādarśa*=KĀ）は，全篇が韻文（padya）をもって著され，全 3 章 660 詩節[2]からなる作品である。そのうちの第 2 章は「意味の修辞法の区別」（Arthālaṃkāravibhāga）と題され，その名称が示すように，35 種にも及ぶ意味の修辞法（arthālaṃkāra）の分類・定義が為される。本章の詩節数は 368 詩節を擁し，*Kāvyādarśa* の全詩節数の過半を優に超える分量を有している。このようにダンディンが arthālaṃkāra の定義・分類にこれ程までの詩節を割いていることは，既に他稿で指摘したように[3]，注目に値することであり，ヴァーマナ（Vāmana）に先行する rīti（文体）派の嚆矢と目されているダンディンの arthālaṃkāra 重視という別の側面を端的に示すものと言えよう。

本稿はこの 35 種の arthālaṃkāra のうち，別義引証（arthāntaranyāsa）という修辞法[4]を取り上げ，ダンディンの挙げる定義と詩例を味読しながら，諸種の註釈を参照しつつ，その特質を解明することを目的としている。

II.　arthāntaranyāsa の定義

別義引証（arthāntaranyāsa）という修辞法は，ある主張を証明するために，関係のある

---

1 インド一般の通例に漏れず，インド古典修辞学においても詩論家の年代を確定することは容易ではない。初期古典修辞学においてもバーマハとダンディンの後先関係が古くから諸学者の議論の対象となってきたことは周知の通りである（cf. 辻[1973](pp.109-111, 280-282)。この問題の検証は本稿の手に余るものであるので，本稿における詩論家の年代は便宜的に Gerow[1971](p.95)に基づくこととしたい。なお近年発表された正信[2015]は，『アヴァンディスンダリーカター』(*Avantisundarīkathā*) や作者不明のその要約（*Avantisundarīkathāsāra*），各種の刻文にあたって，ダンディンの活動時期を解明しようとする論攷であるが，筆者はこれについて現時点で十分な検証をする余裕がなかったため，ここではその存在に言及するに留めることとする。

2 Böhtlingk[1890]を始めとする所謂カルカッタ版（Calcutta Edition）と呼ばれる刊本の系統では全 3 章 660 詩節であるが，Rangacharya[1910]を始めとするマドラス版（Madras Edition）の系統では第 3 章が 2 つに分割されて全 4 章となり，詩節も若干の異同があり，663 詩節を数える。

3 和田[2014]p.1(L).

4 周知の通り，インド古典修辞学における多くの術語が学界において未だ確定していない。それ故，本稿で用いる諸術語の訳語もまた便宜的なものである。

事柄を付け加えて傍証とする修辞法であり，英語修辞法においては *Apodixis* が類似のものと考えられる[5]。ダンディンは *Kāvyādarśa* 2.169-179 において arthānataranyāsa を定義・分類する。彼の定義は以下の通りである。

jñeyaḥ so^arthāntaranyāso vastu prastutya kiṃ cana /
tat-sādhana-samarthasya nyāso yo^anyasya vastunaḥ // KĀ 2.169 //

"何であれ（yas）ある（kiṃ cana）事柄（vastu）を提示してから（prastutya），その証明に適当な（tat-sādhana-samartha）別の（anya）事柄（vastu）が導入されること（nyāsa），それが（sa）別義引証（arthāntaranyāsa）であると知られるべきである（jñeya）。"

この定義に基づくならば，arthāntaranyāsa を使用した詩文を著す場合，まずある事柄の提示があり(A)，それを傍証するために別の事柄を記述する(B)という構成が典型として成立すると考えられる。そのため必然的に arthāntaranyāsa の文章においては，前半偈に(A)が現れ，後半偈に(B)が述べられるという構成をとる傾向にあると言えよう[6]。とはいえ，この定義のみから，arthāntaranyāsa の具体的な性質を把握するのは困難である。そのためにはダンディン自身によって提示された詩例を一つずつ検討するのが最も有効であろう。

ダンディンは上述の定義に続いて arthāntaranyāsa のサブカテゴリーとして 8 種を列挙し[7]，それぞれの性質を明瞭にするために，順次詩例を挙げていく。本稿もそれに沿う形で論述を進めていきたい。

III. arthāntaranyāsa の詩例

・ 一切に遍在する別義引証（viśva-vyāpy-arthāntaranyāsa）

bhagavantau jagan-netre sūryā-candramasāv api /
paśya gacchata eva^astaṃ niyatiḥ kena laṅghyate // KĀ 2.172 //

"〔見よ（paśya），世界の眼（jagan-netra）である尊貴な（bhagavat）太陽と月（sūrya-candramas）の両者でさえ（api）まさに（eva）沈み（asta）ゆく（gacchata）。誰によって（kena）運命（niyati）が乗り越えられる（laṅghyate）だろうか。〕"

この詩例では，「尊貴な存在である太陽と月（sūrya-candramas）が沈む」という事柄を傍証するために，「誰が運命を超越するだろうか」即ち「何人も運命を超越しない」という別の事例が示され，これによって文意が確証されるのである。この副分類は「一切に遍在する」（viśva-vyāpin）という名称を冠しているが，これは註釈によれば，「ブ

---

5 GEROW[1971]p.118.
6 勿論，後述のように，どちらかの叙述が長くなり，他方が短くなるということはあり得ることであり，正確に前半偈が(A)，後半偈が(B)に対応している訳ではない。
7 KĀ 2.170-171.

ラフマンから蟻に至るまでの（brahma-ādi-pipīkā-paryanta）全てのもの（sarva）たちは運命に従っている（niyaty-adhīnatva）ので，一切遍在性（viśva-vyāpitva）がある」とされている[8]。

・　特定の状態にあるものに関する別義引証（viśeṣastha-arthāntaranyāsa）

payomucaḥ parītāpaṃ haranty eva śarīriṇām /

nanv ātma-lābho mahatāṃ para-duḥkha-upaśāntaye // KĀ 2.173 //

“〔雲（payomuc）々は身体を持つもの（śarīrin）たちの熱悩（parītāpa）を打ち払う（harati）。確かに（nanu）偉大なる者（mahat）たちの誕生（ātma-lābha）は他者の苦しみの終熄（para-duḥkha-upaśānti）のために［存在する］。〕”

この詩例は，「雲が身体を持つもの（＝生類）の熱悩を打ち払う」ことを確証するために，「偉大な者の誕生が他者の苦しみを鎮める」という別の事例が引かれているものである。この副分類の名称ともなっている「特定の状態にある」（viśeṣastha）ということを理解するためには，註釈の助けが必要であろう。ここでは Potdar[1970](p.201)所収の Vidyābhūṣaṇa Pandit Rangacharya Raddi Shastri による註釈を参照してみたい。

payomucaḥ vāridāḥ / śarīriṇāṃ prāṇinām parītāpaṃ nidāgha-arka-saṃtāpaṃ haranti eva / amum arthaṃ samarthayate---mahatām ātma-lābhaḥ janma-grahaṇaṃ para-duḥkha-upaśāntaye pareṣāṃ duḥkhasya upaśāntaye śamanāya asti^iti śeṣaḥ / nanu iti niścaye / atra ca sarva-mahad-varṇana-pareṇa^uttara-vākyārthena mahad-viśeṣāṇāṃ payomucāṃ varṇana-parasya pūrva-vākyārthasya samarthanaṃ tena^arthāntaranyāsa-alaṃkāraḥ / tatra samarthaka-vākye mahatām eva^etādṛśī rītir na prāṇi-mātrasya iti viśeṣasthā bodhyā // Potdar[1970]p.201.

“雲（payomuc）々とは雨雲（vārida）たちのことである。［それらは］身体を持つもの（śarīrin）［即ち］生類（prāṇin）たちの，熱悩（parītāpa）［つまり］暑期の太陽の熱（nidāgha-arka-saṃtāpa）を取り除く（haranti）のである。その意味（artha）を，偉大なる者（mahat）たちの出生（ātma-lābha）［即ち］生の獲得（janma-grahaṇa）が，他者の苦の終熄（para-duḥkha-upaśānti）のために，［つまり］他の人（para）々の苦しみ（duḥkha）の終熄（upaśānti）［即ち］鎮めること（śamana）のために存在している（asti）という（iti）［詩の］残りの部分（śeṣa）が証明する（samarthayate）。確かに

---

[8] atra samarthakasya caturtha-pāda-vākya-arthasya brahma-ādi-pipīlikā-paryantānāṃ sarveṣāṃ niyaty-adhīnatvād viśvavyāpitvam / tena sāmānya-arthena pāda-traya-gata-viśeṣa-arthaṃ samarthitaḥ / ato viśvavyāpī nāma^ayam arthāntaranyāsaḥ // Potdar[1970]p.201.

(nanu) というのは (iti) 確信 (niścaya) のためである。そして (ca) ここでは (atra), 主として全てのものの中で最も偉大なものの記述を目的とする (sarva-mahad-varṇana-para) 後半の文意 (uttara-vākyārtha) によって, 特定の偉大なものである (mahad-viśeṣa) 雲 (payomuc) 々の説明を目的とする (varṇana-para) 前半の文意 (pūrva-vākyārtha) を証明する (samarthana) のである。それによって (tena), 別義引証という修辞法(arthāntaranyāsa-alaṃkāra)が[あるのである]。その場合(tatra), 証明を与える文 (samarthaka-vākya) においては, 他ならぬ (eva) 偉大な者 (mahat) たちの, そのような (etādṛśī) やり方 (rīti) は生類だけ (prāṇi-mātra) の [ための手段では] ない (na) ので (iti), [雲が] 特定の状態にある (viśeṣasthā) ということが理解されるべきである (bodhyā)。”

この註釈も理解が容易ではないが samarthaka-vākya における偉大なものは生命あるもの (prāṇin) だけを対象としない普遍的なものであるのに対して, 雲は普遍的ではなく限定的な「偉大なもの」であるので「特定の状態にある」と言われることが読み取れる。これは前出の vyśvavyāpin と対照をなしている。

・ 掛詞によって貫かれた別義引証 (śleṣa-āviddha-arthāntaranyāsa)

utpādayati lokasya prītiṃ malaya-mārutaḥ /
nanu dākṣiṇya-saṃpannaḥ sarvasya bhavati priyaḥ // KĀ 2.174 //

“〔マラヤ山の風(malaya-māruta)は人々(loka)に喜び(prīti)を生ぜしめる(utpādayati)。確かに (nanu) 親切なる人―南より来たるもの― (dākṣiṇya-saṃpanna=南風) はすべての人々 (sarva) に好まれる (priya) ことになる (bhavati)。〕”

この詩例は,「マラヤ山からの風が人々に喜びを生ぜしめる」ということを証明するために,「親愛なる人はすべての人々に愛される」という別の事例が導入されているという構造をなしている。さらに, この詩例では掛詞 (śleṣa) という別の修辞法が同時に使用されている点が特徴的である。周知の通り, 一般に掛詞や *double entendre* などと訳される修辞法 śleṣa は, インド古典修辞学において最もポピュラーな修辞法の一つであるが, ここでは「親愛なる人」(dākṣṇya-saṃpanna) の裏の意味として「南より来たるもの」, 即ち南風が意味されていると考えられる。

南風との関連で言うならば, マラヤ山はサンスクリット文学に頻繁に現れる南方にある山であり[9], 栴檀 (candana) の産地として知られる[10]。サンスクリット文学においては,

[9] 現在の西ガーツ (Western Ghats) 山脈の最南端であると言われる。Cf. SIRCAR[1990]pp.243ff.
[10] 満久[1978](p.83)によれば, マラヤ産の栴檀は牛頭栴檀 (Gośīrṣa-candana) という種で, 最も香気

そのマラヤ山からの風は栴檀の香りを運び，人に恋情を起こす[11]といった詩人の慣用（kavi-samaya）が存在したことが知られている[12]。

このようにマラヤ山のある南方からの風は栴檀の芳香を含み，恋情を惹起するような類いの優しく，穏やかなものであると考えられる。このことを踏まえて前出の詩例を見てみれば，「マラヤ山の風は人々に喜びを与える」という文に証明を与える文（samarthaka-vākya）も裏の意味では「南より来たるものは全ての人に好まれる」という意味になり両文共にマラヤ山からの風のことを述べていることになり，結果的には「南風は人々に喜びを与え，全ての人に愛される」という意味となるのである。

このように，この副分類は arthāntaranyāsa の中に śleṣa という別の修辞法が用いられているのでは，掛詞によって貫かれた別義引証（śleṣa-āviddha-arthāntaranyāsa）と称されるのである。

・ 背反を含む別義引証（viruddhavad-arthāntaranyāsa）

jagad ānandayaty eṣa malino^api niśākaraḥ /
anugṛhṇāti hi parān sadoṣo^api dvija-īśvaraḥ // KĀ 2.175 //

“〔この（eṣa）月（niśākara）はたとえ斑点（malina）があっても（api），人（jagat）を喜ばせる（ānandayati）。何となれば（hi），再生族の主（dvija-īśvara）はたとえ欠点を持っていて（sa-doṣa）も（api），他の人（para）々を慈しむ（anugṛhṇāti）からである。〕”

この詩例では「月に斑点が存在しても人を喜ばせる」ことを証明するために，「再生族の主（dvija-īśvara＝brāhmaṇa）がたとえ欠点（doṣa）をもっていても，他の人々を慈しむ」ということが提示されている。

前の副分類がその中で śleṣa を用いるものだったように，この副分類も背反（virodha）という修辞法を含んでいる。virodha とは，何らかのものの間の差異を表すために背反する事柄が混合して表示されるという修辞法である[13]。この副分類においては人を喜ばせたり，慈しんだりするというポジティブな要素の中に，斑点や欠点というネガティブな要素を併置するため背反した状態（viruddha）が生じていると考えられる。

が強い黄栴檀又は赤栴檀であり，マラヤ山の形が牛の頭に似ていることから牛頭の名がついたという。

[11] *e.g.* KĀ 1.49; cf. 長柄[1973]pp.26,34; cp. *Śṛṅgāraśataka* 82 and 84, *Daśakumāracarita* (Nirṇaya Ed.) p.45.

[12] kavi-samaya に関しては長柄[1973]を参照されたい。

[13] KĀ 2.333. 但し，バーマハなどの定義する virodha はダンディンのそれとは異なる。cf. SASTRY[1956]pp.145-146.

・ 不調和をなす別義引証（ayukta-kāry-arthāntaranyāsa）

madhu-pāna-kalāt kaṇṭhān nirgato^apy alināṃ dhvaniḥ /
kaṭur bhavati karṇasya kāmināṃ pāpam īdṛśam // KĀ 2.176 //

"〔蜜蜂（ali）たちの音（dhvani）は，たとえ［それが］蜜を吸うことによって甘くなった（madhu-pāna-kala）喉（kaṇṭha）から出ている（nirgata）[14]にせよ（api），恋人（kāmin）たちの耳（karṇa）には苦いもの（kaṭu）となる（bhavati）。このようなもの（īdṛśa）は過失（pāpa）である。〕"

以下の四つの副分類は BELVALKAR and RADDĪ[1920](p.132)も指摘するように，理解しにくい。この副分類に関する Taruṇavācaspati 註（=T）も明解とは言えない[15]。他方，Ratnaśrījñāna（900 年頃[16]）の註釈 *Ratnaśrīṭīkā*(=R)のこの箇所への註釈[17]はこの詩節への理解に資するものであろう。

madhunaḥ kusumāsavasya pānena kalān madhurāt kaṇṭhān nirgato^alināṃ madhulihāṃ madhuro^api dhvaniḥ kāmināṃ virahiṇāṃ api karṇasya kaṭur udvejanīyo^atyanta-utkaṇṭhā-karatvāt bhavati / etac ca^ayuktam / katham īdṛśaḥ prīti-karo dhvaniḥ udvejayati tat sādhyate kiṃ na yuktam, yataḥ pāpam īdṛśaṃ kāmināṃ rāgiṇām evaṃ-rūpaṃ karma yato^ayam evaṃ-vidho madhuro dhvaniḥ anyathā pratibhāti / kim atra kriyatām! tasmāt sambhavaty etad iti sādhitam / ayam ayuktakārī madhurasya dhvaneḥ udvega-hetutva-ayogād iti // R ad KĀ 2.174

"甘い（madhu）蜂蜜（kusuma-āsava）を吸うこと（pāna）によって，甘くなった喉から（kalān madhuāt kaṇṭhāt）出てきた（nirgata）蜜蜂（alin）たちの［即ち］蜜をなめたるもの（madhu-lih）たちの甘い（madhu）音（dhvani）でさえ（api），別離している（virahin）恋人（kāmin）たちの耳（karṇa）にとって，非常な恋慕を生ぜしむる（atyanta-utkaṇṭhā-karatva）ので，苦いもの（kaṭu）［即ち］恐るべきもの（udvejanīya）

---

[14] 現代の昆虫の知識に基づくならば，蜜蜂の出す音は「羽音」であろうが，この詩例では音は喉から出ている。このことは当時のインドの人々の昆虫観の一端を窺い知るものとして興味深い。

[15] alināṃ madhu-pārena kalāt kaṇṭhāt nirgataḥ śrotra-hārī api dhvaniḥ kāmināṃ karṇasya kaṭuḥ bhavati / pāpam ayuktaṃ karoti hi // T ad KĀ 2.176
"蜜蜂（ali）たちの蜜を吸うこと（madhu-pāna）によって，甘くなった（kala）喉（kaṇṭha）から出ている（nirgata）耳を魅了する（śrotra-hārin）音（dhvani）も，恋人（kāmin）たちの耳（karṇa）には苦いもの（kaṭu）となる（bhavati）。何となれば（hi）吸うこと（pāpa）が不調和（ayukta）を為している（karoti）からである。"

[16] GUPTA[1970]p.251.

[17] 本稿が Ratnaśrī 註の底本としている TAKUR & JHA[1957]の詩節番号は本稿における *Kāvyādarśa* の底本である BÖHTLINGK[1890]のそれとは一致しないが，本稿ではそのまま表記した。

となる（bhavati）。そして（ca）それが（tad）不調和（ayukta）である［というのは,］このような（īdṛśa）喜びを為す（prīti-kara）音（dhvani）がどうして（katham）恐れさせ（udvejayati），それが（tad）どうして（kim）調和していない（na yukta）と証明される（sādhyate）のか。何となれば（yatas）このような（īdṛśa）過失（pāpa）は，愛欲にみちた（rāgin）恋人（kāmin）たちにとって，このような（evaṃ-rūpa）行為（karman）［即ち］この種（evaṃ-vidhi）の甘い（madhu）音（dhvani）が別様に（anyathā）見える（prabhāti）［というところにある］のである。そこで（atra）何が（kim）示されるべき（kriyatām）なのか！それ故に（tasmāt），それ（etad=過失）が生じる（sambhavati）と証明された（sādhita）のである。これは（ayam）甘い（madhura）音（dhvani）が動揺の原因に相応しない（udvega-hetutva-ayogāt）ので不調和を為す（ayuktakārin），と（iti）。"

つまり蜜を吸って甘くなった喉から発せられた音は，相愛しているいわば「甘い」状態にある恋人にとっては，本来的には相応しているものであるということになる。しかしもし恋人が別離した（varahin）状態にあれば，その甘い音は恋慕を生ずるので苦しく恐るべきものとなってしまい，不調和となるのである。R の指摘する過失（pāpa）の意味は，甘い音の見え方が恋人間の状態如何で別様に見えるということである。

GEROW[1971](pp.118-119)の定義をも援用するならば，このような本来調和すべき事柄が不調和であることを話者が指摘するのが，この ayuktakāri-arthāntaranyāsa である。

- 調和を本質とする別義引証（yukta-ātma-arthāntaranyāsa）

  ayaṃ mama dahaty aṅgam ambhoja-dala-saṃstaraḥ /
  huta-aśana-pratinidhir dāha-ātmā nanu yujyate // KĀ 2.177 //

  "〔この（ayam）蓮の花弁の寝台（ambhoja-dala-saṃstara）は私の（mama）身体（aṅga）を燃やす（dahati）。確かに（nanu）火（huta-aśana）の対応物（pratinidhi）は燃焼を本質とするもの（dāha-ātman）に相応する（yujyate）。〕"

この詩例は，T によれば，蓮華の花弁の寝台の黄色性（pīta-varṇatā）によって，火との相似性（sādṛśya）があるので，調和をなしている（yukta-kārin）という[18]。R も火の対応物は淡赤色性（pāṭalatva）であるが故に燃焼を本質とするもの（dāha-ātman, dāha-svabhāva）であり，紅蓮の花弁の寝台（rakta-padma-patra-saṃstara）に相応する（yujyate）と註釈する

[18] huta-aśana-pratinidhiḥ---ambhoja-dala-prastarasya pīta-varṇatayā huta-aśana-sādṛśyam / iti yukta-kārī // T ad KĀ 2.177.

[19]。

この副分類では，「蓮の花弁の寝台が私の身体を燃やす」という主張に対して，両註釈の述べる色は異なるが，蓮華の花弁の寝台の黄色または淡赤色という性質が火の対応物である燃焼を本質とするもの（dāha-ātman）と調和すると承認が与えられているのである。

・ 調和と不調和をもつ別義引証（yukta-ayukta-arthāntaranyāsa）

kṣiṇotu kāmaṃ śīta-aṃśuḥ kiṃ vasanto dunoti mām /
malina-ācaritaṃ karma surabher nanv asāṃpratam // KĀ 2.178 //

“〔月（śīta-aṃśu=冷たい光線を有するもの）は望むがままに（kāmam）［私を］破壊すべし（kṣiṇotu)。どうして（kim）春（vasanta）は私を（mām）苦しめる（dunoti）のか。確かに（nanu）不純な者—月—（malina）によって為された（ācarita）行為（karman）は芳香をもつ者—春—（surabhi）には相応しくない（asāṃprata)。〕”

この詩例では「（冷たい光線を有する）月は望むがままに私を破壊すべし」という調和する（yukta）主張と，「どうして春は私を苦しめるのか」という調和しない（ayukta）主張が併記され，それが「不純なもの［即ち悪人（pāpa）[20]をも意味する］月によって為された行為である他者を苦しめること（para-pīḍakatva）[21]は，［春を意味する］芳香を持つもの（surabhi）には相応しくない」という śleṣa が施された samarthaka-vākya が導入されることにより，不調和のものが否定されているというものである。

・ 正反対の別義引証（viparyaya-arthāntaranyāsa）

kumudāny api dāhāya kim ayaṃ kamala-ākaraḥ /
na hi^indu-gṛhyeṣu^ugreṣu sūrya-gṛhyo mṛdur bhavet // KĀ 2.179 //

“〔［夜に咲く］白睡蓮（kumuda）たちでさえ（api）燃え上がる（dāhāya)。況んや（kim）［日中に咲く］この（ayam）蓮の群生（kamala-ākara）をや。何となれば（hi）月の家族（indu-gṛhya）たちが峻厳である（ugra）とき，太陽の家族（sūrya-gṛhya）が優しい（mṛdu）であろう（bhavet）ことがない（na）からである。〕”

「夜咲きの白睡蓮が燃え上がるのに，昼咲きの蓮華が燃え上がらないことがあろうか」という主張に対し，T は，白睡蓮（kumuda）は冷たい月の味方（śītala-candra-pakṣya）であるので，熱すること（tāpakaratva）に不調和であり，蓮華（kamala）は太陽の味方

---

19 huta-aśanasya agneḥ pratinidhiḥ sadṛśaḥ pāṭalatvāt dāha-ātmā dāha-svabhāvo rakta-padma-patra-saṃstaro yujyate na anviti sādhitam / R ad KĀ 2.176
20 POTDAR[1970]p.203.
21 *ibid.*

（uṣṇakara-pakṣya）であるので熱することに調和すると註釈する[22]。

この詩例も前出の yuktāyukta-arthāntaranyāsa と同じく調和するものと調和しないものが併記されるという構造をとっているのが理解出来る。これに対して samarthaka-vākya は「月が威力ある時，つまり夜に太陽が優しいはずがない」といって調和するものを否定しているのである。これはちょうど yuktāyukta-arthāntaranyāsa の samarthaka-vākya が不調和のものを否定しているのと真逆である。この副分類の名称である正反対（viparyaya）はここに由来するものであろう[23]。

IV.　結びにかえて

以上，*Kāvyādarśa* において定義される arthāntaranyāsa の 8 種の副分類を，諸註釈を参照しつつ概観してきた。この作業から，これらの副分類は以下ようにカテゴライズすることができるであろう[24]。

1) viśvavyāpin, viśeṣastha
2) śleṣāviddha, viruddhavat
3) ayuktakārin, yuktātman
4) yuktāyukta, viparyaya

1)は主張と証明が全てのものに適用される意味を持つか，特定のものに限定されるかという一対の関係にある。

2)はそれぞれが śleṣa と virodha という別の修辞法を混合させている点に特徴がある。特に śleṣa は他の修辞法と混合して用いられることが多い修辞法である。*Kāvyādarśa* においては，直喩（upamā），隠喩（rūpaka），燈明（dīpaka），否認（ākṣepa），別義引証（arthāntaranyāsa），対照法（vyatireka），背反（virodha）偽讃（vyāja-stuti）に śleṣa の混合した副分類が見られる[25]。

3)は，主張や証明のために引かれた状況が相応している（yuktātman）か,相応していない（ayuktakārin）か，という点で対をなしている。

4)は，調和するものと不調和のものが示され，samarthaka-vākya が調和するものを否定するか（yuktāyukta），その逆に不調和のものを否定するか（viparyaya）という一対である。

---

22 kumudānāṃ śītala-candra-pakṣyatvāt tāpakaratvam ayuktam; kamalākarasya uṣṇakara-pakṣyatvāt tāpakaratvaṃ yuktam / T ad KĀ 2.179.
23 cf. GEROW[1971]pp.119-120.
24 cf. GUPTA[1970]p.210.
25 cf. KĀ 2.28, 87, 113, 159, 174, 185, 339, 346; also cf. GUPTA[1970]pp.194-195.

本稿では副題の示すように，*Kāvyādarśa* における arthāntaranyāsa に焦点を当て，その検討を試みた。arthāntaranyāsa の基本的な概念は修辞学史を通してほとんど変化がないとはいえ[26]，本来であればバーマハ（Bhāmaha）やヴァーナマ（Vāmana），ウドゥバタ（Udbhaṭa），ルドラタ（Rudraṭa），マンマタ（Mammaṭa）といった arthāntatanyāsa を扱った詩論家たちの定義や用例[27]にあたるべきであり，本稿もそれを企図していたが，時間的制約は筆者にその余裕を与えなかった。よってそれについては別稿に期すこととして一先ず擱筆することとしたい。

*****REFERENCES*****

BELVALKAR, S.K.

[1924]: *Kāvyādarśa of Daṇḍin*, Sanskrit Text and English Translation, Poona: The Oriental Book-Supplying Agency.

BELVALKAR, S.K. and RADDĪ Rangacharya B.

[1920]: *Daṇḍin's Kāvyādarśa Pariccheda II*, Edited with a New Sanskrit Commentary and English Notes, Part Second, Two Volumes, Bombay Sanskrit and Prakrit Series No. LXXV, Bombay: The Department of Public Institution.

BÖHTLINGK, Otto

[1890]: *Daṇḍin's Poetik (Kâvjâdarça)*, Leipzig: Verlag von H. Haessel. (=KĀ)

GEROW, Edwin

[1971]: *A Glossary of Indian Figures of Speech*, The Hague: Mouton.

GUPTA, D. K.

---

26 GUPTA[1970]p.211.

27 一つだけ他の詩論家について言及しておくならば，バーマハとウドゥバタは samarthaka-vākya に附される不変化辞"hi"の効用について強調している。cf. KA 2.73-74, KAS 2.4.

ここではバーマハによる定義と詩例を掲げておく。

hi-śabdena^api hetv-artha-prathanād ukta-siddhaye /
ayam arthānataranyāsaḥ sutarāṃ vyajyate yathā //
vahati girayo meghān abhyupetān gurūn api /
garīyān eva **hi** gurūn bibharti praṇaya-gatān // KA 2.73-74 //

"**「何となれば」という語（hi-śabda）によっても**，原因の意味を顕示する（hetv-artha-prathana）ので，述べられたことの確立（ukta-siddhi）のために，この（ayam）別義引証（arthāntaranyāsa）がはっきりと（sutarām）示される（vyajyate）。以下のように（yathā），"

〔山（gir）々は接近してきた（abhyupeta）雲（megha）々を重く（guru）とも（api）運ぶ（vahati）。**何となれば（hi）**より偉大なもの（garīyas）だけ（eva）が親交に到達した（praṇaya-gata）偉大なもの（guru）たちを保持する（bibharti）からである。〕

ダンディンも samarthaka-vākya に"hi"を用いるが，バーマハたちのように定義として明示していない。

[1970]: *A Critical Study of Daṇḍin and His Works*, Delhi: Meharchand Lachhmandas.

PATHAK, Jamuna

[2005]: *Kāvyādarśa of Acharya Dandi*, Krishnadas Sanskrit Series 187, Varanasi: Chowkhamba Krishnadas Academy.

POTDAR, K. R.

[1970]: *Kāvyādarśa of Daṇḍin*, Edited with an Original Commentary by Vidyābhūṣaṇa Pandit Rangacharya Raddi Shastri, Second Edition, Government Oriental Series, Class A, No.4, Poona: Bhandarkar Oriental Institute.

RANGACHARYA, M.

[1910]: *The Kāvyādarśa of Daṇḍin*, With the Commentary of Taruṇavācaspati and also with an anonymous incomplete commentary known as Hṛdayaṅgama, Madras: Brahmavadin Press. (=T)

SASTRY, C. Sankara Rama

[1956]: *Kāvyālaṅkāra of Bhāmaha*, Pariccheda 1 to 6 with English Translation and Notes on Paricchedas 1 to 3, Sri Balamanorama Series, No. 54, Madras: The Sri Balamanorama Press. (=KA)

SASTRY, P. V. Naganatha

[1927]: *Sri Kavyalankara by Sri Bhamaha*, With English Translation and Notes, Tanjore: The Wallace Printing House.

SIRCAR, D. C.

[1990]: *Studies in the Geography in Ancient and Medieval India*, Delhi: Motilal Banarsidass.

TELANG, Mangesh Râmkrishṇa

[1928]: *The Kâvyâlañkâra Sañgraha by Udbhata Bhatta*, with the Commentary of Pratîhârendurâja, Bombay: Nirṇaya Sâgar Press. (=KAS)

THAKUR, Anantalal and JHA, Upendra

[1957]: *Kāvyalakṣaṇa of Daṇḍin (also known as Kāvyādarśa)*, With commentary called *Ratnaśrī* of Ratnaśrījñā, Darbhanga: Mithila Institute of Post-Graduate Studies and Research in Sanskrit Learning. (=R)

古宇田亮修

[2010]:「Bhāmaha 著 Kāvyālaṃkāra『詩の修辞法』第 1～2 章－テクスト並びに訳註－」,『大乗淑徳学園　長谷川仏教研究所年報』34，pp.1-38(L)，東京：長谷川仏教文化研

究所.
サンスクリット修辞法研究会
[2009]:「Daṇḍin 著 Kāvyādarśa『詩の鏡』第 2 章（上）－テクスト並びに訳註－」,『大正大学綜合佛教研究所年報』31, pp.159-208(L), 東京：大正大学綜合佛教研究所.
正信公章
[2015]:「ダンディン年代考」,『アジア学科年報』9, pp.1-15, 東京：追手門大学.
辻直四郎
[1973]:『サンスクリット文学史』, 岩波全書 277, 東京：岩波書店.
長柄行光
[1973]:「古典サンスクリット詩人の慣用表現について」,『PHILOSOPHIA』61, pp.21-40, 東京：早稲田大学哲学会.
波多江輝子
[1995]:「Vyājastuti・Paryāyokta・Arthāntaranyāsa について－Sāhityadarpaṇa X, 59cd-62ab－」,『西日本宗教学雑誌』17, pp.57-68, 福岡：西日本宗教学会.
満久崇麿
[1978]:『仏典の植物』, 東京：八坂書房.
和田悠元
[2014]:「Svabhāva-ukti, Āvṛtti, Ākṣepa について－ダンディン著『美文体の鏡』（*Kāvyādarśa*）における用例－」,『曹洞宗研究員研究紀要』44, pp.1-26(L), 東京：曹洞宗宗務庁.

吐蕃王朝大蔵経編纂事業考（2）
—『デンカルマ目録』と『パンタンマ目録』の編纂事情—

西沢　史仁

序

ティソン・デツェン王（Khri srong lde btsan, 742-797, 在位 754-797）の時代に仏教が吐蕃王朝の国教として定められ，チベットにおける仏教の本格的導入が始まったことを契機として，仏典翻訳が吐蕃王朝の国家事業として始動したことは夙に知られた事実である．即ち，チベット初の仏教教団成立の契機となった「試みの六人（／七人）」の受戒とサムエ崇仏誓約詔勅の発布がなされた 779 年の僅か四年後の 783 年には，早くも，統一的翻訳規則と新訳語を欽命によって定めた『二巻本訳語釈』（*sGra sbyor bam po gnyis pa*）（旧版[1]）が編纂され，統一的仏典翻訳の基礎が打ち立てられた．それと軌を一にして，仏典翻訳事業のための組織作りも開始され，翻訳院（sgyur gwra）と講説院（'chad grwa），さらには，その上位組織として仏典翻訳師院（dhar ma bsgyur ba'i lo tsa ba'i grwa）が創設，仏典翻訳事業を始めとする全ての弘法活動を統括する仏教界の首脳として仏統（bcom ldan 'das kyi ring lugs）が任命された．その経緯については，既に前稿（西沢 2017）において解説した通りである．そこでは，大蔵経編纂事業の前段階としての仏典翻訳事業に焦点を当て，仏典翻訳に不可離に関わっている『二巻本訳語釈』とその註釈対象である『翻訳名義大集』（*Mahāvyutpatti*）を資料として取り上げ，その編纂事情を再検討した．そこで本稿では，その次の段階として，吐蕃期における大蔵経及びその目録の編纂事情について検討することにしたい．

チベット大蔵経目録に関しては，史書によれば，チベット仏教前伝期（bstan pa snga dar）には三つの大蔵経目録が編纂されたと伝えられている[2]．即ち，『デンカルマ／レンカルマ目録』（*dKar chag lDan/lHan dkar ma*, 以下，『デンカルマ目録』と呼称[3]），『パンタンマ目録』（*dKar chag 'Phang thang ma*），『チムプマ目録』（*dKar chag mChims phu ma*）の三つで

---

*本稿は，西沢 2017 の続編であるが，内容的には独立した主題を扱っている．先行研究に言及する際に先学の諸先生に対する敬称は一律省略したが，便宜上の処置であるので，ご了承戴きたい．

[1] 『二巻本訳語釈』（旧版）とその編纂年については，西沢 2017, pp. 100-109 参照．

[2] 『プトゥン仏教史』p. 314 参照．プトゥンはこの三つの目録を全て実見したことが確実である殆ど唯一の人物であり，その意味で，この三目録に関する彼の記述は極めて貴重である．

[3] この目録には，史書により，lhan dkar と ldan dkar という二つの異なる表記が知られており，恐らくは，lhan dkar のほうが古い綴りと推定されている（芳村 1950, p. 105）．但し，本稿では，より人口に膾炙している ldan dkar（デンカル）の表記を便宜上採用しておく．

ある．このうち，『チムプマ目録』はその名前と断片的な情報以外はその現存を含め委細不明の状態であるので，我々が披見を得ることが出来るのは，『デンカルマ目録』と『パンタンマ目録』の二つのみということになる．そこで本稿では，この二つの目録，特にその前書きと奥書きを主資料として取り上げ，その編纂事情と成立年代に焦点を絞って考察することにしたい．同目録については種々の観点から研究を進めることが可能であるが，同目録の内容分析は稿を改めて検討する予定であり，本稿では，編讃事情と成立年代の考証に関わるもの以外は原則的に言及しないので，その点予め了承されたい．

1．先行研究概観

この二つの目録のうち，『デンカルマ目録』は，唯一現行のチベット大蔵経テンギュル部に収録されており[4]，その内容は，既に先学により紹介され，研究が積み重ねられてきた．特に，目録の前書きと奥書きには，編纂年として「辰年（'brug gi lo）」という干支が記されており，その同定を巡っては諸学者の間に論争があり諸説が提示されている．そこでまず最初に，これまでの研究史を概観しておこう．

『デンカルマ目録』の諸研究のうち，まず最初に取り上げるべきは，芳村修基の研究（芳村 1950）である．彼は 1950 年にナルタン版，北京版，デルゲ版を校合し番号付けした批判的校訂テキストを出版し，その序文において同目録の構成や編纂年代等について論じている．芳村の年代考証は，従来，批判的に捉えられることはあれ，余り顧みられることはなかったが，幾つか注目すべき点が見出されることも確かなので，ここで改めて彼の考証を整理しておきたい．

『デンカルマ目録』の年代考証に関する芳村の功績の一つとしては，チベット史料に吐蕃期の大蔵経目録成立を巡って二つの異なる伝承が見られることを指摘したことがある．即ち，彼は，ナルタン版カンギュル目録（24a）及びデルゲ版カンギュル目録（107a）の序文において，『パンタンマ目録』がムティク・ツェンポ（Mu tig btsan po）ないしセナレク・ジンユン（Sad na legs mjin yon, alias, Khri lde srong btsan）の時代に編纂されたチベット最初の大蔵経目録と説かれていること，及び，同序文に『デンカルマ目録』が『パンタンマ目録』に先行すると云う異説が言及されていることを見出し，そこに異説として挙げられた『デンカルマ目録』を最初の目録とする見解が，プトゥン（Bu ston rin chen grub,

[4] 『デンカルマ目録』の諸版本の書誌情報は以下の通り：北京版（P 5851）cho 352b5-373a8; デルゲ版（D 4364）jo 294b6-310a7; ナルタン版 cho 337b6-357a5; チョーネ版 jo 299b7-315a7; 金写版 cho 433a-457a6．他方，四つの校訂本（芳村 1950; Lalou 1953; Rabsal 1996; Herrmann-Pfandt 2008）が公にされている．本稿では，このうち芳村 1950 を底本とし，そこに記された目録番号を使用する．

1290-1364）の見解であることを『プトゥン仏教史』（*Bu ston chos 'byung*）に同定した[5]．これは，チベット人学者を含め，現代の内外の研究者の中で最も早い言及かと思われる[6]．そして，『デンカルマ目録』編纂をティソン・デツェン王の時代に立てるプトゥンの説については，同目録中にティソン・デツェン王の著作の項目が設けられていることを根拠として，その解釈を斥ける．

次に，『デンカルマ目録』の成立が，ナルタン版及びデルゲ版カンギュル目録の説くように，ムティク・ツェンポないしセナレク（＝ティデ・ソンツェン）の時代とするならば，それはレルパチェン以前ということになり，レルパチェンの登位年を814年と考証して，この年代を以て，『デンカルマ目録』成立の下限とする解釈を一つの可能性として示すが，この解釈に対しては，漢文資料や敦煌文書から得られた情報を根拠として否定し，『デンカルマ目録』成立年の下限として，800年を，上限として，833年を設定して，その成立を824年と考証する．その論拠は以下の通りである．

まず，年代設定の下限を800年に立てる論拠として芳村が挙げるのは，『廻向輪経』（Y261: *Yongs su bsngo ba'i 'khor lo*[7]）の訳出年代である（芳村1950, p. 113）．この経典は，『宋高僧伝』によれば，于闐（Khotan）の僧シーラダルマ（釋尸羅達摩，Śīladharma）を

---

[5] 芳村1950. p. 109f.参照．そこにはナルタン版カンギュル目録の当該箇所の訳文も提示されている．

[6] 同様のことは，芳村に引き続き，ヴォストリコフ（Vostrikov 1962, p. 205, n. 588）やトゥンカル・リンポチェ（Dung dkar blo bzang 'phrin las 2002, p. 131）も指摘している．ヴォストリコフは，『パンタンマ目録』を最初の目録とする典拠として，芳村が指摘したナルタン版及びデルゲ版カンギュル目録の他にも，ダライラマ五世聴聞録（*Thob yig gaṅgā'i chu rgyun*, Vol. 4, 145a1-2）やSum pa mkhan poの *gSung rab rnam grangs chu'i dri ma sel byed nor bu ke ta ka* (3a2-3) を挙げ，この『パンタンマ目録』を最初とする説がより一般的であるとして，彼自身もこの説を取る．他方，トゥンカル・リンポチェには，解釈の変遷が見られる．即ち，

1．『赤冊』校訂本註記（Dung dkar 1981, p. 331）では，『デンカルマ目録』の編纂をティソン・デツェン王の時代として，『デンカルマ目録』→『チムプマ目録』→『パンタンマ目録』の順に成立したと解釈する．典拠は明示されていないが，プトゥンの説である．

2．『チベット目録学』（n.d. cf. Dung dkar 2004, p. 10f.）では，ティデ・ソンツェン王セナレクの時代に，『パンタンマ目録』が編纂され，それをチベット最初の目録であるとして，『パンタンマ目録』→『デンカルマ目録』→『チムプマ目録』に成立したと解釈する．典拠は明示されていないが，主にデルゲ版カンギュル目録の著者シトゥ・パンチェン（Si tu paṇ chen chos kyi 'byung gnas, 1700-1774）の説に依る．

3．『トゥンカル大辞典』（Dung dkar 2002, p. 131）では，プトゥンの説とシトゥの説を二つ挙げて，シトゥの説をよしとする．

トゥンカルリンポチェは現代チベットを代表する碩学の一人であるが，その彼にしても，三つの著作において解釈が定まっていない．このことは，この問題はチベット人学者にとっても定説がなく難問であることを示唆している．

[7] この『廻向輪経』は，K236; N323に同定されるが，現行のチベット大蔵経では，*'Phags pa yongs su bsngo ba'i 'khor lo zhes bya ba'i theg pa chen po'i mdo* という題目でP908; D242に収録されている．漢訳は，T998に『佛説迴向輪經一卷』と云う題目で収録．この漢訳からナムパルミトクパにより蔵訳されたことは，蔵訳の奥書きに明記されている．

訳主となし，悟空他四名により『十地経』と共に北庭の龍興寺で漢訳され，貞元五年（789）に京に送り届けられたものであるが[8]，『旧唐書』吐蕃伝には，貞元二十年（804[9]）にナムパルミトクパ（南撥特計波，*rNam par mi rtog pa）等の使節団が来朝したとあるので[10]，芳村は，南撥特計波がその際にこの『廻向輪経』の漢訳を入手して，その後で蔵訳したと考証している．これに対しては，G. Tucci（以下，トゥッチ）により批判が提示されたが，その趣旨は，ナムパルミトクパが来朝した際にこの経典を入手した証拠は何処にもなく，それ以前にその漢訳がチベットに伝えられ蔵訳された可能性があるので，芳村の考証は，「説得力のあるものではない（not cogent)」と云うものである（Tucci 1958, p. 47）．このトゥッチの批判は確かに一理あるが，しかしながら，この経典の漢訳がナムパルミトクパ来朝以前にチベットに伝えられ翻訳されたことを示す証拠も全くないこともまた確かであるので，結局，この経典の漢訳のチベット伝来がナムパルミトクパ来朝（804 年）の以前か以後かということは，単に蓋然性の問題となってくる．その場合，彼が来朝後に同経の漢訳を入手したという想定は，諸々の理由により，より蓋然性が高いので[11]，下限設定の決め手にはならないにせよ全く説得力がないわけでもない．何れにせよ，『宋高僧伝』には「唐貞元中悟空廻至北庭」と記されているので，悟空が北庭に至り『廻向輪経』の訳出を行ったのは，貞元に入ってからである．それ故，その漢訳は，貞元元年（785）から貞元五年（789）の四年間の間であり，その間に『デンカルマ目録』成立年代の下限を立てることは可能であるので，その点については，芳村の功績を認める必要がある．

他方，『デンカルマ目録』成立年代の下限を 833 年に立てる根拠としては，法成の『大乗四法経論及廣釈開決記』の著作年が挙げられている（芳村 1950, p. 112）．法成は漢訳仏

---

8 『宋高僧伝』（T2061）721b1-11: 釋尸羅達摩(Śīladharma)．華言戒法也．本于闐人．學業該通善知華梵．居于是國爲大法師．唐貞元中悟空廻至北庭．其本道節度使楊襲古．與龍興寺僧請法爲譯主．翻十地經．法躬讀梵文并譯語．沙門大震筆受．法超潤文．善信證義．悟空證梵文．又譯迴向輪經．翻傳纔畢繕寫欲終．遇北庭宣慰中使段明秀事訖迴．與北庭奏事官牛昕安西奏事官程鍔等．相隨入朝．爲沙河不通取迴鶻路．其梵夾留北庭龍興寺藏．齎所譯唐本至京．即貞元五（789）載也．

9 芳村は，これを貞元十三年（797）と誤解しているが（芳村 1950, p. 113），この貞元十三年は贊普ティソン・デツェンが逝去した年であり，南撥特計波等の使節団が来朝したのは，その四月ではなく，貞元二十年の四月である．これについては，佐藤 1973 p. 191f., n. 79 を参照．

10 『旧唐書』吐蕃伝 p. 5261: ［貞元］二十年（804）三月上旬，贊普卒，廢朝三日，命工部侍郎張薦吊祭之．贊普以貞元十三年（797）四月卒，長子立，一歳卒，次子嗣立．命文武三品以上官吊其使．四月，吐蕃使臧河南觀察使論乞冉及僧南撥特計波等五十四人來朝．（佐藤 1973, p. 191f.に訳出．）この五十四人の使節団の唐来朝の経緯とその周辺の事情については，山口 1978, p. 15 を参照．

11 例えば，山口 1978, p. 15 によれば，このナムパルミトクパ等の使節団の目的は，未訳の仏典資料を求めることであったとされ，また，原田 1985, p. 443 によれば，同経の訳語例は殆ど欽定新訳語に一致しており，814 年に近接した時期における吐蕃の正式な翻訳と考証されている．それ故，その蔵訳は芳村の考証通りナムパルミトクパの来朝以後と見たほうがより可能性が高いので，トゥッチの批判は説得力のあるものではない．

典を蔵訳する作業を担った大校閲翻訳師（zhu chen gyi lo tsā ba[12]）として知られているが[13]，彼には，『大乗四法経論及廣釈開決記』という漢文で記された註釈書が敦煌文書に残されている[14]．その奥書きには，「癸丑年」に記されたことが明記されており，833年に同定されている．この註釈は，『デンカルマ目録』に収録された以下の典籍の註釈と考えられる．

Y556: *'Phags pa chos bzhi pa'i rgya cher 'grel pa*. (1 bp.)

Y557: *'Phags pa chos bzhi pa'i rnam par bshad pa*. (30 sl.)

それ故，この二つの著作[15]は，『開決記』が著作された833年以前に訳出されたことは疑いがない．しかるに，これを根拠として，芳村は，833年以前に『デンカルマ目録』もまた編纂されたと解釈するが，正直，その主張には何も根拠はない．実際，この二つの著作が833年以前に訳出されたことは疑いないとしても，そのことは，833年以前に『デンカルマ目録』が編纂されたことを論証する論拠にはなっていないからである．

それ故，芳村の考証から導出できることは，『廻向輪経』が785-789年に漢訳され，それをナムパルミトクパが恐らくは804年に来朝した際に入手して蔵訳した作品が『デンカルマ目録』に収録されていることから，恐らくは804年以降に編纂されたということだけであり，824年という彼が提示する説の論拠にはなっていないと言わざるを得ない．なお，この年代の下限は，フラオヴァルナーやトゥッチにより指摘されたように，『デンカルマ目録』（Y607）には，サムエ（bSam yas）の法論（792-794年）を前提とするカマラシーラ（Kamalaśīla）の『修習次第』（*Bhāvanākrama*）が記載されていることから（Frauwallner 1957, p. 102; Tucci 1958, p. 47），792-794年以降であることは疑いない．

このように，芳村の年代考証には，問題点があることもまた確かであるが，チベット史料に大蔵経目録成立を巡って二つの異なる伝承が見られることを紹介した点や，『デンカ

---

[12] この zhu chen と zhu chen gyi lo tsā ba については，西沢 2017, pp. 126-128 を参照．

[13] 法成については，上山 1967, 1990, pp. 84-246 に詳しい．彼が漢人と蔵人の何れかという問題やその活動時期等については議論があるが，上山とは異なる解釈を示すものとして，呉 1984 がある．

[14] この著作については，上山 1990, pp. 186-195 を参照．

[15] 上山大峻は，法成の『大乗四法経論及廣釈開決記』関係の写本が敦煌文書に約二十点存在することを指摘し，『大乗四法経』とその註釈等の四つのテキストを挙げているが（上山 1990, p. 186f.），ここに挙げた二つの著作は以下の二つに同定される．

- 『大乗四法経釈』世親菩薩作．訳者不詳．大正蔵経未収．（S. ch. 609, 2707, 3194, P. ch. 2350V, 2356V）［＝Y557; K508; N634; P5490; D3990. A. dByig gnyen (Vasubandhu) Tr. unknown］
- 『大乗四法経論廣釈』尊者智威造．訳者不詳．蔵経未収（sic）．（P. ch. 2350V）［＝Y557; K509; N635; P5491; D3990. A. Ye shes byin (Jñānadatta). Tr. Dānaśīla, Prajñāvarman, Ye shes sde］

注．角括弧内のチベット大蔵経目録番号等の記述以外は，上山 1990, p. 186 からの転写．

上山によれば，法成の『開決記』は，この両者の註釈である（同 p. 191）．このうちの世親釈は，上山 1990, p. 611f.に校訂テキストが掲載されている．同氏は言及しないが，この二つの作品は，『デンカルマ目録』等一連の目録に記載されており，現行のテンギュル部に収録されている．世親釈の訳者は不明であるが．智威（Jñānadatta）釈の訳者は，イェシェデ等の上記三名である．

ルマ目録』の年代考証に法成の存在が大きな役割を果たすことを指摘した点などは，同目録の年代考証を考える上で重要なポイントであり，世界で初めて『デンカルマ目録』の批判的校訂テキストを作成したことと併せて，『デンカルマ目録』に関する本格的研究の端緒は，この芳村 1950 により開かれたことは認める必要がある

その後，Marcelle Lalou により，同様の番号付けした批判的校訂テキストが 1953 年に公にされたが，『デンカルマ目録』の成立年代については，レンカル宮殿（＝デンカル宮殿）から辰年に発せられたティツク・デツェン王（Khri gtsug lde btsan，在位 815-?）の詔勅である敦煌文書（P. tib. 1085[16]）と，『デンカルマ目録』がティソン・デツェン王（Khri srong lde btsan，在位 798-815）の時代に編纂されたことを示す『パクサム・ジョンサン史』（*Chos 'byung dpag bsam ljon bzang*）へ言及するほか，特に具体的な年代は提示されていない（Lalou 1953, p. 315f.）．

以後，フラオヴァルナーの 800 年説（Frauwallner 1957, p. 103），トゥッチの 812 年説（Tucci 1958, p. 48），佐藤長の 788 年説（佐藤 1959, p. 772），山口瑞鳳の 824 年説（山口 1978, p. 20），原田覚と羽田野伯猷の 836 年説（原田 1982b, p. 611f.; 羽田野 1983, p. 306）など種々の解釈が提示されてきたが，山口瑞鳳が 1985 年に発表した論考（山口 1985a）をもって，学界では 824 年説が久しく有力視されてきている[17]．紙幅の関係上，これら一連の諸学者の解釈の委細を逐一取り上げて解説することは控えるが，筆者の理解に基づき，年代考証のポイントとなる点だけを簡単に纏めておこう．

まず，吐蕃期の一連の大蔵経目録編纂を考証する上でネックとなるのは，『二巻本訳語釈』（新版）の編纂年である．『二巻本訳語釈』は，周知のように，仏典の統一的翻訳規則と新訳語及びその解説を記載するものであり，大蔵経目録編纂にも密接に関わっている．同書がティデ・ソンツェン王の時代，814 年に編纂されたことは，現代の一連の学者も共通して認めるところであり，ほぼ確実な年代と見てよい[18]．そして，先学の解釈は，この『二巻本訳語釈』の成立を年代判定の基準として，大蔵経目録編纂をこの『二巻本訳語釈』の前に置くか後に置くかで二分されることをまず最初に指摘しておく必要がある．

そのうち．それを前に置く代表的学者として，トゥッチが挙げられる．彼によれば，まず最初に必要とされたのは，既に翻訳されていた諸仏典の目録を作成することであり，それが『デンカルマ目録』である．その次の段階において，その翻訳仏典に基づき，翻訳師が準拠すべき諸用語の索引（＝訳語集）が作成されたが，それが『二巻本訳語釈』であり，

---

[16] この命令書の原文は，TDD, p. 131 に採録，山口 1985b, p. 492; 1988, p. 39 に訳出・解説されている．
[17] 山口 1978 以降，例えば，Tshul khrims skal bzang 1985, pp. 91-96 においても『デンカルマ目録』の編纂年が論じられているが，山口 1978 の論旨を踏襲し，824 年説を取っている．
[18] 石川 1990 序文 p. 8f.; 西沢 2017, pp. 85-89 参照．

『翻訳名義大集』であると云う[19]．このトゥッチの見解によれば，『デンカルマ目録』は，『二巻本訳語釈』制定以前に作成された作業用の目録に過ぎないことになる．

しかしながら，このトゥッチの解釈には，『デンカルマ目録』は，単なる翻訳仏典の目録ではなく，欽定新訳語（skad gsar bcad）により大校閲済みの翻訳仏典の目録であるという視点が全く欠けている．前述したように，「欽定新訳語」とは，『二巻本訳語釈』及びその註釈対象である『翻訳名義大集』に収録されている欽命により定められた新訳語であり，『二巻本訳語釈』以前に翻訳された仏典は，この欽定新訳語により改訳された後で，『デンカルマ目録』に収録された[20]．『デンカルマ目録』が大校閲済みの翻訳仏典の目録であることは，他ならぬ同目録に示唆されているところである．即ち，同目録末には，「翻訳未完の論書」の項目と共に，「大校閲未了の典籍（gsung rab zhu chen ma bgyis pa）」の項目が別立されているが，このことは，それ以外の大部分の収録作品が大校閲済みの翻訳仏典であることを示唆している[21]．そして，大校閲とは，既に指摘したように，欽定新訳語に則り最終的な校訂を加えることを意味するので[22]，大校閲済みの作品を収録する『デンカルマ目録』の編纂は，当然のことながら，欽定新訳語を定めた『二巻本訳語釈』の成立年，即ち，814 年以後としなければならない．これはほぼ確実な事実であるので，ここから，『デンカルマ目録』の編纂を『二巻本訳語釈』の成立以前に置く全ての解釈は，一律誤ったものとして斥けられることになる．そして，このことは，同様の項目を有する『パンタンマ目録』の編纂についても同様である．

以上の理由により，『デンカルマ目録』の編纂は 814 年以降に置く必要があるが，その

---

19 Tucci 1958, p. 48: ... 812 (for the Catal.) and 814 (for MV) are the most probable. The two works to my mind, are connected: (1) first of all it was necessary to draw up <u>a list of the books</u> translated and preserved in the royal library selecting only the authoritative texts, those which were thought to represent the orthodox point of view. (2) Then on those well-established and revised texts <u>the indexing of the words</u> was made, so that the lotsavas should have a norm to follow.（注．番号付けと下線は筆者．）

20 skad gsar bcad については，西沢 2017, pp. 126-133 参照．

21 「大校閲未了の典籍」に収録された二作品は，「決択されていない（gtan la ma phab）」と記されているが，これは，「欽定新訳語により決択されていない（skad gsar bcad kyis gtan la ma phab）」という意味である．それ以外の『デンカルマ目録』収録作品が欽定新訳語により決択されたものであることは，その奥書きから確認される．例えば，『大宝積経』第五会（Y28）は以下のような奥書きを有する：D49, 270a4-5: rGya gar gyi mkhan po Dzi na mi tra dang/ Dā na shī la dang/ zhu chen gyi lo tstsha ba ban de Ye shes sdes bsgyur cing zhus te/ <u>skad gsar chad kyis kyang</u> bcos nas <u>gtan la phab pa</u>//

大校閲によって決択されているか否かは，欽定新訳語によって決択されているか否かに依ることは，現行の『パンタンマ目録』の奥書きの部分の傍註からも確認される．即ち，同 p. 66.15f.: Bod yul du dam pa'i chos bsgyur nas zhu chen {<u>skad gsar bcad</u>} gyis gtan la phab pa'i lha sras Khri gtsug lde btsan {Ral pa can}．注．{...} は傍註を示す．民族出版社本ではこの箇所の地の文と傍註を区別せずに記しているが，口絵の写本影印から傍註であることが確認される．

22 西沢 2017, p. 131 周辺を参照．

解釈を取る学者としては，山口瑞鳳，原田覚，羽田野伯猷の三者を挙げることが出来る[23]．そのうち，山口瑞鳳が 1978 年に発表した論文は，『デンカルマ目録』の年代を考察する上で特にネックになる重要な論考なので，以下，筆者の理解に基づき同氏の解釈を纏めておこう．それを箇条書きにして示すならば，以下の通りである[24]．

1．「欽定決定訳語（skad gsar bcad）」の成立を説明している『二巻本訳語釈』の冒頭部には，関係の深い『デンカルマ目録』に対して何も言及がない．特に，『デンカルマ目録』の前書きに言及されているペルツェクは大校閲翻訳師を務めた重要人物であるにも関わらず言及がない．それ故，『デンカルマ目録』は 814 年編纂の『二巻本訳語釈』の後に成立したものである．

2．『パンタンマ目録』が『デンカルマ目録』の前に成立していたとすれば，当然，『デンカルマ目録』中に何らかの言及があって然るべきであるが，実際には見られない．それ故，『デンカルマ目録』の成立は『パンタンマ目録』より先行する．（*それは，三目録を実見していたプトゥンの解釈とも一致する．）

3．814 年以降，ティツク・デツェン王が殺害された 841 年までの間に，「辰年」は，824 年と 836 年の二回巡ってくるが，もし『デンカルマ目録』が 836 年に成立したとすれば，836 年から 841 年までの僅か五年間の間に，『パンタンマ目録』と『チムプマ目録』の二つが成立したことになる．しかし，それは時間的に考え難い．

4．それ故，『デンカルマ目録』の成立は，824 年となる．

これに対しては，原田覚（1982 年）と羽田野伯猷（1983 年）がほぼ時期を同じくして，836 年説を提示し，それに対して，山口が 1985 年の論文で論駁を提示するという流れとなっている．原田と羽田野の所論は，山口により強く批判されたが，注目すべき論点を含んだものなので，以下，本稿においても適宜に言及することにしたい．

以上は，『パンタンマ目録』が公刊される以前の研究であるが，2003 年 12 月に北京の民族出版社から，これまで書名のみが伝えられ散逸されたと考えられてきた『パンタンマ目録』が活字本の形で出版されたことを契機として資料状況が一変した．この『パンタン

[23] 但し，この三者が『デンカルマ目録』の編纂を 814 年以降に立てる理由は異なっている．即ち，原田は，その理由として，同目録編者であるペルツェクが『二巻本訳語釈』の編者であるイェシェデの後輩であることを挙げ（原田 1982b, p. 608），他方，羽田野は，『デンカルマ目録』は目録編纂の作業用台帳であり，前書きが作成された辰年に最初に台帳が作成され，それは 812 年と 824 年の何れかであり，最終的な目録として成立したのは 836 年という説 ― 羽田野の言葉では「デンカルマ台帳説」― を取っている（羽田野 1983, pp. 305, 331 周辺）．山口の見解は直後に紹介するが，三者共に，欽定新訳語の制定が『デンカルマ目録』編纂の前提となっているという視点はない．

[24] 山口 1978, pp. 18-20 参照．同氏の主張は，山口 1985a, p. 10f.においても再説されている．

マ目録』については，2005 年に，川越英真により，それをローマナイズ化し番号付けをした簡便なテキストが公にされた（川越 2005a，以下，川越目録, abbr. K）．同書では，脚註に各テキストに関する資益に富んだ解説が付されており，併せて，前書きに，『パンタンマ目録』全体の構成が，巻末には『パンタンマ目録』，『デンカルマ目録』，『プトゥン目録』所収作品の対照一覧表が掲載され，利便の用に供されている．さらに，川越 2005b では，『パンタンマ目録』の前書きの翻訳や，『パンタンマ目録』と『デンカルマ目録』の構成上の比較対照等がなされ，種々の興味深い事実が指摘されている．特に『大宝積経』類の一連の経典の訳出状況を比較対照した箇所では，『デンカルマ目録』では 49 の全ての経典の訳出が完了されたと見なせるのに対して，『パンタンマ目録』では，翻訳途中の経典が見出されると指摘しているが（同 p. 122f.），これは両目録の前後関係を考える上で極めて重要な指摘である．その点について，同氏は，同論文の結論部分で，『パンタンマ目録』前書きに言及された「戌年」の年代考証に関連して，山口瑞鳳が主張した『パンタンマ目録』に対する『デンカルマ目録』の先行性に対して以下のような疑念を呈している．

> 「いずれにせよ，「戌」年はチクツデツェンすなわちレルパチェンの代とみるならば 818 年か 830 年の二つしか該当しないし，セナレックの代とみるならば 806 年しかない．その中で山口氏の見解に従うならば 830 年となるが，その場合の前提として『デンカル目録』が『パンタン目録』より先に成立したことが保証されなければならない．この点に関して，本論の 1 で触れた『デンカル目録』の多数の典籍が『パンタン目録』の中に確認されないこと，あるいは 3 で言及した『大宝積経』の典籍配置や翻訳途中の宝積経と律典が登録されていること，また『パンタン目録』には『デンカル目録』の存在を示唆するような記載がないことなどどのように解釈すべきか問題は残る．今後，こうした点をふまえて，目録の前後関係や編纂年代の確定などが検討されなければならない．」（川越 2005b, p. 126）

前述したように，『パンタンマ目録』に対する『デンカルマ目録』の先行性は，山口の所論を支える柱の一つであるので，それを揺るがす可能性が指摘されたことの重要性は極めて大きい．但し，川越 2005b では，『パンタンマ目録』に対する『デンカルマ目録』の先行性に対する疑念は提示されたが，それを論証するところまで至っておらず，また，『パンタンマ目録』の編纂年とされる「戌年」についても，単に複数の可能性を列挙している留まっており，その年代の確定作業を行っていない．実際，所引の文章末に川越自身明言しているように，目録の前後関係や編纂年代の確定については，今後の検討課題として残された．この点は，川越 2005b における考証の限界として認識する必要はあるが，いずれにせよ，『パンタンマ目録』の研究の基礎は，疑いなく川越 2005ab により築かれたと評価する必要がある.

さらに川越は，この『パンタンマ目録』では，末尾の部分（K. no. 27-1 から 27-9 の部分）は後代の付加であり，『パンタンマ目録』本来の部分は，同氏の整理番号では，K. no. 1 から，K no. 26-5 まで，作品数では，K1-699 の 699 点であると推定している（川越 2005b, p. 119）. これは『パンタンマ目録』の構成を考える上で極めて重要な指摘であり，筆者もその想定に賛同するものであるが，その委細は，紙幅の関係上本稿では論ずる余裕はないので，稿を改めて検討することにしたい.

川越目録（川越 2005a）が出版された後には，『パンタンマ目録』を直接に主題としたG. T. Halkias（以下，ハルキアス）の研究が出た（Halkias 2004 (sic)）. これは，川越目録を前提としており，川越 2005b も参考文献として挙げられているが，実際には，その内容を読解したものとは到底思えず，川越が示唆した前述の重要なポイントは全く反映されていない. 例えば，ハルキアスは，プトゥンに従い，『デンカルマ目録』を一番最初の目録と見なし，『パンタンマ目録』はその後に位置付け，その典拠として，川越 2005a を挙げているが（同 p. 55, n. 23），実際には，川越は全くその逆の可能性を示唆していることは前述した通りである. また，現行の『パンタンマ目録』には，btsan po dBa' dun brtan の中観の著作（K827）が掲載されているが，ハルキアスはこれを吐蕃王朝最後の王であるダルマ・ウドゥムツェン王（Dar ma 'u dum btsan）に比定し，それを根拠として，『パンタンマ目録』の成立を，ダルマ王の子ウースン（'Od srung）の時代に位置付けているが，この著作を含むK 27-1 から K27-9 までの全て著作（K700-959）が『パンタンマ目録』の本来の部分ではなく後代の後代の付加であることは，前述した通り，既に川越が示唆するところである. それ故，後代の増補分所収の作品は，『パンタンマ目録』の編纂年を考証する上で根拠にはならない.

他方，2008 年には，Herrmann-Pfandt により，『デンカルマ目録』の新しい校訂本が出版され，その前書きにおいて，『デンカルマ目録』編纂 812 年，『パンタンマ目録』編纂 806 年という説が提示されている（同 pp. xviii-xxvi）. 同氏は，それに先立ち，Herrmann-Pfandt 2002 においても『デンカルマ目録』の年代について簡単に触れているが，そこでも 812 年説を提示している（同 p. 135）. しかし，同氏の論文は，上述の先行研究の蓄積，特に，同目録の編纂について論ずる際に参照不可欠な芳村，山口，原田，羽田野，川越諸氏の研究を踏まえたものではなく，また両目録編纂年を 814 年以前に立てており，充分な考証がなされているとは考え難い.

以上，『デンカルマ目録』と『パンタンマ目録』の成立年代を巡る一連の先行研究の主立ったものを概観した. 最後にこの件に関する筆者自身の研究を簡単に紹介しておく. 前述した通り，川越 2005b では，『パンタンマ目録』に対する『デンカルマ目録』の先行性に関して疑念が提示されたが，それを論証するところまでは至らなかった．そこで筆者は，博士論文においてこの問題を取り上げて検討した（西沢 2011, pp. 58-64）．そこで筆者が注目したのは，両目録に独立した項目として目録末に掲載されている「大校閲未了（zhu chen ma bgyis pa）」（Y724-725; K676-680）と「翻訳未完（sgyur 'phro）」（Y726-734; K681-699）の二項目である．その両項目を比較対照すると，『パンタンマ目録』で大校閲未了や翻訳未完の作品が『デンカルマ目録』では大部分完訳されていることが確認された．このことは，『パンタンマ目録』が『デンカルマ目録』に先行することを如実に示すものである．このことを前提として，『デンカルマ目録』824 年説を取るならば，『パンタンマ目録』は 818 年の土戌年（sa khyi lo）に成立したことが確定される．ところが，この 818 年は，『二巻本訳語釈』が成立した年である 814 年から僅か四年しか経っておらず，『パンタンマ目録』に収録された 699 点にものぼる経論を，814 年に成立した新しい訳語法に基づき，あるいは改訳し，あるいは新訳するには，この四年という年月はあまりに短すぎることに鑑み，『パンタンマ目録』の成立を 830 年の鉄戌年（lcags khyi lo），『デンカルマ目録』の成立を 836 年の火辰年（me 'brug lo）と考証した（同 p. 64[25]）．本稿はそれを前提としつつ，その後の研究の成果を加味した形で，改めて両目録の編纂事情と成立年代について全面的な再考証を加えるものである．

２．『パンタンマ目録』と『デンカルマ目録』の前後関係

この両目録の前後関係については，これまで学界では，三目録を実見したプトゥンが『デンカルマ目録』を最初の目録と断言している点，さらには，『デンカルマ目録』において『パンタンマ目録』等の他の目録に対する言及が一切見られないこと等の理由から，『デンカルマ目録』を最初の目録と見なし，それをもって年代考証の基礎に据える考えが一般的であった．しかるに，『パンタンマ目録』が利用可能となり，その内容が明らかになったことを契機として，この解釈に対しては根本的な見直しが必要となっている．実際，『デンカルマ目録』のみならず，『パンタンマ目録』の前書きにも，『デンカルマ目録』等の他の目録に対する言及は見られないのである．それ故，その目録に他の目録に対する言及がないということは，必ずしも両者の前後関係を確定する証左とはならない．さらに，既に芳村が指摘したように，この両目録の前後関係については，チベットの史書には全く異なる二つの解釈があり，後代に確実な伝承が伝わっていない可能性が高いので，後代の史書

[25] 筆者の解釈はチベット古代史専攻の岩尾一史から肯定的な評価を受けた（岩尾 2014, p. 725）．

に依拠するのではなく，純粋に両目録自身の内部情報に依拠して考証する必要がある．

そこで注目すべきは，両目録に見られる一連の《大校閲未了（zhu chen ma bgyis pa)》と《翻訳未完（bsgyur 'phro)》と称される作品群である．この両者を比較対照することを通じて，両目録の前後関係を確認することが可能となっている．それについては，以前に拙稿にて一覧を作成して既に検討したが[26]，その重要性を鑑みて，以下に再説しておきたい．

図．『パンタンマ目録』所収大校閲未了及び翻訳未完の作品一覧と『デンカルマ目録』との対応表

K/ Y No.	項目［川越整理番号］	パンタンマ	デンカルマ
第一項	大校閲未了の経典と経疏（mdo sde dang mdo sde'i 'grel pa zhu chen ma bgyis pa）［K 26-1］		
K676/ Y570	*'Phags pa lang kar gshegs pa'i 'grel pa*. (K 20 bp. (sic, 2 bp.?)/ Y 2 bp. 160 sl.)[27]	大校閲未了	完訳
K677/ Y528	*rDo rje gcod pa rnam par bshad pa'i tshig le'ur byas pa*. (K 77 sl./ Y 37 sl. (sic))	大校閲未了	完訳
K678/ Y om.?	*rDo rje gcod pa'i 'grel pa* (K 2 bp.)	大校閲未了	未収録？[28]
K679/ Y527	*rDo rje gcod pa rnam par bshad pa*. (K 2 bp. 50 sl./ Y 2 bp. 50 sl.)	大校閲未了	完訳
K680/ Y540	*Sa bcu bsdus pa'i don*. (K 1/2 bp./ Y 50 sl. (sic, 150 sl.?)	大校閲未了	完訳
第二項	翻訳未完の経典と律（mdo sde dang 'dul ba'i bsgyur 'phro）［K 26-2］		
K681/ Y724	*Shes rab bzhi stong pa*. (K om./ Y om.[29])	翻訳未完	大校閲未了
K682/ Y271,	*'Phags pa dam pa'i chos dran pa nye bar gzhag pa chen*	翻訳未完	前半＝完訳；後

[26] 西沢 2011, pp. 58-64 参照．

[27] 川越 2005a, p. 32, n. 122 によれば，この作品は『デンカルマ目録』及び『プトゥン目録』に対応する作品を見出せないとされるが，『デンカルマ目録』に収録された漢語から翻訳された『入楞伽経』の註釈三作品（Y569-571）のうちの一つ（Y570）に比定しておく．『プトゥン目録』ではN673（760 sl.）に当たる．問題は巻数が一致していない点であるが，『パンタンマ目録』の 20 巻は 2 巻の誤記かと推定される．実際，書名も 'phags pa という語の有無を除けば完全に一致している．

[28] これは，『デンカルマ目録』においては，Y526: *rDo rje gcod pa'i 'grel pa/ Slob dpon Yon tan 'od kyis mdzad pa/* 600 sl., 2 bp. に対応するかに見えるが，『パンタンマ目録』には，他に，K479: *rDo rje gcod pa'i 'grel pa Slob dpon Yon tan byin gyis mdzad pa/* 2 bp./ という作品が見られ，むしろそれと対応すると見なすべきである．K678 はそれの異訳の可能性もあるが，『デンカルマ目録』における所在は不明であり，未収録としておく．同一作品の異訳であれば，『デンカルマ目録』編纂時に削除された可能性があるからである．仮に Y527 に対応するのであれば，それは完訳されていることになる．

[29] 両目録には，bam po とのみ表記され，その巻数が明記されていないものが散見するが，それは om. と表記しておく．一巻であれば，bam po gcig と表記されるので，巻数不明を指すものと推察される．

725	*po*. (K om./ Y 271, 43 bp.; Y 725 om.)		半＝大校閲未了
K683/ Y37	*'Phags pa mngal du zhugs pa*. (K om./ Y 1 bp.)	翻訳未完	完訳
K684/ Y36	*'Phags pa mngal du gnas pa*. (K om./ Y 2 bp.)	翻訳未完	完訳
K685/ Y30	*'Phags pa go cha bkod pa*. (K 6 bp./ Y 6 bp.)	翻訳未完	完訳
K686/ Y34	*'Phags pa 'od zer sgrub pa*. (K 15 bp. (sic)[30]/ Y 5 bp.)	翻訳未完	完訳
K687/ Y487	*'Dul ba gzhung bla ma*. (K 54 bp./ Y 54 bp.)	翻訳未完	完訳
K688/ Y486	*'Dul ba phran tshegs*. (K 52 bp./ Y 42 bp. (sic)[31])	翻訳未完	完訳
K689/ Y494	*'Dul ba gzhi rgya cher 'grel pa*. (K 11 bp./ Y 11 bp.)	翻訳未完	完訳
K690/ Y497	*'Dul ba gzhung bla ma'i 'grel pa*. (K 20 bp./ Y 20 bp.)	翻訳未完	完訳
K691/ Y489	*dGe slong ma'i 'dul ba rnam par 'byed pa*. (K 28 bp./ Y 24 bp. 200 sl.)	翻訳未完	完訳
第三項	大校閲未了の論書（bstan bcos zhu chen ma bgyis pa）［K 26-3］		
K692/ Y726-7	*dBu ma'i gzhung zhib mo rnam par 'thag pa rtsa ba dang 'grel par bcas pa*. (K 2 bp./ Y om.)	大校閲未了	翻訳未完（!）
第四項	翻訳未完の論書（bstan bcos sgyur 'phro）［K 26-4］		
K693/ Y728	*dBu ma'i snying po rtog pa la 'bar ba*. (K om./ Y om.)	翻訳未完	翻訳未完
K694/ Y729	*dBu ma'i snying po rtog pa la 'bar ba'i 'grel pa*. (K om./ Y om.)	翻訳未完	翻訳未完
K695/ Y om.	*bsTan pa rgyas pa*. (K 16 bp.)	翻訳未完	未収録[32]
K696/ Y679	*gSang ba'i gnas su bstod pa'i 'grel pa*. (K om./ Y 3 bp.)	翻訳未完	完訳
第五項	翻訳未完の論理学書（tar ka'i sgyur 'phro）［K 26-5］		
K697/ Y730	*Tshad ma rnam 'grel*. (K 11 bp./ Y 11 bp.)	翻訳未完	翻訳未完
K698/ Y732	*brTsad pa'i rigs pa*. (K om./ Y 1 bp.)	翻訳未完	翻訳未完
K699/ Y733-4	*De kho na nyid bsdus pa'i tshig le'ur byas pa/ De kho na nyid bsdus pa'i 'grel pa*. (K om./ Y om.)	翻訳未完	翻訳未完

注意：大校閲未了は zhu chen ma bgyis pa，翻訳未完は sgyur 'phro，完訳は zhu chen bgyis pa（lit. 大校閲完了）を指す．bp.は，bam po（巻），sl.は，śloka（頌）の略号．一巻は 300 頌に相当する．

30 この 15 巻は 5 巻の誤記か．『プトゥン目録』（N138）にも 5 巻とある．
31 この巻数の違いについては，川越 2005a, p. 33, n. 129 参照．
32 この作品は『デンカルマ目録』及び『プトゥン目録』に対応する作品を見出せない．散逸したか，何らかの理由により削除されたものと推察される．

「項目」の欄に挙げたのは，『パンタンマ目録』において，大校閲未了及び翻訳未完の項目として立てられている諸作品である.「パンタンマ」と「デンカルマ」の欄は，それぞれ当該の経典の翻訳・校訂状況，即ち，大校閲未了か，翻訳未完か，あるいは，完訳されているかの状態を示す.『パンタンマ目録』では，この大校閲未了と翻訳未完の典籍が『デンカルマ目録』に比べてかなり多く，また，細かく分けられている．即ち，

第一項（26-1）:「大校閲未了の経典と経疏」(K676-680, 5 作品)

第二項（26-2）:「翻訳未完の経典と律」(K681-691, 11 作品)

第三項（26-3）:「大校閲未了の論書」(K692, 1 作品)

第四項（26-4）:「翻訳未完の論書」(K693-696, 4 作品)

第五項（26-5）:「翻訳未完の論理学書」(K697-699, 3 作品)

以上，26-1 から 26-5 までの五つの部門で，計 24 作品（K676-699）が収録されている．これに対して，『デンカルマ目録』では，二項目，計 11 作品しか見出されない.

第一項:「大校閲未了の教典（gsung rab zhu chen ma bgyis pa)」(Y724-725, 2 作品)

第二項:「翻訳未完の論書（bstan bcos sgyur 'phro)」(Y726-734, 9 作品)

この一覧から明らかに見て取れるように，『パンタンマ目録』の段階では，まだ翻訳未完や大校閲未了であった諸作品が，『デンカルマ目録』では，大校閲未了や完訳の段階にまで進んでいることが分かる．このことは，『パンタンマ目録』が『デンカルマ目録』より後に編纂されたことを示す決定的な証左である.

一例を挙げるならば，冒頭の作品（K676/ Y570）は，『入楞伽経』の註釈であるが，『パンタンマ目録』には，『入楞伽経』関係の翻訳としては，経典の翻訳は，インド原典からの翻訳が一点（K49）あり，それに対する註釈は，漢語からの翻訳が二点（K517, 519）と，大校閲未了の作品が一点（K676）で，合計四点を数える．これに対して，『デンカルマ目録』では，経典の翻訳は，インド原典からの翻訳（Y83）の他に，漢訳からの重訳が一点（Y251）追加されており，註釈は，漢語からの翻訳が三点（Y569, 570, 571）で合計五点を数える[33]. そして，この『パンタンマ目録』において，大校閲未了として採録されている作品（K676）は，『デンカルマ目録』では，大校閲済みの完訳作品（Y570）に対応している．つまり，『パンタンマ目録』の段階では，大校閲未了であった作品が，『デンカルマ目録』では大校閲が完了し，さらに，新たに『入楞伽経』の漢訳からの重訳が加わったという過程を如実に見て取ることが出来るのである. 一覧に示すならば，以下の通りである.

図.『入楞伽経』関係作品一覧

[33] この両目録に収録されている『入楞伽経』関係の作品については，川越 2005a, p. 9, n. 33 を参照.

	『パンタンマ目録』（K）	『デンカルマ目録』（Y）	N
経典	K49: *'Phags pa lang dkar gshegs pa*. (9 bp.)［梵語から］	Y83: *'Phags pa langkar gshegs pa*. (11 bp.)［梵語から］	N190 (11 bp.)
	欠.	Y251: *'Phags pa langkar gshegs pa rin po che'i le'u*. (8 bp.)［漢語から］［註. Y569から経文のみ抜出？］	N191 (8 bp.)
註釈	K517: *Lang kar gshegs pa'i ti ka rGya 'gyur*. (40 bp.)［漢語から］	Y569: *'Phags pa langkar gshegs pa'i 'grel pa chen po/ rGya las bsgyur ba*. (40 bp.)［漢語から］	N672 (40 bp.)
	K519: *Lang kar gshegs pa'i bsdus don rGya las bsgyur ba*. (3 bp.)［漢語から］	Y571: *Langkar gshegs pa'i bin tar ta Li las bsgyur ba*. (3 bp.)［コータン語から[34]］	N674 (3 bp.)
	K676: *'Phags pa lang kar gshegs pa'i 'grel pa*. (20 bp. (sic, 2 bp?))［大校閲未了］	Y570: *Langkar gshegs pa'i 'grel pa*. (2 bp., 160 sl.)［漢語から］［完訳］	N673 (2 bp., 160 sl.)

漢語から蔵語へ翻訳されたテキストの大校閲は基本的に法成が一人で担当したと云われているので[35], 前述の大校閲未了作品の大校閲は法成が行ったと考えてよい. また, Y251は現行のチベット大蔵経に収録されているが（P776; D108), 求那跋陀羅訳『楞伽阿跋多羅宝経』四巻（通称：『四巻楞伽』）(T670）から法成により重訳されたものである[36]. 但し, これは,『パンタンマ目録』編纂後に新たに訳出された作品ではなく, 同目録編纂以前に既に訳出されていた円暉の『入楞伽経疏』(K517）から経文のみを抜出したものと考えたほうが妥当であろう[37]. その場合, 法成はその抜出とK676の大校閲を,『パンタンマ目録』成立後,『デンカルマ目録』成立以前に行なったと考えられる. 法成の年代と事績については, 漢文資料から比較的確実な情報が明らかになっているので[38], このことは,

[34] 『パンタンマ目録』では漢語からの翻訳とされるのに対して,『デンカルマ目録』ではコータン語からの翻訳とされ一致しない.『プトゥン目録』では, N674に対応するが, コータン語からの訳とされる. これは恐らく『パンタンマ目録』の記述が誤りであり, コータン語からの訳と考えられる. 実際, Y571の書名に見られる bin tar ta は, piṇḍārtha の音写であり, それは, bsdus don に対応する. 巻数も同じく三巻なので, 同一作品であることは疑いない. 川越 2005a, p. 26, n. 90 参照.
[35] 上山 1990, p. 108 参照.
[36] 上山 1990, p. 112 参照.
[37] この考証は, 上山 1990, p. 115 に示されている.
[38] 法成の経歴について, 上山大峻は, 上山 1990, pp. 103-112 において「法成の行歴」という一章を設けて詳しく解説している. 同氏はその生年には言及しないが, 没年については, 大中十三年（859）の五月末頃という考証を提示している（同 p. 230). この没年は上山 1997, p. 6 でも新出資料に基づき再確認された. それ故, 法成の生没年についての上山の説は, ?-859 年となる. 他方, 呉其昱は, 呉 1984, pp. 399-410 において,「法成の事迹年表」という一章を設けて, その生年を始めかなり具体

『パンタンマ目録』と『デンカルマ目録』の編纂年代を考える上で，一つの有力な情報となる．

さらに，もう一つ興味深い事例を紹介するならば，『デンカルマ目録』の「大校閲未了の教典（gsung rab zhu chen ma bgyis pa）」の項目に引かれた以下の二作品を挙げることが出来る[39].

gsung rab zhu chen ma bgyis pa las/ [Y724] *Shes rab kyi pha rol tu phyin pa stong phrag bzhi pa* dang/ [Y725] *Dran pa nye bar gzhag pa chen po* gnyis gtan la ma phab/「大校閲未了の教典のうち，『四千頌般若』（Y724）と，『大正法念処経』（Y725）の二つは［欽定新訳語により］決択されていない．」

これは，『パンタンマ目録』では，順に，K681, 682 に対応しているが，その翻訳状況からも，『パンタンマ目録』が『デンカルマ目録』より先行することが読み取れる．つまり，『パンタンマ目録』の段階では翻訳未完であったものが，『デンカルマ目録』の段階では翻訳が完了し，大校閲を待つ段階にまで至ったことを示しているからである．

特に，『正法念処経』は，『デンカルマ目録』では，Y725 以外にも，Y 271: *'Phags pa dam pa'i chos dran pa nye bar gzhag pa,* 12,900 sl., 43 bp. yan chad 'gyur（『聖正法念処経』12,900 頌，43 巻まで翻訳）が記載されており，これをどう解釈するかが問題となっている．これについては，既に先学の指摘があるように，デルゲ版カンギュル目録に，「これは，教法前伝期において，12,900 頌，43 巻しか翻訳されなかったが，後に，パツァブ翻訳師（Pa tshab lo tsā [ba tshul khrims rgyal mtshan][40]）により翻訳された」と説かれており[41]，前伝期には前半の 43 巻までしか翻訳されず，残りの後半部分は，後伝期に入ってからパツァブ翻訳師ツルティムギェルツェンにより訳出されたものであることが判明している．つまり，大校閲未了の項目に引かれた『大正法念処経』（Y725）は，その後半部分に相当するのである．ここから，前伝期において同経の前半部分は訳出され大校閲も完了したが，後半部分は訳出はされたが，大校閲が未了の状態として残されていたことが読み取れる．現行のカンギュル所収の同経（P953; D287）の奥書きには，この大校閲未了の経典に対する言及

的な年号を挙げてその事績を解説しており，ca. 780-859/60 年という生没年を提示している．

39 この二作品は，既に羽田野 1983, p. 321f.に取り上げ論じられている．他には，川越 2005a, p. 33, nn. 125, 126 にも詳しい解説がある．

40 この人物については，『雪域人名辞典』p. 959f.を参照．

41 Rab gsal 1996, p. 41, n. 20 所引の文章を訳出した．川越 2005a, p. 33, n. 126 にも訳出されており，解説がなされている．『太陽光目録』においても，「翻訳未完と大校閲未了」の項目に見出される (S20.4)．『プトゥン目録』では，この『正法念処経』は，N9 に見出されるが，それはパツァブ翻訳師の翻訳であるので，後伝期のものである．

がないので[42]，恐らくは，後半部分は後代散逸したため新たに訳出したのであろう．それ故，以下のような経緯を想定することが出来る．

1．『パンタンマ目録』成立時には，『正法念処経』は翻訳未完であった（K682）．
2．『デンカルマ目録』が成立した時点では，この経典の前半部43巻の訳出と大校閲は完了したが（Y271），残りの部分は訳出はされたが大校閲未了として残され（Y725），おそらく後代散逸した．
3．そこで後伝期において，パツァプ翻訳師等が散逸した残りの後半部分を訳し，既に訳出済みの前半部分と合わせて完訳としたものが現大蔵経に収録された（P953; D287）．

ここから，『パンタンマ目録』から『デンカルマ目録』に至るまで同経の翻訳の進捗状況，及び，後伝期への伝承の過程を如実に見て取ることが出来る．

他方，Y 724 の『四千頌般若経』については，以下の経緯を想定することが出来る．

1．『パンタンマ目録』成立時には，この経典は翻訳未完であった（K681）．
2．『デンカルマ目録』成立時に，この翻訳は一応完了し，大校閲未了として残された（Y724）．
3．その後，散逸し，『プトゥン目録』には未記載となった[43]．

さらに，続く翻訳未完のK683-686の四作品は，順に，『大宝積経』の第13, 14, 7, 11会に相当するが，既に先学の指摘があるように，これらを含む『大宝積経』の全49会は『デンカルマ目録』では全て完訳されている[44]．以下，個々の作品の分析は省略するが，以上のことから，『パンタンマ目録』は，『デンカルマ目録』に先行することはほぼ疑いないと結論できる．上述の大校閲未了，翻訳未完，完訳（大校閲完了）に関する情報は，目録それ自体に記載されているので，動かない．

但し，一例ほど例外と思われるものも確認される，即ち，上記一覧中の『広破論』（*Zhib mo rnam par 'thag pa, Vaidalya-prakaraṇa*）［K692/ Y726-7］という作品は，『パンタンマ目録』

---

[42] 参考までに奥書きを引いておく．P 250b8-251a3: dam pa'i skye bo nges grogs mdzad nas dge slong Tshul khrims rgyal mtshan nyid kyis dag par byas so// de ltar na dang po'i gzhir 'gyur dang/ zhu chen dang/tshig don gyi 'brel dpyad pa dang/ zhu chung dang/ yang 'brel dpyad pa dang lngar zhus shing btugs te gtan la phab pa'o// dam chos mdo sde rin chen theg pa kun gyi gzhi dang rtsa ba bcud du gyur ba'i *Theg chen dran gzhag* 'di/ legs sgyur dngos ngang de'i grogs byed thams cad dang ni nam mkha'i mthas btugs 'gro kun dge ba dri med kyis srid na bde sbyin skabs gnas rdzogs pa'i byang chub 'bras ldan sa yi gnas skabs ljon shing lo mdab phun tshogs shog// //

[43] 川越 2005a, p. 33, n. 125 参照．そこに言及されるように，プトゥンはこう述べている．『プトゥン仏教史』p. 217.5: sngar gyi bsgyur 'phro *Sher phyin stong phrag bzhi pa* da lta ma rnyed ces kyang bya'o//「古の翻訳未完である『四千頌般若経』は今得られないとも云われる．」この作品もまた，『太陽光目録』では「翻訳未完と大校閲未了」の項目に見出される（S20.1）．

[44] 川越 2005a, p. 33, n. 126; 2005b, p. 122f.参照．

では，大校閲未了であるが，『デンカルマ目録』では，翻訳未完の作品とされる．これだけみるならば，『デンカルマ目録』のほうが先行するように見えるのである．しかるに，他の一連の作品ではそうなっていないので，これは例外的事例として考える必要がある．考えられる可能性としては，『パンタンマ目録』の段階では，一応翻訳され大校閲を待つ段階に至ったが，何らかの理由により，例えば，訳が散逸したとか，あるいは，訳があまりに低質であり，大校閲を加えるよりも，最初から訳し直したほうがよいと判断され，新たに翻訳が開始された等々種々のケースが考えられる．ちなみに，この作品は，現行の大蔵経には，後伝期の翻訳が収録されており（P5226, 5230; D3826, 3830），プトゥンもその後伝期の作品しか記載していない（N550, 554）．それ故，この『デンカルマ目録』に記載された翻訳未完の作品もまた，その後散失したため，後伝期において新たに訳出されたのであろう．以上のような諸経論翻訳の紆余曲折の経緯が，これら一連の大蔵経目録を照合することを通じて明らかになるのである．

以上の考察から，我々は，『パンタンマ目録』と『デンカルマ目録』の成立順序について，両目録それ自体の内部情報に基づき，前者が後者に先行すると確定してよかろう．このことを基礎に据えて，次に，問題の両目録の編纂年について検討することにしたい．

３．『パンタンマ目録』の編纂事情

(1)『パンタンマ目録』の書誌情報

『パンタンマ目録』の「パンタン（'Phang thang）」とは，パンタン・カメ宮殿（Pho brang 'Phang thang ka med）を指し，そこに所蔵されていた翻訳仏典の目録として編纂されたものが『パンタンマ目録』である[45]．後代の史書によれば，ティソン・デツェン王（Khri srong lde btsan, 在位 754-797[46]）の父に当たるティデ・ツクテン王（Khri lde gtsug brtan/btsan, 在位 704-754）は，(1) デンカル宮殿で生誕し，(2) その治世下においてこのパンタン宮殿が建立されたが，(3) パンタン宮殿は，後にティソン・デツェン王がシャーンタラクシタをチベットに招請した際にチベットの鬼霊が怒り洪水で押し流されたと伝えられている[47]．このうち，第一の件は，『デウー仏教史』（*lDe'u chos 'byung*）に[48]，洪水の件は『バシェ』（*sBa bzhed*）に言及されている[49]．第二の件については，『デウー仏教史』では，ティデ・

[45] 『パンタンマ目録』及びパンタン宮殿の概略は，『トゥンカル大辞典』pp. 132, 1338，先行研究は，Halkias 2004 (sic), p. 47, n. 3 を参照．
[46] 佐藤 1959, p. 823 参照．歴代吐蕃王の在位期間は，主に同書に掲載された王統表による．
[47] 『プトゥン仏教史』p. 185.13;『青冊』p. 68.18f.;『賢者喜宴』pp. 293.15-21, 316.4 参照．
[48] 『デウー仏教史』p. 284.24f.: 'brug gi lo pho brang lDan mkhar du sku bltams/
[49] 『バシェ』には，ティデ・ツクテン王の時代に金城公主がパンタン宮殿を来訪した記述や，同宮

ツクテン王の時代の項にパンタン宮殿への言及が見られるが，同王が建立されたとされる五つの寺院（lha khang, lit. 神殿）の中には含まれていない[50].

しかるに，ソンツェン・ガムポ王の時代からティソン・デツェン王の時代に至る641-763年の間の歴代賛普の事績を記した『吐蕃編年記』には，このパンタン宮殿もデンカル宮殿も全く言及されず，ティデ・ツクテン王が生誕した宮殿は，「ツェル宮殿（Pho brang Tsal）」と明記されている（DTH, p. 19.10; 王 1992, p. 20.5）．同書には，歴代賛普の滞在地が季節毎に逐一明記されており，それは史実を反映したものと思われるので，後代の史書のみならず，『バシェ』や『デウー仏教史』等の初期の史書の記述もまた，両宮殿の権威付けのために，その起源をより古い時代に位置付けた恣意的なものである可能性がある．この点は検討課題であるが，『吐蕃編年記』に依拠する限り，両宮殿の建立は，恐らくは763年以降のことであり，確実に言えるのは，『デンカルマ目録』や『パンタンマ目録』が編纂されたティツク・デツェン王の時代には既に存在していたことだけである．

他方，ダルマ・ウドゥムツェン王（Dar ma 'u dum btsan, alias, Glang dar ma）の二子の一人とされるナムデ・ウースン（gNam lde 'Od srung）はユムブラガン宮殿（Phro brang Yum bu bla sgang）に生誕し，このパンタン宮殿で没したと伝えられるので，彼の時代までは存在していた模様である[51]．直後に紹介する『パンタンマ目録』に付された傍註によると，ヤルルンの東部（Yar lungs/klungs shar phyogs）に位置するとされるが[52]，現存していない．なお，パンタンは現在の西蔵自治区乃東県頗章区の古名と云われている[53].

『パンタンマ目録』は，吐蕃期に編纂された三つの大蔵経目録の一つとして知られているが，『デンカルマ目録』とは異なり，後代のチベット大蔵経に採録されなかったため，久しくテキストの現存が定かではなく，書名だけが伝えられてきた．しかるに，前述した

殿で金城公主が王子を生んだという記述，さらには，シャーンタラクシタがアーナンダを通訳として十善，十八界，十二支縁起等の法を説いた際に，鬼霊がそれを好まずパンタン宮殿を洪水で押し流したという記述が見られるので，既に，ティデ・ツクテン王の時代にはパンタン宮殿は存在していたことになる（同 pp. 61, 63, 83f.）．なお同書には，デンカル宮殿は言及されていない．

[50] 『デウー仏教史』p. 284.17-19: rgyal po 'dis kyang lha khang lnga bzhengs/ 'Ching bu/ Ka chu/ Brag dmar/ mGrin bzang/ 'Khar phug/ Khri rtse lnga bzhengs so// pho brang 'Phang thang ka med la brten nas rong kha brgyad bcad de yul gyi rgya skyed/. 同様の記述は『ニャン仏教史』p. 250.13-16 にも見られる．

[51] 『賢者喜宴』p. 434.7f.参照．サキャ派の古い史料，例えば，タクパギェルツェン（Grags pa rgyal mtshan, 1147-1216）の『チベット王統史』では，ヤルルンの地パン（'Phangs），パクパ（'Phags pa blo gros rgyal mtshan, 1235-1280）の『チベット王統史』（1275年造）では，ヤルルンのパンダ（Phang mda'）と記されている．この二資料については，山口 1980a, p. 5; 1985b, p. 215 参照．他には，『デウー仏教史』には，ヤルトゥのパンタン（Yar stod 'Phang thang）で逝去と記す（同 p. 350.6）

[52] 『パンタンマ目録』M p. 3.6; Ms. 2a 欄外上部参照．

[53] 『蔵漢大辞典』p. 1778 参照．川越 2005b, p. 131, n. 43 によれば，この乃東県は，ロカ（lHo kha）13県の一つで，頗章区（Pho brang chus）はロカの都ツェタン（rTse thang）から約 20km 南に下った地区である．

通り，2003年に中国の民族出版社から活字本（以下，民族出版社本, abbr. M）として出版されたことにより，ようやくその内容が公にされた．

この『パンタンマ目録』の写本は，同活字本の編者によれば，「一腕尺の古写本（phyag bris ma'i dpe rnying khru gang ma[54]）」である．写本中には，写本作成者によるテキストの修正が幾分含まれており，赤字と黒字の二色の文字で傍註（mchan）が付されていることが口絵に掲載されている写本の影印から確認される．さらにこの傍註とは別に，前書きと奥書きには，写本作成者自身により，底本（ma dpe）となった「大巻子本（shog dril chen po）」の上下に描かれた図像について詳しく解説されている．同編者は，写本に，dharma; shu log; ti ka 等の古い表記が残されているところから，写本の筆写年代をサキャ政権時代の十三，十四世紀頃のものと考証している[55]．この古写本の底本となった大巻子本については，同編者の解説はなく委細は不明であるが，インド由来のペチャ本（貝葉本）ではなく，中国由来の巻子本という形態であること，さらに，その前書きには，巻子本に付された肖像画の解説が見られるが，そこには，カマラシーラ（Kamalaśāla）と並び，和尚摩訶衍（hwa shang Ma hā ya na）が「禅の大和尚」として記されているところから[56]，恐らくは，摩訶衍の活動拠点でありその影響下にあった敦煌で九世紀後半頃に作成された前伝期由来の極めて古い写本と推定される[57]．ここから『パンタンマ目録』には最低でも二つの写本があったことが確認される．

- 大巻子本［下記古写本の底本．現存不明．9世紀後半頃に敦煌で作成（？）］
- 一腕尺の古写本［民族出版社本の底本．現存．13-14世紀頃作成（？）］

この写本の表題と前書き，奥書きの部分は，民族出版社本の表紙及び口絵掲載の影印から確認できる．写本は，影印から確認される限り，一フォリ当たり，凡そ8行で，明瞭なウメ書体により記されており，合計27フォリオ（1a-27a8）からなる．同書に掲載されて

---

54 khru ないし khru gang ma は，『蔵漢大辞典』によれば，肘先から小指の第一関節までの長さを指す（同 p. 286）．英語の cubit にほぼ相当する長さの単位．ここでは「腕尺」と訳しておく．

55 以上の諸情報については，民族出版社本序文 p. 2 参照．

56 『パンタンマ目録』p. 2.10-12; Ms. 1b5: ... rig[s] pa'i gnas ma lus pa la mkhas pa chen po paṇ ṭi ta Ka ma la śī la/ bsam gtan gyi mkhan po chen po hwa shang Ma hā ya na/ ... 「五学処全てに通達した大学者軌範師カマラシーラ，禅の大和尚である和尚摩訶衍」　ここで和尚摩訶衍は「禅の大和尚」と評されており，決して，否定的な扱いを受けておらず，カマラシーラと並ぶ大学者として描かれている．このことは，この大巻子本の由来を示唆するのみならず，和尚摩訶衍の位置付け関する従来の解釈に見直しを促すものである．この肖像画の解説は，本稿で扱う余裕がないので，稿を改めて検討する．

57 例えば，西岡 1985, p. 381 によれば，沙州（敦煌）で写経された『無量寿宗要経』の写本は，657点残されているが，数点の例外を除き全て巻子本であり，巻子本が敦煌で一般的に使用されていた写本の形態であったことが明らかとなっている．またもし筆者のこの考証が妥当であれば，吐蕃期の大蔵経目録が敦煌にも伝わっていたことを示す重要な証左となる．『デンカルマ目録』は敦煌文書に確認されないので，その点で対照的である．

いる写本の影印は，表題と前書き全文（1a-2a6）及び目録冒頭部分（2a6-2b8）と目録末尾の部分（26a1-27a5）と奥書き全文（27a5-27b8）である．表題，前書きと奥書きの全文が全て写本で確認できるので，本稿でも民族出版社本と共に併用する．

この写本は，併載されている『二巻本訳語釈』の写本と比べてみると，本文の書体は異なるが，使用された紙葉は非常に類似しているように見える．但し，『二巻本訳語釈』の写本には，表紙にデプン寺十六羅漢堂の整理番号が付されているのに対して，この『パンタンマ目録』の写本の表紙には，それが付されていない．その点から判断すると，この『パンタンマ目録』の写本は，デプン寺十六羅漢堂のコレクションの一つではない．写本の由来については，民族出版社本の前書きには情報がなく委細不明であるが，写本の現物は，現在，ラサの西蔵博物館に展示されている模様である．

民族出版社本の校訂註記（同序文 p. 4）によれば，同本は写本の読みを可能な限り忠実に転写したものであり，修正を要する箇所は，角括弧で本文中に示すとある．但し，写本の影印から確認される傍註（mchan）の処理については何も註記されていない．民族出版社本と口絵の写本影印を比較対照すると，欄外に記された傍註は，民族出版社本では，本文より幾分小さいフォントで記されているので，原則的には識別可能である．しかしながら，問題は，実際には傍註であるにも関わらず小さいフォントで記されていない箇所が多数散見するので[58]，その箇所は傍註と本文を区別できず，本文の読みに疑念を残すことである．その点がこの活字本の最大の問題点となっている．

他方，川越英真は，前述したように，2005 年に，この民族出版社本をローマ字に転写

---

[58] 参考までに，本稿で扱った前書きと奥書きの部分で，写本（口絵影印）から確認される傍註の位置と民族出版社本の対応箇所及び傍註表記の有無を一覧で示しておく．

写本	傍註部分	民族出版社本	傍註表記の有無
1b1	rgyab na ... langs pa gcig	2.3	小フォントで表記
1b5	sangs rgyas bdun po ... re snang	2.12f.	本文と区別なし
1b6	ste bdun po bzhengs par	2.15	本文と区別なし
1b7	'di'i rjes la ... gcig snang	2.18.	小フォントで表記
2a3	bstan po khri ral pa can ... ces pa'ang snang	3.5f.	小フォントで表記
27a1	grong khyer ... byed cig ces	66.12-14	本文と区別なし
27a2	skad gsar bcad	66.16	本文と区別なし
27a2	ral pa can	66.17	本文と区別なし
27a8	ces [注．byas pa の直後の ces*]	67.14	本文と区別なし

＊ この ces は傍註ではなく，書き漏らしを欄外に記したものかもしれないが，採録しておく．

前書き及び奥書きには，九カ所の傍註が見られるが，そのうち，民族出版社本で，小さいフォントで地の文から区別して表記している箇所は僅か三カ所のみであり，残りの六ヶ所は地の文と同じフォントで記されており，本文と区別が付かない．他の箇所も推してはかるべきである．

し，目録番号及び詳細な註記と，『デンカルマ目録』・『パンタンマ目録』・『プトゥン目録』の対照一覧を付したテキストを出版した（川越 2005a）．本稿で使用する『パンタンマ目録』番号は，同目録番号に依拠する．ただ残念ながら，口絵に付された写本影印は参照していない模様であり，その情報は全く反映されておらず，民族出版社本と同様に，傍註の処理に問題を残す．

以上，『パンタンマ目録』の書誌情報を概観した．ここに参考までに，口絵に付された写本影印，民族出版社本，川越本（川越 2005a）の対照表を挙げておく．項目内の数字は頁数を表わす．

内容	写本（口絵影印）	民族出版社本	川越本
表題	1a	1	5.22-24
前書き（付加*）	1b1-8	2	5.25-6.10
前書き（本来*）	2a1-6	3.1-14	6.10-22
本文	2a6-2b8	3.15-6.5	6.23-8.12（K1-33）
本文	未掲載（3a1-25b8）	6.6-62.18	8.12-44.19 (K33-919)
本文	26a1-26b5	62.19-65.2	44.19-45.34 (K919-959)
奥書き（付加*）	26b5-27a8	66-67	46

*前書きには，『パンタンマ目録』本来のものと後代の付加の二つがある．委細は後述する．

全 27 フォォリオのうち，口絵掲載の写本影印は，1ab, 2ab, 26ab, 27a の四フォリオのみで，残りの 23 フォリオは掲載されていない．但し，民族出版社本には，頁左端に各フォリオ番号が付されているので，写本の対応箇所だけは確認出来る．

(2)『パンタンマ目録』の表題

まず，第一フォリオには，写本中央に四角の枠を設けて，その枠中に，'phang thang dbu' phyogs so[59]と記されており，その下部には，以下の表題が記されている．

「昔時，ヤルルンのパンタン・カメ［宮殿］に安置されていた顕教を主とする経論の目録にして，法王・翻訳師・パンディタ達により編纂されたもの（*sngon dus Yar lung*[60] *'Phang thang ka med na bzhugs pa'i bka' bstan bcos mdo phyogs gtso che ba'i dkar chag chos rgyal lo pan rnams kyis [b]sgrigs pa*/）」

59 dbu' phyogs の語義が判然としない．表紙ないし冒頭部の意味か．この写本の読みについては，井内真帆氏を通じて，ケンポ・ジャムロ氏のご教示を得た．両氏には記して感謝の意を表する．

60 民族出版社本では，lungs と表記されているが，写本では，lung と記されている．

この表題は，その内容から判断して，『パンタンマ目録』の本来の題目ではなく，明らかに後代の者によって付けられたものである．そのことは，表題中の「昔時」という語から明らかであり，この表題を記した人物にとり，この『パンタンマ目録』は，同時代ではなく昔時に編纂されたものであった．恐らくは，この古写本作成時（13-14 世紀頃）に付加されたものであろう．この表題から『パンタンマ目録』というのは，ヤルルンのパンタン・カメ宮殿に安置されていた経論の目録であり，それは顕教経論を主とするものであったことが分かる．「顕教を主とする」と云うのは，当時は密教経論の訳出が厳しく制限されていたため，翻訳仏典は顕教経論が中心であったためである．なお，編者として特定の個人名を出していない点で，『デンカルマ目録』の表題とは対照的である．

(3) 現行の『パンタンマ目録』の前書きと奥書き[61]

現行の『パンタンマ目録』の前書きは，大きく前半部分と後半部分に分けられる．このうち，前半部分は，この「一腕尺の古写本」の底本となった「大巻子本の上部（shog dril chen po'i stod）」（M p. 2.18f.; Ms. 1b7f.）に描かれた一連の肖像画に関する解説となっているが，これは明らかに本来の『パンタンマ目録』の前書きではなく，古写本作成者が，底本とした大巻子本の解説として付加したものである．それ故，それは『パンタンマ目録』の本体からは除外して考える必要がある．他方，その後半部分は，まさに『パンタンマ目録』本来の前書きとなっている．このように，現行の『パンタンマ目録』の前書きは，目録本来の前書きに後代の付加分が追加された二重構造となっていることに留意する必要がある．

これに対して，奥書きは，「大巻子本の下部（shog dril chen po'i smad）」（M p. 67.4; Ms. 27a5）の解説と阿毘達磨七部論書（Chos mngon pa sde bdun）の解説の二つの部分からなる．そのうち大巻子本の下部に描かれた肖像画の解説は，前書き前半部に示された大巻子本の上部の解説の続きとなっており，併せてそこに描かれた肖像画全体の解説となる．他方，阿毘達磨七部論書の解説は，書名と著者を列挙しただけであり，何故にこの部分に付されているのか定かではないが，それについては，大巻子本の肖像画の解説と併せて，稿を改めて検討することにしたい．何れにせよ，これもまた，『パンタンマ目録』本来の部分から除いて考える必要があり，それ以外に，現行のテキストには，『パンタンマ目録』本来の奥書きは見出されない．端的には，現行のテキストを見る限り，本来の『パンタンマ目録』には，前書きのみがあり，その奥書は当初から付されていなかったものと推定される．纏めるならば，以下の通りである．

---

[61] 現行の『パンタンマ目録』の前書きについては，既に，川越 2005b, pp. 124-125 に解説が見られ，『パンタンマ目録』本来の前書きの部分の和訳も提示されている．

- 前書き［M pp. 2.1-3.14; Ms. 1b1-2a6］
  1．大巻子本の上部に描かれた肖像画の解説（古写本作成者による付加分）［M p. 2.1-20; Ms. 1b1-8］
  2．『パンタンマ目録』本来の前書き［M p. 3.1-14; Ms. 2a1-6］
- 奥書き［同 pp. 66.1-67.16; Ms. 26b5-27a8］
  1．大巻子本の下部に描かれた肖像画の解説（同付加分）［M pp. 66.1-67.5; 26b5-27a6］
  2．阿毘達磨七部論書の解説（同付加分）［M p. 67.6-24; Ms. 27a6-8］
  3．廻向文（同付加分）［M p. 67.15-16; Ms. 27a8］
  注．『パンタンマ目録』本来の奥書きはなし．

後代の付加部分は前書き以外にもかなり認められ，それと目録本体を分離させる作業が必要となっている．本稿では，『パンタンマ目録』本来の前書きのみを取り上げ分析することとして，残りの付加分については，稿を改めて検討することにしたい．

(4)『パンタンマ目録』前書きの解説

『パンタンマ目録』前書きの全文の翻訳は以下の通りである．

「(I.) チベット国において，仏法（dharma，仏典）である大乗及び小乗の経蔵と，大小の陀羅尼と，経蔵の註釈（経疏）と，律と，大小の論書と，論書の註釈（論疏）等[62]，始終（snga slad du，絶え間なく）翻訳され大校閲［により］決択されたものの書名と巻数と頌数は，［仏典を］翻訳した際には，［それらを記した］標札（byang bu zhig）があったが，［まだ］決択されておらず，

(II.) 後に（slad kyis），戌年に（khyi lo la[63]），パンタン宮殿にいらっしゃった翻訳師長大徳ペルツェク（ston</> sgra bsgyur gyi bla ban dhe dPal brtsegs）と大徳チューキニンポ（ban dhe Chos kyi snying po）と翻訳師大徳デーヴェーンドラ（Lo tsa ba ban dhe De ben tra）と大徳ルンポ（ban dhe lHun po）等の御前に（g-yar sngar），翻訳され大校閲が完了した仏典の一冊の古い書名簿（＝目録）（dhar ma bsgyur zhing zhu chen bgyis pa'i mtshan byang rnying zhig）あったので，［それを］基（＝底本）

62 『デンカルマ目録』にも同様の記述がみられるが，『デンカルマ目録』のものはより詳しい．即ち，「大乗及び小乗の経典，大小の陀羅尼，百八名号，讃歌，誓願，吉祥，律部，経疏，中観論書，禅定文類，唯識論所，論理学書等」．これは同目録の概要（目次）を示すものである．

63 写本傍註に「贊普ティ・レルパチェン王がヤルルン東部のパンタン・カメ宮殿にいらっしゃった秋（ston）と云う［説］も見られる」と記されている．この傍註では，bzhugs pa（いらっしゃる）という動詞の主語として，ティ・レルパチェンを補足し，ston という語を「秋」と解釈しているが，後代に起こった解釈と考える．この箇所の解釈については後で検討する．

にして（gzhir bzung ste），

（III.）部門毎に（sgo sgo na[64]），書名（mtshan byang[65]）があるもの［は，それ］とも照会し（gtugs），［実物の］仏典とも照合して（bstun nas），一部の仏典に［異なる］二つの書名［があるもの］は順次に（＝異なる時に）訳されたものであっても除去し[66]，以前に［古い書名簿に］含まれていないものは何であれ［訳出されて］あるものは追加して，チベット国において翻訳され大校閲が完了した仏典の書名と巻数と頌数を決択して，目録原本（dkar chag bla dpe）として記した．」（M p. 3.1-14; Ms. 2a1-6[67]）

この記述こそが，『パンタンマ目録』の本来の前書きであることは疑いないが，この短い記述の中からも多くの興味深い事実を抽出することが出来る．その点を示す為に，便宜上，この前書きをI.-III.の三つの部分に大別して，以下，考察を加えていきたい．

まず第一に，第一部（I.）において示されているように，この『パンタンマ目録』を編纂するに際して，それ以前に翻訳され大校閲が完了した仏典があり，その書名や巻数等を記したbyang buがあったことが分かる．このbyang buという語が何を意味するかが問題であるが，『蔵漢大辞典』によれば，shing dang ras shog sogs gru bzhi nar mor dras pa'i tshal bu（木や布・紙等を四角に連続して裁断した小片）を意味し（同 p. 1873），「標札」「名札」「標識」，ないし，「タグ」を指す語である．チベットの貝葉体のテキスト（dpe cha，ペチャ）は，通常，ペレ（dpe ras）と云われる布に包んで保管されるが，外部からはその中身

[64] sgoという語の原義は「門」であるが，ここでは文脈から，「部門（sde tshan）」の意味で解しておく．具体的には，現行の『パンタンマ目録』や『デンカルマ目録』に見出されるように，般若経類や方広経類（華厳経類），大宝積経類等の各部門を含意する．

[65] 直前のmtshan byangは，「書名簿」の意味と解されるが，文脈から判断して，ここでは「書名」の意味で用いられていると解しておく．恐らくは，前出の標札（byang bu）に記された書名か，あるいは，標札そのものを指すものと推察されるが，この点，定かではなく検討課題である．文意は，上述の作業用の古い書名簿に基づき，各テキストに付された書名と付き合わせて，書名簿に記載されている書名が正しい書名かチェックする作業を意味するかと思われる．ちみなに，川越 2005, p. 125では，この語は直前のmtshan buと同様に「典名」と訳されている．

[66] 恐らくは同一のテキストの異訳が二つあった場合には，一方を目録上から除去したという意味．

[67] Bod khams su dha rma theg pa che chung gi mdo sde dang/ gzungs che phra dang/ mdo sde'i ti ka dang/ 'dul ba dang/ bstan bcos che phra dang/ bstan bcos kyi ti ka [2a2] lasogs pa snga slad du bsgyur zhing zhu chen [gyis] gtan la dbab pa'i mtshan dang/ bam po dang/ shu log gi grangs sgra sgyur pa na byang bu zhig mchis pa gtan la ma phab nas/ slad kyis khyi [2a3] lo *pho brang 'Phang thang na bzhugs pa'i ston</> sgra sgyur gyi bla ban dhe dPal brtsegs dang/ ban dhe Chos kyi snying po dang/ lo tsa ba ban dhe De ben tra dang/ ban dhe lHun po lasogs [2a4] pa'i g-yar sngar dha rma bsgyur zhing zhu chen bgyis pa'i mtshan byang rnying zhig mchis pas gzhi bzung ste/ sgo sgo na mtshan byang mchis pa dang yang gtugs/ dha rmar yang bstun nas/ [2a5] dha rma sde gcig la mtshan nyis rim du gyur pa yang phyung/ sngar ma chud pa ci mchis pa bsnan nas/ Bod khams su dha rma bsgyur zhing zhu chen bgyis pa'i mtshan dang/ bam [2a6] po dang/ shu log gi grangs gtan la phab ste dkar chag bla dper bris pa// ＊欄外に以下の傍註が付されている．btsan po Khri ral pa can Yar lungs shar phyogs kyi pho brang 'Phang thang ka med na bzhugs pa'i ston ces pa'ang snang

を確認することが出来ない．そこで，そのテキストの書名（ないし略称）や巻数等を記した四角い標札をペチャの前面部のペレに差し挟んで外部からその中身を確認することが出来るようにするが，その識別用の標札（タグ）を意味するものと推察される[68]．そして，この各テキストに付された標札（byang bu）には各仏典の書名と巻数と頌数は記されていたが，まだその内容は確定されたものではなかった．

その後，第二部（II.）に示されるように，戌年に，パンタン宮殿に翻訳師長ペルツェク等がいた際に，同宮殿には「翻訳され大校閲が完了した仏典の一冊の古い書名簿（mtshan byang rnying zhig）」あった．ここに「書名簿」と訳したmtshan byangという語は，ming byangの敬語であるが，『蔵漢大辞典』には，ming byangの語義として，（1）テキストの標題／書名（dpe cha'i kha byang）と，（2）名簿（ming tho）の二義が記載されている（同p. 2096）．ここでは，文脈から判断して，後者の語義で解釈しておく[69]．そして，その書名簿（書名目録）は，まだ書名・巻数・頌数が未決択であった作業用の訳経論目録に他ならない．ここから『パンタンマ目録』には，底本とした作業用目録が存在していたことが確認される．この「一冊の古い書名簿」は，現存する資料に依る限り，作業用とは言え，最も古いチベット大蔵経目録に相当するが，その存在が，『パンタンマ目録』の前書きから確認された事実は，チベット大蔵経編纂史において極めて大きな意義があると言えよう．これを便宜上，「祖型目録」と称しておく．これが『パンタンマ目録』の底本である．

続く第三部（III.）には，『パンタンマ目録』の編纂方針が明記されている．即ち，その古い目録に記載されている書名と巻数と頌数を，再度，前述の標札（byang bu）や実物のテキストと照合して再チェックし，その際，同一のテキストに異なる書名が付いているものは，たとえそれが異なるときに訳出された異訳であっても目録から除去し，さらに，その旧書名簿以後に新規に訳出されていた仏典があれば，それを目録に追加して，大校閲が完了しているものの書名と巻数と頌数を決択して，「目録原本（dkar chag bla dpe）」として記したものが，この『パンタンマ目録』に他ならない．

以上の記述から，この『パンタンマ目録』は，大校閲が完了したものの書名と巻数と頌数を新たに決択して記載した目録であり，それ以外に，大蔵経編纂に際して見取り図として事前に作成された作業用目録ではないことが確認されたことになる．

---

[68] 他の可能性としては，後続の「一冊の古い書名簿」を含意している可能性もあり，些か疑念を残す．ここでは，暫定的に上記の解釈を取っておくが，この点は検討課題である．

[69] 『太陽光目録』には，この『パンタンマ目録』の記述のパラフレーズが見られるが，そこでは，この語は'gyur byang rnying pa（古い翻訳帳簿）と換言されている（同p. 115.7）．また，『デンカルマ目録』の奥書きには「書名目録（mtshan byang dkar chag）」（芳村1950, p. 117.7）という表現が見られるが，それと同様の意味である．川越は，この語を「典名」と訳しており，「書名簿」の意味で捉えていないが（川越2005b, p. 125），従わない．

他方，この目録の編者については，前書きには，翻訳師長である大徳ペルツェク等の四人の人物の名前が列挙されているが，彼らは，この前書きを見る限り，『パンタンマ目録』の編者としては記されていないことに留意する必要がある．即ち，戌年に，パンタン宮殿にペルツェク等がいらっしゃた際に，その御前に（g-yar sngar），この古い帳簿が一つあったという以外，彼らがこの目録編纂作業に実際に携わったということは，ここには述べられていない．むしろ，ペルツェク等に対して「いらっしゃった（bzhugs pa）」という敬語が使用されているところから，この前書きの著者にして目録の編者である人物は，ペルツェク等とは別人であり，かつ，ペルツェク等に対して敬語を使用する立場の人間，具体的には，この翻訳師長の下で目録編纂の実務を担当していた人物であることが推定される．それ故，この『パンタンマ目録』の編者は，厳密に言うならば，ペルツェク等ではなく，彼らの部下の或る者（達）ということになる．但し，ペルツェク等は実際にこの目録編纂の実務に携わらなかったにせよ，翻訳師長（ston sgra bsgyur gyi bla）としてその編纂作業を指揮する立場にあったことは疑いないので，その意味で，ペルツェク等をこの『パンタンマ目録』の編者と見做すことは必ずしも誤りであるわけではない．

ちなみに，前書きによれば，戌年にパンタン宮殿にいらっしゃったペルツェク等の御前にこの古い帳簿があったという以外，パンタン宮殿に翻訳仏典があったとは明記されていない．それ故，厳密に言うならば，パンタン宮殿にあったのは帳簿だけで，大蔵経は別の場所に保存されていた可能性も皆無ではない．ただ，実際にそれを翻訳仏典の実物と照合していることを鑑みるならば，帳簿のみならず，仏典もまたパンタン宮殿に保存されていたと考えるのが自然であろう．今はそれを否定する積極的根拠がないので，パンタン宮殿には帳簿と大蔵経の両者が保存されていたと考えておきたい．

それ故，纏めるならば，「戌年に，パンタン宮殿にあった一冊の古い書名簿（＝作業用目録）を底本として，翻訳師長ペルツェク等の指揮の下に，彼の部下の或る者（達）が，それを同宮殿に安置されていた翻訳仏典の実物と照合し，大校閲済みのテキストの書名と巻数と頌数を決択して，目録原本として編纂したもの」が，この『パンタンマ目録』であると規定できる．

- 編纂年：戌年（khyi lo）
- 編纂者：翻訳師長大徳ペルツェク，大徳チューキニンポ，翻訳師大徳デーヴェーンドラと，大徳ルンポ等の指揮の下で，身元不明の前書き作成者（達）が編纂
- 編纂対象：当時パンタン宮殿に安置されていた大校閲完了済みの翻訳仏典
- 底本：パンタン宮殿にあった一冊の古い書名簿（mtshan byang rnying zhig）［＝

祖型目録］

- 編纂物：目録原本（dkar chag bla dpe）［＝『パンタンマ目録』］

ここで一点留意すべきは，この『パンタンマ目録』には，大校閲未了の典籍と翻訳未完の典籍もまた目録末尾に掲載されていることである．この前書きによれば，この目録原本には，「大校閲完了済み」の典籍のみが記載されているはずなので，その点を如何に解釈するべきかということが検討課題として浮上してくる．

この点について注目すべきは，『パンタンマ目録』には，前書きは付されているが，奥書がないことである．奥書が有るべき箇所には，前書き前半部同様に，巻子本に描かれた肖像画の解説が見いだされるほか，編纂の由来と完結を示す奥書が欠けている．一般に，チベット人の著作は奥書を記すことにより完結するので，奥書がないということは，この目録が未完であることを示唆している．恐らくは，前書きを記してこの目録編纂作業を開始したが，何らかの不慮の事態により作業が頓挫してしまい，完遂しなかった可能性が高い．それ故，奥書きが記されず，さらに本来ならば，最終的に目録からは除かれるべき大校閲未了の典籍と翻訳未完の典籍の一覧もまたこの目録に残存してしまったのである．

さらに問題は，この編纂年とされる「戌年」が何時に同定されるのかということであるが，これをこの前書きの情報のみから確定することは不可能であり，『デンカルマ目録』の編纂事情と併せて考える必要がある．そこで，次に『デンカルマ目録』の編纂事情に考察を移そう．

4．『デンカルマ目録』の編纂事情

(1)『デンカルマ目録』の前書き

『デンカルマ目録』の前書きの全訳は，以下の通りである．

「(I.) 一切智者に帰敬します．

(II.)「『十万頌般若』等，チベット王国において翻訳された全ての正法（＝仏典）の書名目録 (mtshan byang dkar chag) を記せ」と仏統会議 (bcom ldan 'das kyi ring lugs kyi 'dun sa) から［命じられたので］,

(III.) 辰年（'brug gi lo）に，デンカル宮殿にいらっしゃた翻訳師大徳ペルツェク（ston</> sgra sgyur gyi bande dPal brtsegs）と大徳ルイワンポ（bande Klu'i dbang po）等が（→等の御前に[70]），正法である大乗及び小乗の経蔵と，大小の陀羅尼と，百八名号と，讃歌と，誓願と，吉祥と，律蔵と，経蔵の註釈（経疏）と，中観論書と，

[70] 現行の... la sogs pas という読みを ... la sogs pa'i g-yar sngar に訂正する．その根拠は後述する．

禅定文類と，唯識論書と，論理学書等，チベット国において翻訳された全ての正法の書名と巻数と頌数としてあったものを決択して，文字に記した.」(『デンカルマ目録』p. 117f.[71])

この『デンカルマ目録』の前書きは，先に訳出・検討した『パンタンマ目録』の前書きと比較対照するとき，幾つか顕著な特徴が確認される．まず第一に，ここでは帰敬文（mchod brjod kyi gzhung）が見いだされることを指摘しておく必要がある．一般にチベットでは，仏典を記す際には，帰敬文を冒頭に立てるのが通例であり，しかも，三蔵の如何に応じて帰敬の対象が定まっている．即ち，経蔵は増上定学を主題とするので，仏陀と菩薩を帰敬の対象とし，律蔵は増上戒学を主題とするので，一切智者を帰敬の対象とし，論蔵は増上慧学を主題とするので，文殊菩薩に対して帰依するのが通例となっている．それに従えば，ここでは一切智者に対して帰敬しているので，これは律蔵に属する仏典と考えられていたことになる．これに対して，『パンタンマ目録』の前書きには，この帰敬文が欠けているので，その点を如何に解釈するのかということが一つの検討課題となる．

第二に，ここでは，著作請願者が明記されている点が顕著な特徴である．即ち，この『デンカルマ目録』は，ここに明記されている通り，「仏統会議」の命令により編纂されたものである．仏統会議とは，既に考察したように，ティデ・ソンツェン王の時代に，『二巻本訳語釈』の改訂作業と軌を一にして組織された吐蕃期仏教界の首脳組織である[72]．『パンタンマ目録』には，この著作請願者が明記されていなかったので，それが如何なる経緯で編纂されたものであるのか全く不明であるの対して，この『デンカルマ目録』ではその点が明記されている．同時に，この『デンカルマ目録』の編纂を命じたのが，仏統会議であって，チベット国王たる賛普ではないことは，これまで先学により等閑視されてきた点であるが，『デンカルマ目録』の編纂年代を考証する上で，極めて重要な事実である．この事実は，著作請願者としてティデ・ソンツェン王の名を明記する欽定訳語集『二巻本訳語釈』の事例を見るならば，非常に対照的かつ示唆的である．即ち，このことは，『デンカルマ目録』や『パンタンマ目録』の編纂が，欽命によって制定された『二巻本訳語釈』の

[71] thams cad mkhyen pa la phyag 'tshal lo// *Shes rab kyi pha rol tu phyin pa 'bum* la sogs te/ Bod kyi rgyal khams su dam pa'i chos 'gyur ro 'tshal gyi mtshan byang dkar chag bris shig ces bcom ldan 'das kyi ring lugs kyi 'dun (P; mdun D) sa nas/ 'brug gi lo la pho brang lDan (P; lHan D) dkar na bzhugs pa'i ston/ sgra bsgyur gyi bande dPal brtsegs dang/ bande Klu'i dbang po la sogs pas (read: pa'i g-yar sngar?) dam pa'i chos theg pa che chung gi mdo sde dang/ gzungs (D; gzugs, sic, P) che phra dang/ mtshan brgya rtsa brgyad dang/ bstod pa dang/ smon lam dang/ bkra shis dang/ 'dul ba'i sde snod dang/ mdo sde'i ṭī kā dang/ dbu ma'i bstan bcos dang/ bsam gtan gyi yi ge dang/ rnam par shes pa'i bstan bcos dang/ tar ka'i gzhung la sogs pa Bod khams su chos 'gyur ro 'tshal gyi mtshan byang bam po dang shlo ka'i grangs su (D; du P) mchis pa gtan la phab nas yi ger bris pa//（芳村 1950, pp. 117-118; P 352b6-353a2; D 294b6-295a2） この前書きは，原田 1982b, p. 608（全訳）; 羽田野 1983, p. 328（抄訳）に訳出されている．

[72] 仏統会議及び仏統を始めとする吐蕃期仏教界の組織形態については，西沢 2017, pp. 115-123 参照．

場合とは全く異なる事情によるものであることを示唆しているからである．その意味については，後で検討しよう．

第三に注目すべきは，『デンカルマ目録』の編者についてである．これまで先学により，『デンカルマ目録』の編者について，それがペルツェクとルイワンポ等であることについては疑われることはなかった．実際，両者の名前は，前書きのみならず，現行の『デンカルマ目録』の表題に編者として明記されており，同様の記述はチベット史書にも多数見出されるので，自明のこととされてきたのである[73]．しかるに，『パンタンマ目録』の前書きと比較対照するならば，必ずしも，ペルツェク等は編者としてここで言及されているわけではないのではないかという疑念が生ずるのである．その点を鑑みる為に，『パンタンマ目録』の前書きから関連箇所を抜粋して，『デンカルマ目録』の前書きと比較してみよう．

> 「・・・後に，戊年に，パンタン宮殿にいらっしゃった翻訳師長（... la bzhugs pa'i ston</> sgra sgyur gyi bla）大徳ペルツェク・・・等の御前に（g-yar sngar），翻訳され大校閲が完了した仏典の一冊の古い書名簿（目録）あったので，［それを］基（＝底本）にして，・・・チベット国において翻訳され大校閲が完了した仏典の書名と巻数と頌数を決択して，目録原本として記した．」

この『パンタンマ目録』の前書きにおいても，『デンカルマ目録』の前書きと同様の構文が見られ，同じくペルツェク等の一連の翻訳師の名前が列挙されているが，しかし，それは，この目録の編者として挙げられたのではなく，単に，ペルツェク等がパンタン宮殿にいらっしゃった際に，彼らの御前（g-yar sngar）に，この目録の底本となった古い書名簿があったということを示しているに過ぎない．そして，同前書き末の「目録原本として記した」の主語は，『パンタンマ目録』においては明記されていなかった．それをペルツェク等の下で目録編纂の実務と前書きの執筆を担っていた或る者（達）と考証したのは前述の通りである．それと全く同様のことが，この『デンカルマ目録』の場合にも言えるのではないであろうか．

その点に関連して，二点程，検討課題を立てておきたい．それは以下の通りである．

1．両目録に見られる，... bzhugs pa'i ston/ sgra sgyur gyi ... という一文中の ston という語の後に付されたシェーについて

---

[73] その代表格が，北京版系統の版本の表題である．この表題は後代の付加であるが，そこには，ペルツェク等が目録の編者として明記されている．即ち，*pho brang sTong thang lDan dkar gyi bka' dang bstan bcos 'gyur ro cog gi dkar chag dPal brtsegs dang Nam mkha' snying pos mdzad do//*（北京版 352b5; ナルタン版 337b6; 金写版 433a）．他方，デルゲ版系統の版本の表題には，このペルツェク云々の箇所がない．即ち，*pho brang sTod thang lHan dkar gyi chos 'gyur ro cog gi dkar chag*（デルゲ版 294b6; チョーネ版 299b7）．なお北京版系統の表紙には，前書きに言及されたルイワンポの代わりに，ナムカニンポ（Nam mkha' snying po）の名前を記している点が留意される．

2．『パンタンマ目録』では，一連の翻訳師名を列挙したあとに，... la sogs pa'i g-yar sngar（等の御前に）と記されている箇所で，『デンカルマ目録』では，... la sogs pas（等により）と具格助辞が付されている点について

まず最初のstonという語の後に付されたシェーについて検討しよう．現行のテキストの通り，シェーを入れて，ston の直後で区切るならば，幾つか問題点が生ずることになる．即ち，まず第一に，この stonという語は，「秋（ston ka）」という季節を意味するとしか解釈できないが，問題は，この語が両目録で全く同じ構文で用いられていることである．果たして，この両目録は共に秋に編纂されたのであろうか．あるいは，そもそも，この前書きに秋という季節を述べる必要性があるのであろうか．この点について大きな疑問が生ずる．さらに，第二の疑問としては，このシェーが入る前までの文章は，「辰年に，デンカル宮殿にいらっしゃった秋」という文章になるが，この「いらっしゃる（bzhugs pa)」という動詞の主語が記されていない不自然さがある．つまり，肝心の誰がいらっしゃるのかということが明記されていないのである．また，第三の疑問点は，続く sgra bsgyur gyi という語がチベット語の語形として極めては破格的になることである．通常では，sgra bsgyur ba'i となるはずであり，ba'i の代わりに gyi を使用する理由が見当たらない．

そこで，このシェーを外すならば，上述の疑問は全て解消されることになる．即ち，ston sgra bsgyur gyi は，ston pa sgra bsgyur ba'i の省略形であり，二つの pa/ba を省略した形が，ston sgra bsgyur gyi という語形である．gyi が使用されるのは連声上の理由による．この場合，この語は，「語を翻訳する法師（ston pa)」，即ち，翻訳師の意味となり，文脈的にも合致する．さらに，この場合には，bzhugs pa という動詞の主語は，後続のペルツェク等であることになり，主語がないという問題も解消される．即ち，「辰年にデンカル宮殿にいらっしゃった翻訳師ペルツェク等」という文意になる．この場合，ston は，「秋」という意味ではなく，ston pa（法師）の省略形であり，ペルツェク等が翻訳師であることを示す語となるので，第一の疑問点も解消される．以上の理由から，このシェーは本来なかったが，後になって何らかの理由により付加されたものであり，除去すべきと解釈する[74]．

そこで次に問題となるのは，何故にこの位置にシェーが付加されたのかという問題である．この点については，『デンカルマ目録』の後続の文章を見るならば，自ずと解決の鍵を得ることが出来る．即ち，文末に見られる yi ger bris pa（文字に記した）という動詞と

[74] 両目録に見出されるこの ... ston/ sgra bsgyur gyi ... の箇所は，原田 1982b, p. 608 では，「lDan dkar 宮殿に座した秋，語を翻訳する尊者」，羽田野 1983, 328 では，「宮殿デンカルにおわしました師 Sgra-bsgyur の大徳」，川越 2005b, p. 125 では，「パンタン宮殿にお住まいの時，翻訳の師長」と訳されている．この中では，羽田野のみが正しく「師」と理解している．但し，sgra bsgyur を訳さずに転写しており，この語を師の名前を示す固有名詞と誤解している模様である．

の結び付きが問題となってくるのである．つまり，構文的に見て，その動詞の主語となるのは具格助辞で示されたペルツェク等以外には考えられないが，この場合，この目録の編纂者にして前書きを記した人物はペルツェク等であることになり，ペルツェク等が自分自身に対して「いらっしゃった」という敬語を使用していることになる．その点に齟齬が出るので．後代の或る者はこの箇所に意図的にシェーを入れて解決を図ったと推定される．

しかるに，『パンタンマ目録』の前書きの構文と比較対照した場合，「翻訳師ペルツェク・・・等により（la sogs pas）」という具格助辞の読みは果たして本当に正しいのかという根本的な疑問が出てくる．そこから上記の第二の検討課題が浮上してくるのである．端的には，この具格助辞は誤りであり，本来は，『パンタンマ目録』の平行箇所に見られるように，「ペルツェク・・・等の御前に（g-yar sngar）」と読むべきではないか．この想定の下に，『デンカルマ目録』前書きの（III.）の部分に修正を入れて基本構造を抜き出すならば，以下のようになる．

「辰年に，デンカル宮殿にいらっしゃた翻訳師大徳ペルツェク・・・等の御前に（g-yar sngar），・・・全ての正法の書名と巻数と頌数としてあったものを決択して，文字に記した」

即ち，辰年，デンカル宮殿にいらっしゃったペルツェク等の御前に翻訳仏典があり，その書名や巻数等を決択して目録として記したものが，この『デンカルマ目録』であることになる．この場合，『パンタンマ目録』の場合と同様に，この『デンカルマ目録』を編纂しこの前書きを記した人物は，ペルツェク等ではなく，文中に名前が記されていない或る者（達）であることになる．無論，その場合にも，ペルツェク等は，この目録編纂作業を指揮する立場にあったと推定されるので，その意味で，ペルツェク等を『デンカルマ目録』の編者として立てることは誤りではない．しかし，実際にその実務を担い，この前書きを記したのは，『パンタンマ目録』編纂の場合と同様に，恐らくは，身元不明の彼の部下（達）であったと結論できる．少なくても，この前書きを記した人物はペルツェク等でないことは確かである．その点に疑いはない．

このg-yar sngarという読みは，現行の『デンカルマ目録』の諸版本の支持を得ないが，内容的に最も穏当な解釈と思われるので，現状，暫定的にこの解釈を採用しておく．実際，『パンタンマ目録』の前書きと比べるならば，『デンカルマ目録』の前書きは，かなり後代の手が入っている可能性があり，それは例えば，『パンタンマ目録』では，chosの代わりに，dharmaという古い表記が使用されているのに対して，同時代に編纂された『デンカルマ目録』では，一律，chosという語が使用されていることからも窺われる．それ故，先のシェーの挿入と併せて，『デンカルマ目録』の現行のテキスト自体に問題が潜在している可能性は十分に考えられる．この点は，今後，前伝期に遡る『デンカルマ目録』の古写本が発見されるならば，検証できるかもしれないので，検討課題として残しておきたい．

以上，『デンカルマ目録』の前書きを分析した．そこから明らかとなったことを纏めておくならば，以下のようになろう．

- 編纂年：辰年（'brug gi lo）
- 編纂者：翻訳師大徳ペルツェク，大徳ルイワンポ等の指揮の下で，身元不明の前書き作成者（達）が編纂
- 編纂対象：当時デンカル宮殿に所蔵されていた［大校閲完了済みの[75]］翻訳仏典
- 底本：不明示（！）
- 編纂物：『デンカルマ目録』

この『デンカルマ目録』以前に既に『パンタンマ目録』が編纂されていたはずであるが，『デンカルマ目録』には，全くそれに言及することがない．『パンタンマ目録』の前書きには，底本となった古い目録に対する言及が見られるのに対して，何故に『デンカルマ目録』には，底本に対して何も言及がないのであろうか．さらに，『パンタンマ目録』では，目録編纂の方法について具体的な詳しい解説が見られるのに対して，『デンカルマ目録』では全く見出されない．このように，『デンカルマ目録』の前書きにおける底本と編纂方法に対する不言及は，『パンタンマ目録』の前書きと比較対照する際に，ひときわ目に付く相違点である．その点については，改めて後で考察することにしたい．

(2)『デンカルマ目録』の奥書き

以上，『デンカルマ目録』の前書きに付いて検討を加えた．最後に，『デンカルマ目録』の奥書きを検討しよう．廻向文を除いた全文の翻訳は以下の通りである．

> 「一切の経論の典籍について，頌数と巻数を決択して，大校閲を終えた全てのものを，辰年に，デンカル宮殿において，書名目録（mtshan byang dkar chag）として立てたものが完成した．」（『デンカルマ目録』p. 188[76]）

この奥書きは，前書きと比較対照するならば，些か微妙な差異があることに気が付く．それは，この『デンカルマ目録』の編纂に関してかなり重要な情報を提供するものと思われるので，以下に，列挙しよう．

---

[75] この点は前書きには明記されていないが，奥書には明記されているので補足しておく．実際，若干の大校閲未了と翻訳未完の作品も収録されているが，大部分は大校閲完了済みの作品である．

[76] gsung rab mdo sde dang bstan bcos thams cad la shlo ka dang/ bam po'i grangs gtan la phab ste/ zhu chen zin to 'tshal thams cad 'brug gi lo la pho brang lDan (P; lHan D) dkar du mtshan byang dkar chag tu (D; om. P) btab pa rdzogs so//（芳村 1950, p. 188; P 373a7-8; D 310a7）

まず第一に，この奥書きには，『デンカルマ目録』の編者に対する言及が見られないことである．奥書きは，その著作の由来を示すものであり，その形式上，書名と，著者ないし編者，さらには，著作請願者の名前，著作年や著作場所等が明示されるのが通常である．しかるに，この奥書きには，著作年と著作場所は明記されているが，肝心の書名と著者・編者名が明記されていない．このことは，『二巻本訳語釈』の奥書きと照らし合わせるならば，顕著な特徴である．奥書きに書名が記されていないことは，現行のテキストの表題は，後代の人物により付けられたもので，この作品には本来書名がなかったことを，編者名が記されていないことは，ペルツェク等は目録編纂作業の指揮者であれ，直接的な編者ではなかったことを示唆している．

さらに，『デンカルマ目録』の奥書きには，前書き同様に，『二巻本訳語釈』の前書き及び奥書きには明記されているような賛普の御名に対する言及がない．この事実は，この『デンカルマ目録』の編纂事情とその年代を考証する上で，極めて重要な情報である．大蔵経目録編纂という吐蕃王朝にとって極めて重要な事業に関して，欽命を下すべき賛普の御名への言及がないのみならず，誰の治世下においてそれがなされたのかという記述すらないことは極めて異例な事態であり，通常では考えられないことである．

第三に，この奥書きには，この目録が「大校閲し終わったもの全て」の仏典の目録であると明記されている点である．前書きにはその点が明記されておらず，単に「チベット国において翻訳された全ての正法の書名と巻数と頌数としてあったもの」と記されていた．これは微妙な相異であるが，ここに何か意味が有るのか検討に値する問題である．奥書きには，このように記されているが，実際には，前述した通り，現行の『デンカルマ目録』には，「大校閲未了」の作品が二点，「翻訳未完」の作品が九作品，目録末に付されている．つまり，目録の中身と奥書きの内容が齟齬を来しているわけである．この点を如何に解釈するのかということもまた，『デンカルマ目録』の編纂事情を考える上で考察のポイントとなる．さらには，前書きと奥書きの著者が異なる可能性も考慮する必要がある．実際，『デンカルマ目録』の重要性に比して，奥書きが非常に簡素なのも気になる点である．

以上，『デンカルマ目録』の前書きと奥書きの内容を検討した．そこから以下の一連の結論が導出される．

1．『デンカルマ目録』は，辰年にデンカル宮殿において編纂された．この辰年には，ペルツェク等が存命しており，デンカル宮殿に滞在していた．
2．『デンカルマ目録』の編者にして前書きの著者は，ペルツェク等に対して「いらっしゃった」と敬語を使う立場の身元不明の人物であり，ペルツェク等の下で目録編纂の実務を行っていた人物（達）と推定される．ペルツェク等ではなく，この人物（達）が前書きを記した．

3．『デンカルマ目録』の著作請願者は，賛普ではなく，仏統会議であり，同目録には，『パンタンマ目録』同様に，賛普に対する言及が全く見られない．このことは，『デンカルマ目録』が，『二巻本訳語釈』とは異なり，欽定ではないことを示している．

前書きから読み取れる目録編纂の経緯としては，まず最初に仏統会議が目録編纂を命じ，それに応じて，ペルツェク等が目録編纂を指導し，その下で恐らくは彼の部下に当たる者達が実際に目録編纂の実務を担い，辰年に完成してこの前書きを記したということである．それ故，仏統会議が目録編纂の命を下したのは，この辰年ではなく，それに先立つ可能性がある．賛普が目録編纂の命を下したのではないので，この『デンカルマ目録』は欽定目録ではないことになる．

5．『パンタンマ目録』と『デンカルマ目録』の前書きの構成対照

以上，両目録の前書きと奥書きの分析を行い，両者の間には注目すべき異同があることが確認された．その点を一瞥できるよう，両目録の前書きの構成を対照して示しておく．

内容	『パンタンマ目録』	『デンカルマ目録』
帰敬	欠	一切智者に帰敬します．
著作請願	欠	『十万頌般若』等，チベット王国において翻訳された全ての正法（＝仏典）の書名目録を記せ」と仏統会議から［命じられたので］，
編纂事情	チベット国において，仏法（＝仏典）である大乗及び小乗の経蔵と，大小の陀羅尼と，経蔵の註釈（経疏）と，律と，大小の論書と，論書の註釈（論疏）等，始終翻訳され大校閲［により］決択されたものの書名と巻数と頌数は，［仏典を］翻訳した際には，［それらを記した］標札があったが，［まだ］決択されておらず，後に，**戌年**に，**パンタン宮殿**にいらっしゃった翻訳師長大徳**ペルツェク**と大徳**チューキニンポ**と翻訳師大徳**デーヴェー**	**辰年**に，**デンカル宮殿**にいらっしゃった翻訳師大徳**ペルツェク**と大徳**ルイワンポ**等が（→等の御前に），

	ンドラと大徳**ルンポ**等の御前に,翻訳され大校閲が完了した仏典の一冊の古い書名簿(=目録) あったので,[それを]基(=底本)にして,部門毎に,書名があるもの[は,それ]とも照会し,[実物の]仏典とも照合して,一部の仏典に[異なる]二つの書名[があるもの]は順次に訳されたものであっても除去し,以前に[古い書名簿に]含まれていないものは何であれ[訳出されて]あるものは追加して,チベット国において翻訳され大校閲が完了した仏典の書名と巻数と頌数を決択して,目録原本として記した.	[注.底本及び編纂方法に関する言及無し.] 正法である大乗及び小乗の経蔵と,大小の陀羅尼と,百八名号と,讃歌と,誓願と,吉祥と,律部と,経蔵の註釈(経疏)と,中観論書と,禅定文類と,唯識論書と論理学書等とチベット国において翻訳された全ての正法の書名と巻数と頌数としてあったものを決択して,文字に記した.

項目としては,1.帰敬,2.著作請願,3.編纂事情の三項目を立てた.一瞥して分かるように,両目録の間には顕著な構成上の相異が確認される.即ち,『パンタンマ目録』には,『デンカルマ目録』に見られる帰敬文と著作請願者の名前が見出されず,代わりに,『デンカルマ目録』には,『パンタンマ目録』に見られる底本と編纂方法に関する情報が完全に欠落している.両者に共通しているのは,共に,編纂年,編纂場所,編纂を指揮した諸人物を挙げている点であり,特に,ペルツェクが両目録の編纂に関わっていることが確認される.但し,『パンタンマ目録』では,翻訳師の「長(bla)」と明記されているが,『デンカルマ目録』では,その「長」という語が欠落している点に微妙な差異を見ることが出来る.文字通りに受け取るならば,ペルツェクは,『パンタンマ目録』編纂時には,翻訳師長の任にあったが,『デンカルマ目録』時には,一介の翻訳師であり,翻訳師長の任にはなかったことになる.無論,『デンカルマ目録』編纂時にもペルツェクは翻訳師長であったが,特に明記されなかった可能性は考えられる.しかし,先行する『パンタンマ目録』に明記されている称号を敢えて記さない理由も見当たらない.それ故,ペルツェクは,『デンカルマ目録』編纂時には,翻訳師長の任になかったと解釈するのが自然であろう.それ以外,代わりに他の翻訳師長が挙げられているわけでもないので,『デンカルマ目録』編纂時には,翻訳師長という役職自体がなかった可能性がある.その意味については,後で再検討しよう.

6.『デンカルマ目録』における後代の付加及び改変部分

先に指摘したように，『デンカルマ目録』には，前書きの一部分を含め，後代の付加及び改変と推定される部分が見出されるが，それを列挙するならば，以下の通りである（Y は芳村校訂本，D はデルゲ版を指す）．

1．表題（Y p. 117.3f.; D 294b6）の付加

2．帰敬文（Y p. 117.5; D 294b6）の付加

3．... ston/ sgra bsgyur gyi のシェー（Y p. 117.8; D 294b7）の付加

4．古い表記の改変（dharma; ti ka; shu log 等を，chos; ṭī kā; shlo ka 等に改変（？））

5．la sogs pas（Y p. 117.9; D 295a1）の部分の改変［元の読みは la sogs pa'i g-yar sngar か？］

6．底本及び編纂方法に関する記述の削除（？）

ここに挙げた六点のうち，最初の四点については，ほぼ疑いないと推定しているが，残りの二点は可能性を示唆するものであり，憶測の域を出ない．まず表題と帰敬文の付加であるが，これは，まず疑いなく，『デンカルマ目録』が大蔵経に収録される際に付加されたものであろう．特に，帰敬文を付加したのは，前述したように，仏典には帰敬文が付されるのが通例であり，それに準拠したものと考えられる．第三のシェーの付加についても，現行の全ての版本にこのシェーが入っていることから，これもまた最初に大蔵経に収録される際に付加されたものと推定される[77].

[77] この点で留意すべきは，チベットで最初の大蔵経（写本）の編者として知られているチョムデン・リクペーレルティ（bCom ldan rigs pa'i ral gri, 1227-1305, 以下，レルティ）の『太陽光目録』には，『デンカルマ目録』と『パンタンマ目録』の前書きのパラフレーズが見られるが，そこでは，この ston という語を，ston ka（秋）と明記していることが確認されるので，彼が見ていたテキストには既に ston の後にシェーが入っていた可能性があることである．『太陽光目録』p. 115.2-13: da ni byung ba'i chos kyi grangs bshad de/ de'ang 'brug gi lo la pho brang lHan dkar du ban dhe dPal brtsegs la sogs pas byas pa dang/ slad kyis khyi lo la Yar lungs kyi pho brang 'Phang thang ka med du <u>ston ka gcig</u> ban dhe dPal brtsegs dang/ ban dhe Chos kyi snying po dang/ lo tsha ba ban dhe Bin (sic) dra dang/ ban dhe lHun po la sogs pa'i phyag na 'gyur byang rnying pa yod pa la gzhi byas te ma dag pa dang bzlos pa dang/ mtshan gyi rnam grangs du ma smos pa la sogs par (read: pa) phyung ste/ btsan po Khri ral pa can yan chad du Bod du chos bsgyur ba'i mtshan dang/ bam po dang/ shu log ka'i grangs gtan la phab te/ dkar chag du bris pa yod la/ lo tsha ba Rin chen bzang po dang/ Nag tsho lo tshtsha ba dang/ rNgog blo ldan sogs pa rnams la'ang rang rang gi dkar chag yod do//「今や，［チベットに］起こった仏法の数を解説する．即ち，それもまた，辰年に，レンカル宮殿において，大徳ペルツェク等により作成されたもの（＝『デンカルマ目録』）と，後に，戌年に，ヤルルンのパンタン・カメ宮殿において，<u>或る秋に</u>，大徳ペルツェクと，大徳チューキニンポの御手に，古い翻訳帳簿（'gyur byang rnying pa）があったものを基にして，誤りと重複と書名の異名を多数記しているものを除いて，賛普ティ・レルパチェン以前にチベットにおいて翻訳された仏典の書名と巻数と頌数を決択して，目録として記したもの（＝『パンタンマ目録』）があるが，翻訳師リンチェンサンポや，ナクツォ翻訳師や，ゴク・ロデン［シェーラプ］等にも，各々，自身の［翻訳］目録がある.」

この記述から，レルティは，『デンカルマ目録』のみならず，『パンタンマ目録』，を実見していたことが判明する．興味深いのは，ここには『チムプマ目録』に対する言及が見られないことであり，このことは，レルティすら『チムプマ目録』の披見を得なかったか，あるいは，言及するに値しな

また,『デンカルマ目録』に見られる chos; ṭī kā; shlo ka という表記は新しい表記であり,『パンタンマ目録』に見出されるように,本来は,dharma; ti ka; shu log と表記されていた可能性が高い.これも,大蔵経に収録する際に一律修正したものと推定される.

第五点も,もしあったとすれば,大蔵経収録時のことかと思われるが,これは内容に基づく想定であり,憶測の域を出ないので,確言は控えたい.

第六点については,『パンタンマ目録』に見られるように,前書きには,その目録の底本と編纂方法に関する記述があって然るべきであるが,『デンカルマ目録』にはそれが完全に欠落しており,『パンタンマ目録』と比較対照する場合,『デンカルマ目録』の顕著な特徴となっている.委細は直後に解説するが,『デンカルマ目録』は三目録のうち最後に成立したものであり,それ以前に『パンタンマ目録』と『チムプマ目録』の二つが既に成立していた.それ故,『デンカルマ目録』編纂に当たっては,それら二つの目録を参照し,さらには,底本としていたことは当然考えられることであって,全くの零からその編纂が開始されたと考えるほうが不自然である.その場合,どうして,その底本に対する言及が全く見られないのかという根本的な疑問が生ずるのである.筆者は,そこに大蔵経編纂に直接的に関与したプトゥンの意図が反映しているのではと疑っているが.その点については,後で纏めて検討することとして,ここでは,底本及びその編纂方法の記述は大蔵経に採録される際に削除された可能性があることを示唆するに留めておく.

7.吐蕃期三目録の編纂年代

(1)『パンタンマ目録』と『デンカルマ目録』の編纂年に関する新仮説

以上のことを念頭に置いて,両目録の成立年代について再考証を行おう.前述したように,これまでのこの『デンカルマ目録』の編纂年について内外の多数の学者達が論じてきたが,何れも一つの暗黙の前提を立てていた.それは,この目録編纂が,ランダルマ王が暗殺された年(824年)以前のことであるという前提である.即ち,これ以降,吐蕃王朝は崩壊したので,大蔵経目録編纂という大事業がなされたはずはないという思い込みである[78].しかるに,この暗黙の前提自体が再検討を要するものとなっている.その鍵は,他ならぬ,『デンカルマ目録』と『パンタンマ目録』の前書き及び奥書きに暗示されている.即ち,その両目録には贊普の名前が全く言及されていないという事実である.この事実は,

---

い不十分な目録であったかの何れかの可能性を示唆している.レルティの半世紀後の人物であるプトゥン(1290-1364)が『チムプマ目録』を実見しているので,第二の可能性が有力である.

[78] 唯一の例外は,原田覚であり,彼は,『デンカルマ目録』836年説を提示しているが,僅かではあるが同目録のランダルマ王暗殺以降の成立の可能性も示唆している(原田 1982c, p. 613).しかし,その論拠は何も提示しておらず,単に可能性を示唆するに留まっている.

これまで先学により完全に等閑視されてきたが，筆者はここにこの問題を解決に導く大きな鍵が潜んでいると見る．

『二巻本訳語釈』の前書き及び奥書きを振り返ってみよう．そこには，はっきりと，ティデ・ソンツェン王の名前が明記され，かつ，その欽命によりそれが編纂されたことが明記されている[79]．吐蕃王朝において，少なくても崇仏派の賛普にとっては，この仏典翻訳事業は最も重要な国家事業の一つであり，賛普の御名を挙げるのは当然のことであった．賛普の御名を挙げ，当該の事業ないし出来事が誰の治世下において起こったのかを明記することは，別段，この翻訳事業に限らず，吐蕃期の各種文献から確認されるように，当時の通例であった．ましてや，この大蔵経目録編纂は，積年に渡る仏典翻訳事業の総決算を示す象徴であったはずなので，そこに賛普の御名が全く言及されていないということは極めて異例であり，異常な事態ですらあるといっても過言ではない．実際，もし『パンタンマ目録』と『デンカルマ目録』が編纂されたのが，吐蕃王朝時代であれば，前述した通り，それはティツク・デツェン王レルパチェンの時代であることになる．このレルパチェンは，周知のように，極端なまでの崇仏派と伝えられるで，もし彼の時代にこの両目録の編纂が成立したのであれば，当然それは彼の欽命によるものであったはずであるが，実際にはそうなっていない．この事実は，この両目録の編纂が，実は，レルパチェンの時代ではなく，それ以降の吐蕃王朝が崩壊した後の混乱の時代に成立したことを示唆しているのではないか．そう考えれば，この両目録に賛普の御名が言及されていないことは良く理解できる．なぜならば，その時には，言及すべき賛普が既に存在していなかったからに他ならない．両目録に本来あってしかるべき賛普の御名への言及がないという事実それ自体が，その賛普の不在を最も如実に物語っているのである．

以上の考察から，『パンタンマ目録』と『デンカルマ目録』の二つ，さらに『チムプマ目録』との三目録は，全て吐蕃王朝時代ではなく，842年にそれが崩壊した後に編纂された可能性を検討してみたい．その場合，『パンタンマ目録』と『デンカルマ目録』の編纂年について可能性が高いものとしては，以下の三つの年代の組み合わせが考えられる．

1．842年（水戌年）と848年（土辰年）［六年間の間隔］

2．854年（木戌年）と860年（鉄辰年）［六年間の間隔］

3．842年（水戌年）と860年（鉄辰年）［十八年間の間隔］

ここで一つネックとなるのは，この戌年と辰年の間が一巡目であるのか，あるいは，二巡目であるのかということである．一巡目であれば，六年間の間隔，二巡目であれば，十

[79] 原典は，石川 1990, pp. 1.3, 127.17 参照．翻訳は，西沢 2017, pp. 94, 110 参照．

八年間の間隔となる．この点を念頭に置くならば，以下の四点が考察のポイントとなる．

1．ペルツェクという一人の人物がこの両目録の編纂に関与していたこと
2．両目録間における翻訳典籍数の推移
3．吐蕃王朝崩壊後の仏教教団の状態
4．ルイワンポの年代

まず第一については，ペルツェクは，翻訳師長としてこの両目録の編纂を指揮する立場にあったので，この両目録の成立時には生存していたと見做す必要がある．それ故，ペルツェクの活動年代が一つの判断材料となる．ペルツェクの生没年は未詳であるが，翻訳師としての活動期間については，814年に成立した『二巻本訳語釈』の編纂に関与していないことから，イェシェデの後輩に当たり，九世紀の第二の四半期頃とする解釈が先学により提示されており[80]，それが一つの目安となる．

第二は，『デンカルマ目録』が『パンタンマ目録』より後に編纂されたとするならば，当然，両目録間には，翻訳典籍数の推移が見られることになり，そこから，この両目録の間の年数が一巡目であるのか二巡目であるのかを或る程度推測することが出来る．この場合，一つの判断材料となるのは，先に提示した両目録における，大校閲未了と翻訳未完の典籍数の移行状態である．一覧にするならば，以下の通りである．

『パンタンマ目録』		『デンカルマ目録』
大校閲未了	→	完訳（四点）
翻訳未完	→	完訳（十点）
翻訳未完	→	大校閲未了（一点）
翻訳未完	→	前半＝完訳；後半＝大校閲未了（一点）
翻訳未完	→	翻訳未完のまま（五点）

これ見ると，『パンタンマ目録』編纂時には，大校閲未了及び翻訳未完の状態であったが，『デンカルマ目録』編纂時には，完訳された作品が計十四点，何らかの形で翻訳が進展した作品が二点，両目録において翻訳未完のままの作品が五点程あることになる．この典籍数の推移と，両目録の編纂にペルツェクという同一人物が関与していることを鑑みるならば，両目録の時間的間隔は，十八年間ではなく，六年間と見なすのが穏当である．

第三は，ランダルマ王が暗殺され吐蕃王朝が分裂した842年以後は，仏教教団はその庇護を失い衰微していったことである．そのことを鑑みるならば，842年よりもかなり後になって目録が編纂されたと考えることには，やはり無理がある．それ故，もし842年以降

---

[80] 原田 1982a, p. 37 参照．

に目録編纂が行なわれたとするならば，それは842年より数年以内のことである．

第四は，ルイワンポの年代である．ルイワンポの正確な年代は不明であるが，彼は九人の大校閲翻訳師のうち，「中年の三人」の一人とされる[81]．ちなみに，「若年の三人」は，カ・チョク・シャン・スム（sKa Cog Zhang gsum）と称されるカワ・ペルツェク，チョクロ・ルイギェルツェン（Cog ro klu'i rgyal mtshan），シャン・イェシェデ（Zhang ye shes sde）の三人であるので，ペルツェクよりも幾分年輩であることになる．さらに，彼は，後代のチベット史書の伝承の一つによれば，チベット初の出家者である「試みの六人（／七人）」の中の一人に数えられるが，その中では，「若年の三人」の一人に数えられる[82]．この試みの六人の授戒は，一連の先学の研究によれば，779年であるので[83]，ルイワンポは，その頃二十歳頃であったと想定するならば，その生年は，760年頃，848年の辰年には，88歳前後であることになる．極めて高齢ではあり，その点に些か難が見出されるが，全くの不可能というわけではない．他方，その次の860年には，100歳前後であることになり，この可能性は捨ててよかろう．ちなみに，試みの六人の最も古い伝承を伝えるとされる『バシェー』には，このルイワンポの名前は見出されない．ルイワンポは，「クン・ルイワンポ（'Khon klu'i dbang po）」と云われるように，クン氏の出身であるが，ルイワンポを試みの六人の一人に数えるのは，クン氏を祖とするサキャ派の意向を反映して後代に出た解釈と云われている[84]．そうであれば，ルイワンポはこれより年代が下る可能性が出てくるので，年齢的な問題点は解消されることになる．

以上の諸条件を勘案するならば，上述の三つの組み合わせのうち，『パンタンマ目録』の編纂は842年（水戌年），『デンカルマ目録』の編纂はその六年後の848年（土辰年）と考えるのが最も穏当な解釈かと思われる．この年代は，奇しくも，順に，吐蕃分裂の年と敦煌陥落の年に相当するが，それ以外の選択肢は特にルイワンポの年代から困難となる．

（2）大校閲翻訳師法成の事績に基づく新仮説の検証

以上，『パンタンマ目録』と『デンカルマ目録』の成立年代を再検討して，その結果，『パンタンマ目録』は，842年，『デンカルマ目録』は，848年に成立したという仮説を得た．先に紹介した一連の先行研究には，『デンカルマ目録』編纂を842年以降に置く解釈は見出されないので，その意味で新仮説と言っても差し支えなかろう．そこで次に，その

---

81 『賢者喜宴』p. 402.17 参照．

82 例えば，『プトゥン仏教史』p. 186.15 参照．そこに，'Khon Nāgendra と記されているのは，ルイワンポ（Klu'i dbang po）のサンスクリット表記である．

83 Tucci 1958, p. 32; 山口 1978, p. 6; 原田 1982c, p. 1 参照．

84 原田 1982c, p. 10 参照．

仮説が妥当であるか否かを大校閲翻訳師法成の事績と照らし合わせて検証することにしたい．法成の事績については，先学の研究の蓄積があり，漢文資料から比較的堅実な年代が判明している．そこで法成の一連の蔵訳作品のうち，『パンタンマ目録』と『デンカルマ目録』に収録されている作品を比定し，それを法成の活動年代と照合することを通じて，上記の二目録の年代考証と齟齬を来さないか確認する必要がある．法成の著作については，既に上山大峻の労作（上山 1990, pp. 85-92，以下，上山目録, abbr. U）があるので，それに依拠して，法成の一連の蔵訳作品を以下の三つの範疇に区分けして一覧にしておく．

1．『パンタンマ目録』ないし『デンカルマ目録』に収録されており，かつ，現行のチベット大蔵経にも収録されている蔵訳作品一覧（9 点）［図１］
2．『パンタンマ目録』ないし『デンカルマ目録』に収録されておらず，現行のチベット大蔵経のみに収録されている蔵訳作品一覧（5 点）［図２］
3．敦煌文書のみに残されている蔵訳作品一覧（6 点）［図３］

法成の翻訳作品は，蔵訳作品（U1-20 の 20 点）と漢訳作品（U23-28 の 6 点）の二つに分けられるが，前者は，まず現行のチベット大蔵経に収録されているか否かにより二分される．そのうち，現行のチベット大蔵経に収録されており，かつ，『パンタンマ目録』ないし『デンカルマ目録』に見出される作品が第一の作品群，現行のチベット大蔵経に収録されているが，両目録の何れにも収録されていない作品が，第二の作品群，両目録及び現行のチベット大蔵経に収録されていないが，敦煌文書に残されている作品が第三の作品群である．その内実を，対応する『プトゥン目録』，『大谷目録』，『東北目録』の番号とその奥書から確認される法成の肩書きと共に一覧に纏めたものは，以下の通りである．

図１．『パンタンマ／デンカルマ目録』及びチベット大蔵経所収の法成の蔵訳作品一覧（9 点）

	『パンタンマ目録』(P)	『デンカルマ目録』(D)	その他の目録及び肩書き
U1 U2	[K om.] K517: *Lang kar gshegs pa'i ti ka rGya 'gyur*. (40 bp.)	Y251: *'Phags pa langkar gshegs pa rin po che'i le'u*. (8 bp.) （『楞伽阿跋多羅宝経』）［Y569 から経典のみを抜出？］ Y569: *'Phags pa langkar gshegs pa'i 'grel pa chen po/ rGya las*	N191 (8 bp.), N672 (40 bp.); D108 (192a1-284b7); P776 (208b3-313a8) [85]; T670.［肩書 lo tstsha ba dge slong 'Gos chos grub］

85 奥書：P776, 313a7-8: *'Phags pa lang kar gshegs pa rin po che'i mdo las sangs rgyas thams cad kyi gsung gi snying po'i le'u zhes bya ba* rdzogs so// // dpal lha gtsan (read: btsan) po'i bka' lung gis rGya'i slob dpon Wen hvi yis mdzad pa'i 'grel ba dang sbyar nas/ lo tstsha ba dge slong 'Go chos grub kyis bsgyur cing zhus// //（Cf. 上山 1990, p. 113）

		bsgyur ba. (40 bp.)（円暉造『入楞伽経疏』） 註．神贊普の欽命によると明記．	
U3	K om.[86]	Y566: *'Phags pa dgongs pa nges par 'grel pa'i ṭī kā chen po*. (74 bp.)（円測造『解深密経疏』） 註．神贊普の欽命によると明記．	N655 (74 bp.); D4016 (ti 1-di 175a7); P5517 (ti 1-di 198a5)[87]; 卍続蔵 1.34.4-35.1.［肩書 zhu chen gyi mkhan po dang/ lo tstsha ba bcom ldan 'das kyi ring lugs ban de Chos grub］
U5	K231: *gSer 'od dam pa rGya las bsgyur ba rnying [pa]*. (10 bp.)	Y250: *'Phags pa gser 'od dam pa mchog tu rnam par rgyal pa mdo sde rgyal po*. (10 bp.)［漢訳『金光明経』］	N210 (10 bp.); D 555 (19a1-151a7); P174 (20a6-157a4)[88]; T665.［肩書 zhu chen gyi mkhan po dang/ lo tstsha ba bcom ldan 'das kyi ring lugs ban de Chos grub］
U6	K230: *'Dzangs blun*. (12 bp.)	Y249: *'Phags pa mdzang blun gyi mdo*. (13 bp.)［漢訳『賢愚経』］	N75 (13 bp.); D341 (129a1-298a7); P1008 (131b1-302b4)[89]; T202.
U7	K685: *'Phags pa go cha bkod pa sgyur 'phro*. (6 bp.)［翻訳未完］	Y30: *'Phags pa go cha bkod pa*. (6 bp.)［『大宝積経』第 7 会］	N134 (6 bp.); D 51 (70b1-140a7); P760 (7) (80a6-158a1)[90]; T310 (7).［肩

[86] 川越 2005a, p. 81 参照. Herrmann-Pfandt 2008, p. 321 では, K762 (773 sic): *dGongs pa nges par 'grel pa'i bshad pa chen po*, 75 bp., slob dpon rDzogs gsal gyis mdzad pa に同定しているが，これは円測の著作か否かは定かではなく，プトゥン自身検討対象としている．委細は川越 2005a, p. 38, n. 165 を参照．仮に円測の著作であるとしても，これは『パンタンマ目録』本体ではなく，後代の補遺であるので，除外される．

[87] 奥書き：P5517, 198a3-4: *'Phags pa dgongs pa zab mo nges bar 'grel pa'i mdo rgya cher 'grel pa rGya'i slob dpon Wen ching gis mdzad pa* rdzogs so// dpal lha btsan po'i bka' lung gis/ zhu chen gyi lo tsa' ba dge slong 'Gos chos grub kyis rGya'i dpe las bsgyur cing zhus te gtan la phab pa//（Cf. 上山 1990, p. 117）

[88] 奥書き：P174, 157a3-4: *'Phags pa gser 'od dam pa mchog tu rnam par rgyal ba mdo sde'i rgyal po zhes bya ba theg pa chen po'i mdo* rdzogs s-ho// // zhu chen gyi mkhan po dang/ lo tstsha ba bcom ldan 'das kyi ring lugs ban de Chos grub kyis rGya'i dpe las bsgyur cing zhus te gtan la phab pa//（Cf. 上山 1990, p. 121）

[89] 上山 1990, p. 124 によれば，殆どの版本で失訳人名となっているが，デルゲ版の目録にだけ法成訳と記載する．これを根拠として法成訳として取り上げる．

[90] この『大宝積経』第 7 会以下の三会は，北京版では失訳人名となっているが，ナルタン版等の他の版本の奥書きには法成訳と明記されている（上山 1990, p. 126）．同書のナルタン版奥書きは以下の通り．Narthang ed. 219b1: lo tstsha ba mGos (read: 'Gos) chos grub kyis rGya'i dpe las bsgyur pa'o//

			書 lo tstsha ba 'Gos chos grub］
U8	K683: *'Phags pa mngal du zhugs pa sgyur 'phro*. (bp.)［翻訳未完］	Y37: *'Phags pa mngal du 'jug pa bstan pa*. (1 bp.)［『大宝積経』第 13 会］	N141 (1 bp.); D 58 (237a1-248a7); P760 (13) (234a3-248a3)[91]; T310 (13).［肩書 lo tstsha ba 'Gos chos grub］
U9	K185: *Bu mo dad ldan gyis zhus pa*. (1/2 bp.)	Y63: *'Phags pa bu mo dad ldan gyis zhus pa*. (150 sl.)［『大宝積経』第 40 会］	N167 (150 sl.); D 84 (95a1-104b1); P760 (40) (73b7-84a6)[92]; T310 (40).［肩書 lo tstsha ba 'Gos chos grub］
U14	K om.	Y343: *'Phags pa spyan ras gzigs yid bzhin 'khor lo sgyur ba'i gzungs*. (240 sl.)［『聖観自在如意輪陀羅尼』］	N 1141 (240 sl.)[93]; D692/898 (129b7-137a7); P370/523 (1-10a5)[94]; T1082.［肩書 zhu chen gyi mkhan po dang lo tstsha ba bcom ldan 'das kyi ring lugs pa ban de Chos grub］

図２．『パンタンマ／デンカルマ目録』未収録でチベット大蔵経所収の法成の蔵訳作品一覧（5 点）

	作品名（肩書き）	その他の目録
U4	*'Phags pa legs nyes kyi rgyu dang 'bras bu bstan pa zhes bya ba'i mdo*.（『聖勝劣因果経』）［肩書 zhu chen gyi lo tstsha ba ban de Chos grub］	D354 (199a1-208b7); P1023 (204b2-216b7)[95]; T2881.

91 奥書き：Narthang ed. 426b6: lo tstsha ba 'Gos chos grub kyis rGya'i dpe las bsgyur cing zhus te gtan la phab pa//（Cf. 上山 1990, p. 127）

92 奥書き：Narthang ed. 185b5: lo tshtsha ba 'Gos chos grub kyis rGya nag gyi dpe las bsgyur cing zhus te/ gtan la phab pa//（Cf. 上山 1990, p. 127）

93 川越 2005a, p. 80 では対応無しとするが，N 1141 に同定される（Herrmann-Pfandt 2008, p. 192）.

94 奥書き：P370, 10a4-5: *'Phags pa byang chub sems dpa' spyan ras gzigs dbang phyug gi gsang ba'i mdzod thogs pa med pa'i yid bzhin gyi 'khor lo'i snying po zhes bya ba'i gzungs* rdzogs s-ho// // zhu chen gyi mkhan po dang lo tstsha ba bcom ldan 'das kyi ring lugs pa ban de Chos grub kyis rGya'i dpe las bsgyur cing zhus te gtan la phab pa'o//（Cf. 上山 1990, p. 146）

95 奥書き：P216bb-7: *'Phags pa legs nyes kyi rgyu dang 'bras bu bstan pa zhes bya ba'i mdo//* rdzogs s-ho// // zhu chen gyi lo tstsha ba ban de Chos grub kyis rGya gar dang rGya'i dpe las bsgyur cing zhus te gtan la phab pa//（Cf. 上山 1990, p. 120）

U11	*'Phags pa khar sil gyi mdo*.（『聖錫杖経』）［肩書 zhu chen gyi lo tsa ba ban de Chos grub］	D335 (271a5-274a7); P1001 (279b1-282b2)[96]; T785.
U12	*Khar sil 'chang pa'i kun tu spyod pa'i cho ga*.（『執持錫杖普行儀軌』）［肩書 zhu chen gyi lo tsa ba ban de Chos grub］	D336 (274a7-275a6); P1002 (282b2-283a8)[97]; T785.
U13	*'Phags pa byang chub sems dpa' spyan ras gzigs dbang phyug phyag stong spyan stong dang ldan pa thogs pa mi mnga' ba'i thugs rje chen po'i sems rgya cher yongs su rdzogs pa zhes bya ba'i gzungs*.[98]（『聖千手千眼観自在菩薩無礙広意円満陀羅尼』）［肩書 zhu chen gyi lo tstsha ba ban Chos grub］	D691 (94a1-129b6); P369 (270a6-304a8)[99]; T1060, 1058, 1057.
U15	*'Phags pa spyan ras gzigs dbang phyug zhal bcu gcig pa zhes bya ba'i gzungs*.（『聖十一面観自在陀羅尼』）［肩書 zhu chen gyi mkhan po lo tstsha ba bcom ldan 'das kyi ring lugs pa ban de Chos grub］	D694 (139b1-147b3); P373 (13a3-21b6)[100]; T1071.

図３．敦煌文書のみに残る法成の蔵訳作品一覧（6 点）

	作品名	Stein/Pelliot no.
U10	*'Phags pa dus dang dus ma yin pa bstan pa zhes bya ba'i mdo*.（『聖時非時説示経』）［肩書き zhu chen gyi mkhan po dang/ lo tsa ba bcom ldan 'das kyi ring lugs ban de Chos grub］	S. tib. 213[101]; T794.
U16	*Yi ge brgya pa zhes bya ba'i rab tu byed pa tshig le'ur byas pa*.（『百字論	S. tib. 558 (1, 2)[102];

[96] 奥書き：P1001, 282b2: *'Phags pa khar sil zhes bya ba theg pa chen po'i mdo* rdzogs s-ho//. 現行の版本の奥書きからは同作品（U11）とその儀軌（U12）は法成訳であることは確認されないが，敦煌文書所収の作品（S tib.205）の奥書きから法成訳であることが確認される（上山 1990, 141）．上山前掲書に引かれた奥書きを転写しておく：Khar sil gyi mdo dang/ cho ga 'di zhu chen gyi lo tsa ba ban de Chos grub kyis rGya'i dpe las bsgyur cin zhus te/ gtan la phab pa//

[97] 奥書きについては，直前の U11 に対する註記を参照．

[98] Herrmann-Pfandt 2008, p. 186f.では，この作品を，Y338/K322 に同定しているが，題目がかなり相異しており，有力な同定の根拠があると思えないので，従わないでおく．

[99] 奥書き：P304a6-8: *Byang chub sems dpa' spyan ras gzigs dbang phyug phyag stong spyan stong dang ldan pa thogs pa mi mnga' ba'i thugs rje chen po'i sems rgya cher yongs su rdzogs ba zhes bya ba'i gzungs// // cho ga dang bcas pa// //* rdzogs s-ho// zhu chen gyi lo tstsha ba ban Chos grub gyis rGya'i dpe las sgyur te gtan la phab ba'o//（Cf. 上山 1990, p. 143）

[100] 奥書き：P374, 21b5-6: *'Phags pa spyan ras gzigs dbang phyug zhal bcu gcig pa zhes bya ba'i gzungs* rdzogs s-ho// // zhu chen gyi mkhan po lo tstsha ba bcom ldan 'das kyi ring lugs pa ban de Chos grub kyis rGya'i dpe las sgyur cing zhus te gtan la phab pa// //（Cf. 上山 1990, p. 147）

[101] 奥書き：27a5-b1: zhu chen gyi mkhan po dang/ lo tsa ba bcom ldan 'das kyi ring lugs ban de Chos grub gyis rGya'i dpe las bsgyur cing zhus te/ gtan la phab pa//（Cf. 上山 1990, p. 129）

U17	頌』)；*Yi ge brgya pa'i rab tu byed pa rnam par bshad pa*.(『百字論釈』)［肩書き zhu chen gyi lo tsa ba ban de Chos grub］	T1572.
U18 U19	*rTen cing 'brel par 'byung ba tshig le'ur byas pa sum cu pa*.(『縁生三十頌』)；*rTen cing 'brel par 'byung ba tshig le'ur byas pa sum cu pa'i rnam par bshad pa*.(『縁生三十論』)［肩書き zhu chen gi lo tsa ba bande Chos grub］	S. tib. 588 (3, 4); P. tib. 770, 771; S. tib. 619[103]; T1652.
U20	*'Jug pa'i sgra brgyad bstan pa tshig le'u byas pa*.(『用八格説示頌』)［肩書き zhu chen gyi mkhan po dang/ lo tsa ba ban de Chos grub］	S. tib. 625; P. tib. 783[104]；T om.

註．一覧中のＵの番号は，上山目録番号を指す．

同定に際しては，上山目録に付された対応する北京版大谷目録の番号を下に，川越 2005a と Herrmann-Pfandt 2008 を参考にして，『パンタンマ目録』と『デンカルマ目録』所収の作品との同定を行なった．但し，基本的に書名と巻数のみに基づく暫定的な同定であり，確定されたものではないことに留意されたい．

まず図１と２に示したように，法成の現チベット大蔵経収録作品数は，十四点が確認されるが，そのうち，吐蕃期二目録の収録作品は九点（図１参照），同二目録未収録作品は五点である（図２参照）．『パンタンマ目録』に記載されている作品は，当然のことながら，『パンタンマ目録』編纂以前に翻訳された作品であるが，これは六点ある（U2, 5, 6, 7, 8, 9）．そのうち，『パンタンマ目録』編纂時に翻訳未完の作品二点（U7, 8）が含まれる．他方，『パンタンマ目録』に記載されておらず，『デンカルマ目録』のみに記載されている作品は，二点あるが（U3, 14[105]），これらは『パンタンマ目録』成立以降，『デンカルマ目録』成立以前に翻訳された作品である．上記翻訳未完の作品二点（U7, 8）もまた，この間に完訳されたことが確認される．そして，図２に示した『パンタンマ目録』と『デンカルマ目録』の何れにも未掲載の五作品は，両目録編纂以降に訳出されたものと推定される．なぜならば，もしこれらが両目録の編纂以前に訳出されていたのであれば，当然，両目録に記載されていて然るべきであるからである．

以上，法成の現チベット大蔵経収録作品の大雑把な区分けを行なったが，『パンタンマ

---

[102] 奥書き：77b1 & 97b4: zhu chen gyi lo tsa ba ban de Chos grub kyis rGya'i dpe las bsgyur cing zhus te/ gtan la phab pa//（Cf. 上山 1990, p. 148）

[103] 奥書き：*rTen cing 'brel par 'byung ba tshig le'ur byas pa sum cu pa//* slob dpon Urlan kas mdzad pa rdzogs so// zhu chen gi (sic) lo tsa ba bande Chos grub kyis rGya'i dpe las bsgyur cing zhus ste/ gtan la phab pa/（Cf. 上山 1990, p. 150）

[104] 奥書き：*'Jun* (sic, read: *'Jug*) *pa'i sgra brgyad bstan pa tshig le'u byas pa* rdzogs so// zhu chen gyi mkhan po dang/ lo tsa ba ban de Chos grub kyis rGya'i dpe las bsgyur cing zhus te/ gtan la phab pa//（Cf. 上山 1990, p. 153）

[105] U1 は，U2 から経文のみを抜出したものと推定されるので，除外しておく．

目録』と『デンカルマ目録』の年代考証においてまず最初に注目すべきは，図２に示した両目録未掲載の五作品である．先の考証通り，『デンカルマ目録』が敦煌が陥落した 848 年に成立したのであれば，この五作品は，それ以降に訳出されたことになるが，そこで問題となるのは，この五作品の奥書きから確認される法成の肩書きである．そこには，四作品（U4, 11, 12, 13）に，「大校閲翻訳師大徳法成（zhu chen gyi lo tsa ba ban de Chos grub）」という肩書きが見られ，さらに，一作品（U15）に，「大校閲和尚翻訳師仏統大徳法成（zhu chen gyi mkhan po lo tstsha ba bcom ldan 'das kyi ring lugs pa ban de Chos grub）」という肩書きが見られることが注目に値する．以上の肩書きは，法成が当時大校閲翻訳師や仏統の地位にあったことを示しているが，これは，848 年以降のこととなるので，842 年に吐蕃王朝が崩壊してから，果たして，六年以上もの期間に渡り，吐蕃王朝の官職である仏統や大校閲翻訳師という地位が存続していたのかという根本的な疑問が生ずる．この時代の委細については情報が稀少であるので，定かなことは不明であるが，842 年以降は，施主たる吐蕃王家が分裂し内乱状態であったので，当然，仏統や大校閲翻訳師等の官職は自ずと消滅していったものと推定されるからである．

この肩書きに関しては，法成の漢文資料からも関連情報を得ることが出来る．既に先学により指摘されているように，法成の漢文作品の奥書きに見られる肩書きは，敦煌が陥落した大中二年（848）を境に二分され，それ以前は，概して，「大蕃国大徳三蔵法師」と称していたのが，この年を境に，「国大徳三蔵法師」と改称されている[106]．これは，法成の拠点である敦煌がチベット（大蕃国）から中国へ帰属したことを如実に反映しているのであるが，それを手掛かりとして，848 年以降の漢文資料に見られる法成の肩書きを集めてみるならば，丙寅年（846）の干支を有する『薩婆多宗五事論』（U25）に，「大蕃国大徳三蔵法師法成」という肩書きが見られるのを境として，「国大徳三蔵法師法成」（U26, 27）や「国大徳三蔵法師沙門法成（U28, 31, 32）」という肩書きしか見出されず，大校閲翻訳師や仏統に相当する肩書きは確認されない[107]．それ故，吐蕃期二目録を上記のように年代設定するならば，漢文資料から得られた肩書きとの齟齬が確認されたことになる．それ以外に，漢文資料の側から，848 年以後に法成が仏統や大校閲翻訳師であったことを裏付ける証左は見出されない．

この点について一点留意すべきは，855 年以後に行なわれた法成最晩年の講義の備忘録

---

106 呉 1984, p. 404; 上山 1990, p. 111 参照．

107 833 年に記された『大乗四法経論開決記』には，「大蕃国大徳三蔵法師沙門法成」という肩書きが見られるが，この頃は，彼は大校閲翻訳師であったので，zhu chen gyi lo tsa ba が，「三蔵法師」に相当する可能性はある．それ故，大校閲翻訳師の肩書きについては再考の余地はあるが，漢文資料に仏統に相当する肩書きが見出されないことは疑いない．

である『瑜伽論分門記』福慧随聴本（P. ch. 2038）には，一箇所だけ，「大蕃国都統三蔵法師沙門法成」という肩書きが確認されることである[108]．ここに見られる「都統」は，都僧統の省略形であり，bcom ldan 'das kyi ring lugs（仏統）に相当する用語であるので，もしこれが史実を反映しているのであれば，848 年以降も法成は仏統であった一証左となる．しかるに，ここで「大蕃国」という語が用いられている点，同本の他の全ての箇所では，一律，「国大徳三蔵法師沙門法成」と表記されている点を鑑みるならば，これは何らかの誤りと見做すべきであろう[109]．それ故，この一例のみをもって，この当時，法成はまだ仏統の地位にあったと速断することは出来ない．

さらに問題となるのは，『パンタンマ目録』の編纂以降に翻訳された『解深密経疏』（U3）の奥書きに，それが「神賛普の欽命（lha btsan po'i bka'）」によることが明記されている点である．同様の欽命は，同目録編纂以前に翻訳された『入楞伽経疏』（U2）の奥書きにも確認されるが，もし『パンタンマ目録』の編纂が，ランダルマ王が暗殺された 842 年であるならば，既に欽命を下す賛普がいないことになるので，その点に齟齬が確認される．

第三点の懸案は，法成の活動時期とのズレである．即ち，仮に，『パンタンマ目録』の成立を 842 年，『デンカルマ目録』の成立を 848 年と想定した場合，吐蕃王朝が崩壊した 842 年以前に翻訳された法成の作品は僅か六点（U2, 5, 6, 7, 8, 9）であり，残りの十四作品は全て 842 年以後に翻訳されたことになる．しかもその中には，法成が訳したものの中で最大の分量を誇る『解深密経疏』七十五巻も含まれている．これは明らかに不自然である．

以上の理由から，先に提示した『パンタンマ目録』842 年，『デンカルマ目録』848 年成立説には法成の事績と照合するならば，無視できない問題があることが明らかとなった．ルイワンポの年代の点からも些か難があることは既に指摘した通りである．それに対して，

---

108 上山 1990, pp. 92, 219-230; 呉 1984, p. 409 参照．

109 上山は，「大蕃国」の箇所のみを誤記とするが（上山 1990, p. 109），私見ではこの肩書き全体が何らかの誤りであったと考える．ちなみに，同氏は，法成を漢人とし，さらには，中国皇帝の告身をもって任ぜられる都僧統という僧官の地位にあったと見なした上で，その在任期間を，洪辯の在任期間（851-853）以後か，あるいは，チベット支配下にあった 834 年以前とする解釈を提示しているが（上山 1990, p. 110），その考証には無理がある．敦煌の歴代都僧統は既に竺沙雅章により詳しく検討され，一覧表も作成されているが（竺沙 1982, pp. 331-360, esp. p. 359），そこには法成の名前は見出されない．さらに，そもそも吐蕃支配時代の敦煌に中国僧官である都僧統が存在していたことは立証されておらず，常識的に考えて，吐蕃支配時代に中国皇帝が敦煌に都僧統を派遣したとは到底考え難く，またそのことを示す資料も皆無である．それ故，中国が敦煌の支配権を取り戻した 848 年以後に，敦煌仏教界を管理する僧官として，大中五年（851）の告身をもって赴任してきた洪辯を都僧統の最初と考えるべきである．ちなみに，「仏統（bcom ldan 'das kyi ring lugs）」は，中国の都僧統と極めて類似した地位であるが，これはチベット王の欽命により任命されたチベットの僧官であり，中国皇帝の欽命により任命された中国の僧官である都僧統とは似て非なる職位であるので，両者は峻別されるべきである．仏統とその起源については，西沢 2017, p. 118-120 参照．

種々の回答を与えることは不可能ではないが，今は，暫しその仮説を離れて，両目録の編纂年代を引き下げる可能性を検討してみたい．その場合，『パンタンマ目録』818 年，『デンカルマ目録』824 年成立説の問題点は既に指摘した通りなので，残された唯一の可能性は，『パンタンマ目録』830 年，『デンカルマ目録』836 年成立説しかない．しかしこの説では，両目録の編纂がティツク・デツェン王の時代であることになり，先に指摘したように，両目録に賛普の御名に対して言及が見られないことを説明できないという根本的な問題点があった．この点を如何に解釈すべきであろうか．

この点がこの両目録の年代考証において最大の難問となるのであるが，その回答は，自ずと限られてくる．端的には，『デンカルマ目録』が編纂された 836 年，さらには，『パンタンマ目録』が編纂された 830 年には，これまでの定説とは裏腹に，ティツク・デツェン王は既に逝去していたか，あるいは，もし仮に生存していたとしても，この両目録の編纂に対して欽命を下せず，さらには，両目録の編者もまたこの目録編纂がティツク・デツェン王の御代における出来事であるということすら前書き等に記せない異常な状況にあったかの何れかしか考えられない．その点を次に検討しよう．

(3) ティツク・デツェン王の没年と両目録の編纂年

ティツク・デツェン王の没年については，チベットの一連の史書は，概して，「鉄酉年（lcags bya）」，即ち，841 年を示す点で一致しているが[110]，中国側の資料では，『旧唐書』から『新唐書』，そして，『資治通鑑』に掛けて興味深い記述の変遷が見られる．それを一瞥すべく一覧にして示すならば，以下の通りである．

図．中国三史料に見られるティツク・デツェン王に関連する記述[111]

『旧唐書』吐蕃伝	『新唐書』吐蕃伝	『資治通鑑』
［元和］十二年（817）四月，吐蕃以賛普（Khri lde）卒來告.	［元和］十二年，賛普（Khri lde）死.・・・**可黎可足**（Khri gtsug）立為賛普，	［元和十一年（816）］二月，西川奏吐蕃賛普（Khri lde）卒，新賛普**可黎可足**（Khri gtsug）立.
中略	中略	中略
欠	賛普（Khri gtsug）立幾三十年，病不事，委任大臣，故不能抗中國，邊候晏然. 死，以弟**達磨**（Dar	是歳（開成三年），吐蕃**彝泰**（Khri gtsug!）賛普卒，弟**達磨**立．**彝泰**多病，委政大臣，由是僅能自

110 山口 1980a, pp. 4-7 参照．

111 この箇所は，既に佐藤 1986, p. 14ff.に紹介されている．

	ma）嗣．［注．開成四年（839）の項の直前に見られる．］	守，久不為邊患．
會昌二年（842），贊普卒．十二月，遣論贊等來告哀．	會昌二年，贊普（*達磨）死，論贊熱等來告．	［會昌二年．］丁卯，吐蕃遣其臣論普熱來告達磨贊普之喪，

註．Khri lde = Khri lde srong btsan; Khri gtsug = Khri gtsug lde btsan; Dar ma = Dar ma 'u dum btsan

一番古い『旧唐書』（945年造）では，元和十二年（817）にティデ・ソンツェン王の死を伝え（同 p. 5261），長慶元年（821）と長慶二年（822）の項に二度贊普に対する言及（同 pp. 5265, 5266）がある他は，会昌二年（842）に贊普が亡くなったと十二月に論贊［熱］[112] 等の使者が来朝してその喪を報告した（同 p. 5266）としか記されていない．その亡くなった贊普が誰であるかは明記されておらず，そもそも，ティデ・ソンツェン王の後に二人の贊普が存在していたことすらも定かではない．

他方，『新唐書』（1060 年造）では，元和十二年の項に，ティデ・ソンツェン王の死と共に，「可黎可足」，即ち，ティツク・デツェン王の登位が明記されており（同 p. 6100），この点で『旧唐書』と異なる．さらに，開成四年の項の直前に，ティツク・デツェン王の死と，「達磨」，即ち，ランダルマ王の登位に対する言及が見られ（同 p. 6104），会昌二年に亡くなったのは，ティツク・デツェン王ではなく，ランダルマ王であることが示されている．

最後の『資治通鑑』（1084 年造）は，明らかに，『新唐書』の記述を受けているが，顕著な相異も確認される．まず，ティデ・ソンツェン王の死とティツク・デツェン王の登位は，元和十二年でなく，その前年の元和十一年とされ（同 16, p. 7721），後者は，『新唐書』に従い，「可黎可足」と表記されている．他方，このティツク・デツェン王の死は，『新唐書』では年号が示されていなかったのに対して，『資治通鑑』では，開成三年（838）と明記されており，かつ，そこでは，同王は「可黎可足」ではなく「彝泰」と表記されている（同 17, p. 7938）．この表記の相異の背景には，『資治通鑑』の編者が『新唐書』とは全く別の史料に依拠してこれを記したことがあり，『通鑑考異』から，それが『補国史』であることが確認される[113]．但し，その『補国史』の情報源が何であるのかは定かではない．なお，『新唐書』と同様に，会昌二年に亡くなった贊普をランダルマ王とするので，『資治通鑑』では，ランダルマ王の在位期間は，838-842 の五年間とされ，チベット史料との情

---

[112] 『新唐書』には「論贊熱」と表記されており，佐藤 1973, p. 281, n. 65 には，Blon btsan bsher (sic, read: bzher)という蔵語が想定されている．

[113] 『資治通鑑』17, p. 7938: 考異曰：彝泰卒及達磨立，実録不書，旧伝（旧唐書），続会要皆無之．今據補国史．これについては，佐藤 1986, p. 15f.参照．

報と大きな食い違いを見せる．

以上，ティツク・デツェン王を中心に据えて，三つの中国史料を概観したが，そこから確実に導出できることは，まず第一に，会昌二年（842）に贊普が亡くなったと朝廷に報告があったことである．このことは，同年十二月に論贊熱が来朝してその喪を伝えたと明記されているので，疑いない．そして，その贊普がティツク・デツェン王ではなくランダルマ王であることは，『旧唐書』には明記されていないが，『新唐書』及び『資治通鑑』に共通して記されており，さらには，チベット史料からも裏付けられるので，史実と見てよかろう[114]．それ故，842年にランダルマ王の死を告げる使者が来朝したことは史実と評価できる．但し，同年にランダルマ王が亡くなったか否かは定かではない．ティソン・デツェン王やティデ・ソンツェン王の死とそれを告げる使者の来朝には数年のライムラグがあったこと[115]を考えるならば，842年以前に遡る可能性は十分にあり得ることである．

第二に，ティツク・デツェン王の死は正式に中国に報告されなかったという事実を挙げる必要がある．従来一連の贊普の死については，吐蕃は正式な使者を立てて唐朝に報告す

---

[114] 会昌二年にその死を報告された贊普をティツク・デツェン王に同定する解釈も先学により提示されている．山口 1980a, p 9; 佐藤 1986, p. 8 参照．この点については，両論文が言及する『通鑑考異』に各史書に見られる記述の相異が引かれており，この問題が中国の歴史家にとっても難問であったことを示唆している．即ち，『資治通鑑』17, p. 7969: ①［武宗］実録「丁卯．吐蕃贊普卒．遣使告喪．廃朝三日．贊普立僅三十余年．有心疾，不知国事．委政大臣焉．命将作少監李璟為弔祭使．」②據補国史，彝泰卒後又有達磨贊普，此年（*会昌二年）卒者達磨也．③文宗実録不書彝泰贊普卒．④旧伝（旧唐書）及続会要亦皆無達磨．⑤新書（新唐書）據補国史，疑文宗実録闕略，故他書皆因而誤．彝泰以元和十年立，至此二十七年，然開成三年已卒．達磨立至此五年，而実録云僅三十年，亦是誤以達磨為彝泰也．［註．番号付けと下線は筆者．和訳は佐藤 1986, p. 16f.参照．］

このうち，会昌二年にその死が報告された贊普をランダルマ王に比定するのは，『補国史』である．『新唐書』と『資治通鑑』の記述はこれに依拠する．他方，その贊普をティツク・デツェン王に比定する史書は見出されない．佐藤 1986, p. 26 には，『武宗実録』には会昌二年に言及された贊普がティツク・デツェン王であると述べられているとあるが，そのような事実はない．ただ，『武宗実録』に見られる「贊普立僅三十余年」以下の記述は，『新唐書』を見るとティツク・デツェン王に帰されているので，それを根拠にティツク・デツェン王を指すと推定することが出来るだけであり，『武宗実録』自身に明記されているわけではない．『武宗実録』の一文が示しているのは，ランダルマ王とティツク・デツェン王という二人の贊普が区別されていないことである．「贊普立僅三十余年」という際の贊普はティツク・デツェン王，会昌二年の丁卯（十二月）に死が報告された贊普はランダルマ王を指すが，ティツク・デツェン王の死が報告されなかったために，同一の贊普の出来事として混同されたのである．実際，「贊普」とある以外，具体的な人名は伝えていない．それ故，結局のところ，最も古い『旧唐書』や『文宗実録』に見られるように，ティツク・デツェン王の死に対する言及は最初からなかったと解釈するのが穏当である．実際，仮に会昌二年の贊普の死をティツク・デツェン王の結び付けるならば，ランダルマ王の死の記述が見出されないことになり，その直後の「無子」等の記述（『新唐書』p. 6105）に結び付かなくなる．山口 1980a, p. 12 では，これをもティツク・デツェン王に結び付けているが，蔵漢両方の史書の支持を得ないので，従えない．

[115] 例えば，ティソン・デツェン王は貞元十三年（797）に亡くなったが，その死が報告されたのは，貞元二十年（804）であり，ティデ・ソンツェン王の死が報告されたのは，元和十二年（817）であるが，実際に亡くなったのは，元和十年（815）とされる．佐藤 1973, pp. 191, n. 79; 193, n. 84 参照．

るのが慣例であったが，このティツク・デツェン王に限ってはその死の報告が一連の中国史料に確認できない．それ故，ここからティツク・デツェン王の死は中国に対して伏せられたという結論が導出される．実際，『旧唐書』では，ティツク・デツェン王の死に対する言及自体がなく，『新唐書』では，開成四年（839）の項の直前に所引のティツク・デツェン王の死を記す記述が見られるが，それは使者が正式に告げたものではない．その前の項は，大和五年（831）にまで飛ぶので（同 p. 6104），その間，即ち，831-839 年の間は言わば空白期間となっており，吐蕃に何が起こったのは『新唐書』から辿れない．ただ，『旧唐書』から，大和五年から八年，開成元年と二年には朝貢があったことを示す極めて簡略な記述が見られるので[116]，国交自体が断絶していたわけではないことが確認されるだけである．この事実は，従来等閑視されてきたが，チベット史料に見られるティツク・デツェン王の暗殺の記述と併せて考えるならば，極めて示唆的である．この点で注目すべきは，『資治通鑑』であり，『資治通鑑』には，開成三年にティツク・デツェン王の死を伝えている．しかるに，これは，恐らくは，『新唐書』で同王の死が開成四年の項の直前に見出されることから，それを開成四年の前年である開成三年に位置付けただけであり，資料的根拠があってのことではなかろう．ティツク・デツェン王に対する言及は，長慶二年（822）の長慶会盟の際に使者の劉元鼎が悶懼盧川で会見した記述が最後であり[117]，それ以降は全く言及されない．それ故，中国側の資料から云えることは，ティツク・デツェン王の死は，恐らくは，822-839 年の間に起こったということだけである．

第三は，中国史料におけるティツク・デツェン王の影の薄さである．ティツク・デツェン王は，吐蕃と唐の間の記念碑的な和平協定である長慶会盟（821-822）の当事者として唐蕃会盟碑にもその名が記されており，特記されてしかるべきであるが，中国側の資料では，『旧唐書』では，長慶会盟以降の同王の存在が黙殺されており，『新唐書』や『資治通鑑』では，登位してから三十年近くもの間，病気がちで政務を大臣に一任して国家を衰退させた無能な存在として描かれている．チベット側の資料では，ティツク・デツェン王は熱心な崇仏派の賛普として寺院の建立やパンディタの招請，仏典翻訳事業等を指揮したのみならず，ソンツェン・ガムポ王以来乱れていた度量衡をインドの基準に合致するように修正を行なった開明的な王として記述されているのとは著しく対照的である[118]．つまり，

---

116 『旧唐書』吐蕃伝 p. 5266: 太和五年（831）至八年（834）．遣使朝貢不絶，我亦時遣使報之．開成元年（836），二年（837），皆遣使來．

117 『旧唐書』吐蕃伝 p. 5266: 元鼎初見贊普於悶懼盧川．『新唐書』吐蕃伝 p. 9103 にも同様の記述が見られる．和訳は佐藤 1973, pp. 201, 276 参照．『資治通鑑』には，劉元鼎が長慶二年の八月に吐蕃から帰朝したという記述（同 17, p. 7820）がある以外，贊普に対する言及は見出されない．

118 例えば，『プトゥン仏教史』p. 190f. 参照．

中国側の資料とチベット側の資料では，ティツク・デツェン王の存在感やその事績の評価について全く相反した記述が見られるので，その点を如何に解釈すべきかということが検討課題として浮上してくる．

以上，中国史料を主資料として，ティツク・デツェン王の死の関する記述を検討した．そこから導出される結論は以下の通りである．

1．ティデ・ソンツェン王とランダルマ王の死は中国に使者を使わして正式に報告されたが，ティツク・デツェン王の死は中国には正式に伝えられられず，伏せられたこと．

2．それ故，中国史料からは，ティツク・デツェン王の正確な没年は不明であり，恐らくは，822-839年の間に起こったと推察されるだけであること．

以上は主に中国史料から判明した事実であるが，ティツク・デツェン王の没年については，別資料に基づき，もう少し年代の幅を狭めることが可能である．即ち，敦煌文書に贊普がレンカル宮殿から辰年（'brug lo）に沙州節児（Sa chu'i rtse rje）に下した公文書（P. tib. 1085）が残されているが，これはティツク・デツェン王が発したものであり，木辰年（shing 'brug）の824年に同定されることが既に先学により指摘されている（山口 1988, p. 38f.）．さらに，同王の寄進による『十万頌般若経』の大規模な写経事業が826-827年に行なわれたことが敦煌文書[119]から確認されるので，827年まで存命していたことは疑いない．

さらに，大校閲翻訳師法成の事績からも，重要な関連情報を得ることが出来る[120]．法成に関する敦煌文書の奥書きには，筆記した年号が記されているのが常であり，そこからかなり正確な事績を知ることが出来るが，それによれば，法成には，833年に沙州（敦煌）の永康寺で記した著作（『大乗四法経論及廣釈開決記』）が残されているので，遅くても833年には敦煌へ拠点を移し，以後，没するまで吐蕃には戻らず，沙州や甘州に滞在したことが明らかにされている．それ故，842年のランダルマ王の暗殺とその後の吐蕃分裂を待つまでもなく，既に833年以前に，法成が活動拠点を敦煌へ移し，以後，吐蕃の外部で活動せざるを得なかった何らかの重大事件が吐蕃で起こったことが推察されるのである．それとチベット史料が伝える筆頭大徳テンカ・ペルユンの殺害と続くティデ・ソンツェン

---

119 原文と英訳は，Thomas 1951, pp. 80-84，和訳は，西岡 1985, p. 383f.を参照．この文書には冒頭部に，「午年と未年に神王子の御寄進（rta dang lug gi lo la/ lha sras kyi sku yon）」という一文が見られるが，藤枝（1961, p. 277）は，そこに言及された「神王子」をティツク・デツェン王に，「午年と未年」を，同王の時代の826・827年か，さもなくば，838・839年に比定している．岩尾（2014, p. 22f.）が指摘するように，これは，823年の四国会盟，さらには，821-822年の長慶会盟を契機とした和平の時代を前提とした国家事業と思われるので，826・827年に比定される．

120 法成の事績については，上山 1990, pp. 103-246; 呉 1984, pp. 399-410に詳しい．以下の筆者の考証も主にこの二論文に依拠する．

王の暗殺が無関係であったとは到底思われない[121]．そこで，チベット側の史料に眼を転じてみよう．例えば，プトゥンは，ティツク・デツェン王の一連の弘法活動を述べた後で，こう伝えている．

「彼（＝レルパチェン）は，出家者（rab tu byung ba）に対して政治を委ねたので，黒［教］（nag po, i.e., ボン教[122]）を好む大臣達は怒り，仏法の戒律（chos khrims）を破壊しようと密謀して，出家者たる神王子ツァンマ（lha sras gTsang ma）をトォモ（Gro mo）に追放し，妃ガンツルマ（btsun mo Ngang tshul ma）と筆頭大徳ペルキユンテン（bandhe chen po dPal gyi yon tan）は姦通していると讒言して，筆頭大徳を殺害し，妃は自害した．［さらに］贊普は，三十六歳の鉄酉年（841）に，バー・ギェルトレ（dBa' rgyal to re）と，チョクロ・レクダ（Co[g] ro legs sgra）の二人により絞殺された．」（『プトゥン仏教史』p. 191.16-19[123]）

ティツク・デツェン王の暗殺については，懐疑的な解釈もあるが[124]，『プトゥン仏教史』のみならず，十二世紀頃の作とされる『デウー仏教史』や『ニャン仏教史』等の比較的古い史書を始め一連のチベット史料に言及されるので[125]，全くの虚構ではなく，何らかの史実を反映しているものと考えるべきである．特に，「出家者に政治を委ねた」という一文は，中国史料に見られる「贊普立幾三十年，病不事，委任大臣，故不能抗中國」（『新唐書』吐蕃伝），「彝泰多病，委政大臣，由是僅能自守」（『資治通鑑』巻 246）という文章と重ね合わせるならば，「出家者」とは単に不特定の僧侶達を指しているのではなく，明確に，出家者にして宰相を務めた筆頭大徳ペルキユンテン（以下，ペルユン）を含意していることは疑いない．つまり，ティツク・デツェン王は政治を筆頭大徳ペルユンに委ねて，極端な崇仏政策を行なったため，それが既存の権力者層の強い反発を呼び，両者の殺害へと至る契機を作ったのである．

---

121 法成の沙州移転の背景に当時の吐蕃王朝内で親仏派と反仏派の二派の闘争があったことは，既に，呉 1984, p. 404 の指摘する所である．但し，その背景に贊普暗殺があったことまでは触れられていない．また，羽田野伯猷は，『デンカルマ目録』836 年説の根拠として，旧体制派の謀叛による筆頭大徳ペルユンの殺害事件を挙げているが（同 1983, p. 326），慧眼である．『パンタンマ目録』出版以前の研究であり，考証に不備がないわけではないが，これまでの一連の『デンカルマ目録』年代考証のうち，最も真相に近づいたのは羽田野に他ならない．

122 Obermiller は，"ministers who rejoined in sinful deeds"と訳すが（同 1932, p. 197），佐藤訳「大臣のボンポを好むもの」（同 1959, p. 865）のように，この nag po はボン教を指すと解釈するべきである．

123 翻訳は，Obermiller 1932, p. 197; 佐藤 1959, p. 865 を参照．

124 山口 1980a, p. 9ff.参照．同氏は，『新唐書』や『資治通鑑』に「病不事」「彝泰多病」と記されていることに依拠して，ティツク・デツェン王は病死したと解釈する．しかし，両書とも，病気であったが故に，政治を大臣に一任したとは云っているが，病死したとまでは述べていない．

125 例えば，『デウー仏教史』p. 343.2;『ニャン仏教史』p. 396.11f.;『プトゥン仏教史』p. 1191.14f.;『賢者喜宴』p. 422.11-15 等参照．

そこで問題となるのは，その筆頭大徳と賛普の殺害が起こった年である．プトゥンを始めとする一連のチベットの歴史家達は，賛普の死を 841 年としているが，これは中国史料や法成の事績等から得られた情報を勘案するならば，もっと前に立てる必要があり，恐らくは，833 年以前に起こったと推定される．そして，以上の吐蕃王朝における政治的動向が，『パンタンマ目録』と『デンカルマ目録』の編纂にも如実に反映しているのである．前述したように，欽命をもって制定された『二巻本訳語釈』には，賛普の御名が明記され，さらには，当時の僧俗の両大臣達の御名も列挙されていた．しかるに，この両目録にはその前書きにも奥書きにも，これら一連の人物達に対する言及が見られない．そのことは，この両目録が編纂された時点では，既に，この筆頭大徳と賛普の両者は殺害され生存していなかったことを如実に示唆しているのである．それ以外に，護法王ティソン・デツェン王が最初に国家事業として打ち立て，三代に渡り受け継がれてきた仏典翻訳事業の総決算である大蔵経目録の編纂が，賛普の欽命によるものでなく，さらには，その前書きや奥書きに賛普の御代すらも記されていていない異常な事態に対する合理的説明は考えられない．以上の一連の関連情報を纏めるならば，以下の通りである．

1．一連の中国史料によれば，ティツク・デツェン王の死は正式に中国に伝えられず伏せられたこと．
2．大校閲翻訳師にして仏統という要職にあった法成が，吐蕃を離れ，以後，没するまで沙州や甘州等の吐蕃外に活動拠点を移さざるを得なかった何らかの重大事件が 833 年以前に起こったこと．
3．一連のチベット史料に，ティツク・デツェン王の過激な崇仏政策が反仏派の大臣達の反発を呼び，筆頭大徳ペルユンと賛普の殺害へ至ったことが記されていること．
4．ティツク・デツェン王の後半生に編纂されたと推定される『パンタンマ目録』と『デンカルマ目録』に，ティツク・デツェン王や筆頭大徳ペルユン等に対する言及が全く見られず，『パンタンマ目録』に至っては奥書きすら欠くという不完全な形で編纂されたこと．

以上の一連の諸事実を念頭に置くならば，筆頭大徳ペルユンとティツク・デツェン王は，830 年に編纂されたと考証される『パンタンマ目録』の前書きに言及されないことから，その時点には既に殺害され死亡していたと推定することは，決して根拠がないとは言えないであろう．上述の一連の独立した諸事実は，全てそのことを示唆している．これは端的には反仏派によるクーデターに他ならない．そして，そのクーデターは成功して，神王子ツァンマは追放され，妃ガンツルマは自害，筆頭大徳と賛普の両者は殺害されるに至ったのである．このようにして，王朝内の親贊普派の主要人物はほぼ全て排除された．

この両者は唐蕃会盟碑にその名が記されており，新旧の『唐書』から，長慶会盟（821-822）には出席していたことが確認され[126]，さらに，ティツク・デツェン王は，前述したように，826-827 年に行なわれた『十万頌般若経』写経事業のための寄進が敦煌文書から確認されるので，反仏派によるクーデターはそれ以後であることには疑いないが，この筆頭大徳及び贊普の殺害が同年に起こったのか，あるいは，数年が介在するのかは定かではない．ただクーデターの性質上，恐らくは同年に時を隔てずに遂行されたと推察される．『パンタンマ目録』は，恐らくは，その危機的状況に対応して，緊急に編纂されたものであり，同目録の前書きには筆頭大徳と贊普に対する言及が見出されないことから，その編纂年と推定される 830 年には両者は既に不在であったことが窺われる．それ故，両者の暗殺の時期は 827 年から 830 年の間ということになり，便宜上，830 年頃と考証しておく．

このクーデターの原因は，ティツク・デツェン王の極端な崇仏政策にあったことは疑いないが，特に直接的原因として考えられるのは，826-827 年に行なわれた『十万頌般若経』の大規模な写経事業であろう．それは膨大な資金を要するものであり，国庫に重大な圧迫を加えたであろうことは容易に推測が付くが，これが反仏派の怒りに油を注ぐことになり，その結果，贊普の暗殺に至るクーデターへの道を開くことになったと推察される[127]．対外的な和平の時代が国内に叛乱を呼ぶことになった皮肉な事例と言えよう．

そして，この贊普の暗殺は中国側へは伝えられず秘匿された．その際，恐らくはその死を隠蔽するために，病気の為に公事に出れられないという理由付けがなされたのであろう．中国資料に，「病不事」（『新唐書』）や「彝泰多病」（『資治通鑑』）と記されたのはそのことを示唆している．ティツク・デツェン王の死を秘匿した理由は，後代，摂政デスィ・サンギェギャンツォ（sDe srid sangs rgyas rgya mtsho, 1653-1705）がダライラマ五世（rGyal ba sku phreng lnga pa Ngag dbang blo bzang rgya mtsho, 1617-1682）の死を秘匿したのと同様の政治的理由が考えられる．即ち，両国間の和平に多大な貢献があった同王の死を伝えることは，両者の国交関係に多大な余波を与える可能性があったのである．正当な贊普を殺害して政権を不当に奪取したクーデター政権に対しては，当然のことながら，吐蕃に対する中国の政治的さらには軍事的介入の口実を与えることになったであろう．その場合，それを未然に防ぐために，クーデター政権の意のままになる傀儡を贊普の血族の中から速やかに擁立する予定であったであろうが，それは実際には行なわれなかった．そのことは次王

---

126 『旧唐書』吐蕃伝 p. 5265;『新唐書』吐蕃伝 p. 6103（佐藤 1973, pp. 190, 276）参照．唐蕃会盟碑については，佐藤 1959, pp. 900, 916 参照．

127 この資金を捻出するための徴税状況の具体的事例は，岩尾 2014, pp. 24-27 を参照．同氏は，それに起因する経済状況の悪化が筆頭大徳と贊普の暗殺へ至ったと解釈するが，筆者も同意見である．

登位の報告が中国に為されなかった事実が如実に示している．結局はランダルマが登位したと伝えられるが，その経緯と正確な時期は不明であり，何故にその登位が中国へ報告されなかったのかも定かではない．このランダルマもまたすぐに暗殺されたので，真相は既に深い闇に葬りさられている．唯一確実に云えることは，会昌二年に贊普の死とその喪に伏していることが中国側へ伝えられたことだけである．

このクーデター政権に対するランダルマ王の立ち位置と殺害の理由は不明であり，今後の検討課題として残しておくが，一連のチベット史料が伝えるように，邪悪なランダルマ王が破仏を行なったので，崇仏の仏教僧により正義の鉄槌が下されたというような単純な事態ではないことだけは確かである．王朝内の複雑な権力闘争がその背景にあったことは疑いない[128]．

以上，先に挙げた第一の可能性を検討した．恐らくは，これが最も史実に近いものと思われるが，ここで先ほど挙げた二つの可能性のうち，後者の可能性，即ち，ティツク・デツェン王は両目録の編纂時には暗殺されてはいなかったが，両目録の編纂に欽命を下せない状態であった可能性を検討しておこう．この当時，既に崇仏派の巨頭である筆頭大徳ペルユンが殺害されており，反仏派の大臣が実権を掌握していたのであれば，これは確かにあり得ることではある．しかし，その場合にも，仮にティツク・デツェン王が生存していたのであれば，最低限，その編纂が同王の御代における出来事であることを記すことは可能であったはずである．それすらもないことは，やはり，前述した通り，その当時同王は既に死亡していたと見做すのが穏当な解釈であろう．

ティツク・デツェン王の殺害と続くランダルマ王の殺害及びその後の出来事については，中国史料とチベット史料に非常に大きな記述の相異が見られ，資料の扱いには慎重な検討を要する．このティツク・デツェン王の事績については，本稿では資料として中国史料をかなり重視する立場を取ったが，それは端的には，この件に関する後代のチベット史料は，この件の当事者の政治的意図が反映した情報を元にしたものであり，資料的に信憑性に欠けると思われるからである．それに対して，中国側の史料は，その権力闘争の利害関係から離れており，比較的中立的な立場から記述していると評価される．この件を含め，ティツク・デツェン王からランダルマ王に至る経緯とその後の展開の委細については，本稿の主題を遥かに超えるので，関連するチベット側の史料の紹介と共に，稿を改めて検討することにしたい．そして，ここでは，『パンタンマ目録』と『デンカルマ目録』の編纂が，筆頭大徳ペルユンとティツク・デツェン王の殺害を背景として急遽執り行われたものであ

[128] ランダルマ王の破仏に関しては，それを否定する興味深い解釈が山口 1995 に提示されている．この件については項を改めて検討することにしたい．

り, その痕跡は両目録の前書きや奥書き等に反映していること, 両目録の編纂年は, 順に, 830 年の鉄戌年（lcags khyi lo）と，836 年の火辰年（me 'brug lo）に比定されることを結論として述べておくに留めておきたい.

この両年代は，前述したように，既に拙稿（西沢 2011）において提示されたものであるが，そこでは，この両目録の編纂が吐蕃王朝が崩壊した 842 年以降であることの可能性や, 両目録の前書きや奥書きに賛普に対する言及が見出されないことの意義等は看過されており, 論証として不十分なものであった. その点が本稿において補完されたことになる.

(4) 法成の蔵訳作品の時系列

以上，大校閲翻訳師法成の事績を手掛かりとして，『パンタンマ目録』と『デンカルマ目録』の編纂年を考察した．次に，上述の結論を踏まえて，法成の一連の翻訳作品を，時系列に沿って整理しておきたい．堅実な年代を提供してくれる法成の事績は，両目録の編纂事情を考察する上で，試金石となるからである．その際，特に．法成の一連の作品の奥書きに見出される肩書きに注目したい．法成の肩書きには，彼の当時の官職名が見出されるが，その推移を追うことで，当時の吐蕃仏教界の状況の一端を推察することが可能となっているからである.

図４．法成の一連の蔵訳作品の時系列一覧

第一期（『パンタンマ目録』編纂以前の翻訳）［830 年以前］（6 作品）
（1）前期 U2：K517/Y569 (+Y251?): 円暉造『入楞伽経疏』[129]（P 208b3-313a8）　註．神賛普の欽命による． U9：K185/Y63: 漢訳『大宝積経』第 40 会（P 73b7-84a6）
（2）中期 U7：K685/Y30: 漢訳『大宝積経』第 7 会（P 80a6-158a1）［翻訳未完］ U8：K683/Y37: 漢訳『大宝積経』第 13 会（P 234a3-248a3）［翻訳未完］ 備考．前期と中期ではまだ一介の「翻訳師（lo tstsha ba)」の地位にあった.
（3）後期 U5：K231/Y250: 漢訳『金光明経』（P 20a6-157a4） 備考．後期では,「大校閲和尚及び翻訳師仏統大徳（zhu chen gyi mkhan po dang lo tstsha ba bcom ldan 'das kyi ring lugs ban de)」の地位を得た. 註．U6：K230/Y249: 『賢愚経』（P 131b1-302b4）は，訳跋を欠くので，位置付け不明.

[129] 同書には，841 年に筆写された写本（S. tib. 219）が残されている（上山 1990, p. 115）.

第二期（『パンタンマ目録』と『デンカルマ目録』の間の翻訳）［830-836 年の間］（2 作品）

U3：K om./Y566: 円測造『解深密経疏』（P ti 1-di 198a5）　註．神贊普の欽命による．

U14：K om./Y343:『聖観自在密蔵無礙如意輪心陀羅尼』（P 1-10a5）

備考．第一期後期同様に，「大校閲和尚及び翻訳師仏統大徳」の肩書きを保持．U7, 8 の完訳．

第三期（『デンカルマ目録』編纂以降の翻訳）［836 年以降］（11 作品）

（1）前期［現大蔵経収録作品］（836-842 年？）

U15：K om./Y om.:『聖十一面観自在陀羅尼』（P13a3-21b6）

同［大蔵経未収録作品］

U10:『聖時非時説示経』

備考．第三期初期ではまだ法成は.まだ「大校閲和尚及び翻訳師仏統大徳」の地位にあった．

（2）後期［現大蔵経収録作品］（842 年以降？）

U4：K om./Y om.:『聖勝劣因果経』（P 204b2-216b7）

U11：K om./Y om.:『聖錫杖経』（P 279b1-282b2）

U12：K om./Y om.:『執持錫杖普行儀軌』（P 282b2-283a8）

U13：K om./Y om.:『聖千手千眼観自在菩薩無礙広意円満陀羅尼』（P 270a6-304a8）

同［大蔵経未収録作品］

U16:『百字論頌』; U17:『百字論釈』

U18:『縁生三十頌』）; U19:『縁生三十論』

U20:『用八格説示頌』

備考．第三期後期では，「仏統」の肩書きが外れ，「大校閲翻訳師大徳」のみとなったので，この頃には仏統及び仏統会議が消滅したことが窺われる．

法成の翻訳活動は，吐蕃期二目録の編纂年を基準として，上記の通り，大きく三つの時期に分けられる．第一期は，『パンタンマ目録』編纂以前（830 年以前）の段階であり，この時期の翻訳作品は六作品（U2, 5, 6, 7, 8, 9）を数える．それらは，更に初期（U2, 9）・中期（U6, 9）・後期（U5）の三つの時期に細分される．最初の二つの時期では，法成は，まだ大校閲翻訳師として認定されていなかったため，肩書きは，「翻訳師（lo tstsha ba）」に留まっている．このうち，『大宝積経』の二章の翻訳（U6, 9）を敢えて中期として別立したのは，翻訳未完であることを鑑みてのことである．憶測の域を出ないが，法成は，恐らく最初に円暉造『入楞伽経疏』（U2）を完訳した後で，『大宝積経』の漢訳作品三点（U7, 8, 9）の蔵訳に着手した．そして，そのうち，第四十会（U9）は完訳したが，残りの第七会（U7）と第十三会（U8）は何らかの理由により完訳へ至らず，翻訳未完の状態に放置された状況が考えられる[130]．その後，漢訳『金光明経』の翻訳（U5）に着手し完訳した．注目すべきは，この『金光明経』の奥書きには，zhu chen gyi mkhan po dang/ lo tstsha ba bcom ldan 'das kyi ring lugs ban de（大校閲和尚及び翻訳師仏統大徳）という肩書きが見出されることである．このことは，この翻訳の時点で，法成は一介の翻訳師から大校閲翻訳師へ昇格し，さらには，チベット仏教界の首脳陣に当たる仏統に任命されたことを示している．それは，この第一期の一番最後の頃，恐らくは，830年の数年以内であったものと推定される．

その次の第二期，即ち，『パンタンマ目録』編纂と『デンカルマ目録』編纂の間（830-836年）には，前出の翻訳未完の二作品（U7, 8）は完訳され，新たに二つの作品（U3, 14）が翻訳された．この時期の法成の肩書きは，前述の『金光明経』の奥書きに見られるものと同じく，「大校閲和尚及び翻訳師仏統大徳」である[131]．注目すべきは，このうちの『解深密経疏』の翻訳（U3）には，奥書きに，それが神贊普（lha btsan po）の欽命であることが明記されていることである．ここで「神贊普」がティツク・デツェン王であることは云うまでもないが，この欽命は現在知られている一連の資料の中で，同王の最後期の欽命であることは強調しておきたい．この欽命は，830年か，あるいは，その数年以内になされたものであり，同王が暗殺される直前になされたものと推定される．そして，前述したように，830年頃にティツク・デツェン王が暗殺されたため，遅くてもこの第二期中葉に当たる833年頃には法成は沙州へ移動した．以後の法成の翻訳は，吐蕃の外において為されることになる．

最後の第三期は，『デンカルマ目録』が編纂された836年以降の翻訳であり，現行の大蔵経収録作品は，五点（U4, 11, 12, 13, 15）を数える．この時期もまた，法成の肩書きから二つの時期に分けられる．前期の作品（U15）では，まだ法成は仏統の肩書きを保持しているので，その時点ではまだ仏統は存続していたことが確認される．他方，後期は，この仏統の肩書きが外れ，zhu chen gyi lo tsa ba ban de（大校閲翻訳師大徳）の肩書きのみを残し，大蔵経収録作品としては，四点（U4, 11, 12, 13）を数える．この時点で既に仏統会議は消滅していたものと推察される．仏統会議の解散が何時のことは定かではないが，やはり，吐蕃王朝が分裂した842年が一つの目安となる．それ故，便宜上，842年を基準に，それ以前を第三期前期，それ以後を第三期後期と区分しておく．無論，この区分は大凡の

[130] ただその逆の状況も考えられるので，初期と中期の区分は便宜的なものであると了承されたい．
[131] 翻訳未完の二作品（『大宝積経』第7, 13会）のナルタン版の奥書には，単に「翻訳師」の肩書きが示されている点が留意される．これは翻訳開始時の肩書きを記したか，あるいは，北京版では失訳人名となっているところから，後に付加された可能性もある．この点は検討課題であるが，この時期には法成は既に大校閲翻訳師に任命されていたことには疑いはないと考える．

目安であり確証されたものではないことを了承されたい．

問題は，図３に示した敦煌文書のみに残る法成の蔵訳作品群の扱いである．この作品群は，六点（U10, 16, 17, 18, 19, 20）を数えるが，そのうち，二組（U16/17; U18/19）は，偈頌と註釈なので，一緒に訳されたものとするならば，合計，四点ということになる．何れも，その奥書から，法成が大校閲翻訳師であることを示すので，第一期後期以後の作品であり，敦煌文書のみに残されている点から，恐らくは833年頃に敦煌へ移ってからの第三期に属する作品であろう．このうち，『聖時非時説示経』の翻訳（U10）のみ，仏統の肩書きが見出されるので，それは第三期前期に位置付け，残りは第三期後期に位置付けておく．問題は，何故に，これらの作品が現行の大蔵経に収録されていないのかという点であるが，委細は不明である．ただ，法成は，沙州に移ってからの翻訳作品を吐蕃に送り，それは既存の翻訳と一緒に保管され，後伝期に伝えられたと推定されるが，何らかの事情により吐蕃に送られなかったか，あるいは，送られたが届かなかったかの理由で，敦煌文書のみに残されたものがこの一連の作品であるかと推定される．

以上，法成の翻訳活動の推移を，彼の肩書きと吐蕃期二目録の収録状況を手掛かりとして追ってみた．その結果，『パンタンマ目録』の編纂を830年，『デンカルマ目録』の編纂を836年に立てた場合，法成の事績に関わる諸々の懸案が矛盾なく解消されたことが確認されたかと思う．これが，最初に立てた仮説のように，『パンタンマ目録』の編纂を842年，『デンカルマ目録』の編纂を848年に立てた場合には，何故に，833年前に法成が沙州へ移らざるを得なかったのかという理由や，法成の主要な翻訳活動時期を吐蕃分裂後の842年以降に置かざるを得なくなる不自然さなど説明しがたいものがあったが，それが全て解消され，かつ，最大の難問であった両目録における賛普への不言及も，ティツク・デツェン王が，830年頃に既に暗殺されて不在であったと解釈することで，説明可能となった．むしろ，ティツク・デツェン王の死を830年頃に立てることで，中国史料に見られる同王の死に対する奇妙な沈黙や記述の混乱に対して一つの合理的な解釈を提示することが可能となったのである．問題は，同王の没年に関する一連のチベット史料の記述と一致しない点であるが，その点については，上述の通り，稿を改めて論ずることにしたい．

(5)『チムプマ目録』の編纂年

以上，『パンタンマ目録』と『デンカルマ目録』の編纂事情と編纂年について考証を行った．そこで残された最後の目録である『チムプマ目録』の編纂年について検討しておこう．『チムプマ目録』は，この三つの目録のうち，唯一現存が確認されておらず，その内容もごく限られた断片的なものしか知られていないので，確固として言えることは多くはない．しかしながら，この三つの目録を実見したプトゥンの記述を手掛かりとして，この三つの目録の相対的な前後関係を推察することは可能となっている．そこで『プトゥン仏教史』の中から幾つか資料を紹介しておこう．まず，『パンタンマ目録』と『チムプマ目録』の順序については，以下の記述が参考になる．

「第二．中間法輪の註釈において，［N499］『十万頌般若経』の大註，78 巻．少し未訳．これは，『パンタンマ』において賛普ティソン・デツェンの著作として記されているが，前二者（＝『デンカルマ目録』と『チムプマ目録』）ではインドのものと説かれているので，Daṃṣṭasena により著作されたものである．」(『プトゥン仏教史』p. 230.12-15[132])

この著作は，『パンタンマ目録』に以下のように記されているものに対応する．

K767: *'Phags pa shes rab kyi pha rol du phyin pa 'bum gyi rgya cher 'grel pa*. (bp.)

この著作を含む K767-777 は，確かにティソン・デツェン王の作に帰されている[133]．これは，『デンカルマ目録』では，大乗経典の註釈の項目の筆頭に見い出される[134]．

Y514: *Shes rab kyi pha rol tu phyin pa 'bum gyi 'grel pa chen po*. (23,400 sl./ 78 bp.)

ここには，『パンタンマ目録』に明記されていなかった頌数と巻数が明記されている．このことは，『パンタンマ目録』よりも，『デンカルマ目録』が後に著作されたものであることを如実に示すものであるが，さらに，これまで全く不明であった『チムプマ目録』の位置付けにも光りを当てるものである．即ち，『チムプマ目録』では，これが『デンカルマ目録』同様に，ティソン・デツェン王の作ではなく，インド人の作とされている．このことは，『チムプマ目録』では，『パンタンマ目録』における誤りが修正されており，『パンタンマ目録』の後に著作されたものであることを示唆している．ここから，以下の著作順序を得ることが出来る．

『パンタンマ目録』　→　『チムプマ目録』

他方，『チムプマ目録』と『デンカルマ目録』の順序については，以下の記述が注目される．

「『現観荘厳論』類において，［N535］『現観荘厳論』二巻，ゴク［翻訳師］等訳．

---

132 gnyis pa bka' bar pa'i dgongs 'grel la/ [N499] *rGyal ba'i yum stong phrag brgya pa'i 'grel chen* bam po bdun cu rtsa brgyad cung zad ma 'gyur ba/ 'di 'Phang thang mar btsan po Khri srong lde btsan gyis byas par bris mod kyi dkar chag gong ma gnyis su rGya gar mar bshad pas Daṃṣṭa se nas byas pa de yin no//

133 この著作は，後代の増補分に見出されるものであり，本来の『パンタンマ目録』所収の作品ではない．しかるに，プトゥンがここで『パンタンマ目録』に言及しているのは，プトゥンが見た『パンタンマ目録』は現行の増補分を含んだものであることを示唆している．このことは，既に川越 2005b, p. 120 に指摘されるところである．

134 このテキストと同定については，川越 2005a, p. 38, n. 167 参照．

［N536］その註釈である軌範師ハリバドラ作『明義』五巻，ペルツェクとロデンシェーラプの翻訳．『チムプマ目録』と『パンタンマ目録』において，『現観荘厳論広釈』六巻と見い出されるものは，これと混同しているのか，あるいは，それ以外のものがあるのか考察されるべきである.」（『プトゥン仏教史』p. 232.6-15[135]）

このハリバドラの註釈は，『パンタンマ目録』には確かにこう記されている．

K473: *mNgon par rtogs pa'i rgyan rgya cher 'grel*. (6 bp.)

そして，この『パンタンマ目録』の記述が『チムプマ目録』にも踏襲されており，『デンカルマ目録』では，五巻と修正が加えられたことが分かる（Y517）．このことは，『チムプマ目録』が『デンカルマ目録』に先行し，『パンタンマ目録』の情報を踏襲していたことを示す証左である．さらに決定的な情報が『律雑事』（N4）の巻数に関する以下のプトゥンの記述から得られる．

「『チムプ目録』に，「『律雑事』翻訳未完，52巻」とあり，『デンカル目録』に，「『律雑事』24,600頌，即ち，42巻」等とあり，疑問点が多々あるので，・・・」（『プトゥン仏教史』p. 212.17f.[136]）

この『律雑事』は，『デンカルマ目録』では完訳されているのに対して（Y486），『チムプマ目録』では，翻訳未完と明記されており，『チムプマ目録』が『デンカルマ目録』に先行することは，プトゥン自身の記述から動かない[137]．ちなみに，同書は，『パンタンマ目録』でも翻訳未完の項に52巻と明記した形で見出されるので（K688），『チムプマ目録』と同様の情報が記載されていることになる．それ故，以下の著作順序を得ることが出来る．

『パンタンマ目録』 → 『チムプマ目録』 → 『デンカルマ目録』

以上の考証から，下記の結論が導出できる．

1．『チムプマ目録』を始め三つの目録を実見したプトゥンの記述から，三目録の

---

[135] *mNgon rtogs rgyan* gyi skor la/ *mNgon rtogs rgyan* bam po gnyis rNgog la sogs pa'i 'gyur/ de'i 'grel pa slob dpon Seng ge bzang pos mdzad pa *Don gsal* bam po lnga dPal brtsegs dang Blo ldan shes rab kyi 'gyur/ dkar chag mChims phu ma dang 'Phang thang mar *mNgon par rtogs pa'i rgyan rgya cher 'grel pa* bam po drug ces 'byung ba de 'di la 'khrul lam gzhan yod brtag par bya'o//

[136] mChims phu'i dkar chag las/ *'Dul ba phran tshegs* bsgyur 'phro bam po lnga bcu rtsa gnyis zhes pa dang/ dKar chag ldan dkar mar/ *'Dul ba phran tshegs kyi gzhi* shlo ka nyi khri bzhi stong drug brgya ste bam po bzhi bcu rtsa gnyis zhes pa la sogs pa the tshom gyi gzhi mang du yod pas na ...

[137] 両目録の間には巻数の違いがあり，まさにそれ故にこそ，プトゥンにより検討課題として提示されたが，完訳と翻訳未完という翻訳状況については疑問の余地はない．このプトゥンの指摘については，川越 2005a, p. 35, n. 129に紹介されている他，既に，原田 1982b, p. 609に，先の『十万頌般若経』の大註と『現観荘厳論』の件と併せて言及されている．原田の言及は極めて先駆的なものだが，同氏が『チムプマ目録』を最初に成立したものと解釈することには従えない．なお，この件に関しては，別の解釈が山口 1985a, pp. 2-15に見出されるが，『パンタンマ目録』の実物が刊行された結果，プトゥンの記述とは裏腹に，『デンカルマ目録』に対する『パンタンマ目録』の先行性については先に指摘した通り疑いないので，同氏の解釈は見直しを要するものとなってきている．

順序に関するプトゥンの記述とは裏腹に，三目録の実際の順序は，『パンタンマ目録』→『チムプマ目録』→『デンカルマ目録』と推定されること．

2．その場合，『チムプマ目録』の成立は，『パンタンマ目録』編纂年の 830 年から『デンカルマ目録』編纂年の 836 年の間，833 年頃に位置付けられること．

『チムプマ目録』は，恐らくは，『パンタンマ目録』から『デンカルマ目録』へ至る過度的形態を示すものであり，830 年から 836 年の間，恐らくは，833 年前後に編纂されたと推定される．それ故，この三つの大蔵経目録のうち，最初に編纂されたのは『パンタンマ目録』であり，その次に，『チムプマ目録』が，最後に『デンカルマ目録』が編纂されたことが結論される．このうち『デンカルマ目録』だけが現行のチベット大蔵経に採録されたのも，この『デンカルマ目録』が最後に成立した目録であり，最もよく整理され，最も多くの経論を採録しているからである．そして，『パンタンマ目録』と『チムプマ目録』は，恐らくは，不完全な作業用目録の扱いを受け，処分された可能性がある．同様の例は，例えば，新旧二つの『二巻本訳語釈』にも見出すことが出来る．即ち，ティソン・デツェン王の時代に編纂された『二巻本訳語釈』（旧版）は，814 年に編纂された『二巻本訳語釈』（新版）に完全に取って代わられたため，ラダックのスピティという辺境地域に僅かばかりの残簡が残されている以外全く見出されないが，それもまた同様に処分された可能性が高いのである．この点については，今後の更なる資料調査が期待されるところである．

(6) 吐蕃期三目録に対するプトゥンの解釈の虚構性

最後に，この吐蕃期三目録の成立順序と年代に関するプトゥンの違和感に溢れる不可解な記述について簡単に触れておきたい．即ち，解せないのは，三目録を実見したはずのプトゥンが，『デンカルマ目録』→『チムプマ目録』→『パンタンマ目録』という事実とは全く逆の順序を提示し，かつ，『デンカルマ目録』の成立をティソン・デツェン王の時代という極めて早い時期に位置付けていることである．『デンカルマ目録』と『パンタンマ目録』の成立順序については，本稿で示したように，両目録を比較対照するならば，一目瞭然なので，プトゥンがそれに気が付かなかったとは考え難い．その場合，残る可能性としては，プトゥンの上記の設定は全て意図的になされたと考える他ない．端的には，プトゥンは，意図的に事実とは異なる情報を提示したのであるが，その背景には一体如何なる理由があったのであろうか．

これは憶測の域を出ないが，その理由としては，チベット仏教顕彰の意図があったのではないかと思われる．つまり，『デンカルマ目録』に記載されている 730 点余りもの膨大な量の仏典が，仏教をチベットの国教としその本格的導入を定めた護法王ティソン・デツェン王の時代に既に翻訳されていたとすることで，その正当性と古さを強調し，続く，ティデ・ソンツェン王とティツク・デツェン王の時代には，さらに多くの仏典が翻訳されたことを暗に示すことで，チベット仏教の伝統とその偉大さを顕彰する意図があったのではないか．そのためには，『チムプマ目録』と『パンタンマ目録』の内容は知られてはならないので，最後に成立し最も纏まった内容を有する『デンカルマ目録』のみを大蔵経に採録して，残りの二つの目録は，人目に触れぬよう《封印》した可能性がある[138]．さらには，大蔵経に採録する際に，『デンカルマ目録』の前書きに改竄を加えた可能性すらもあるのである．前述したように，『デンカルマ目録』前書きには，底本とした目録として，先行する『パンタンマ目録』や『チムプマ目録』に対する言及があったと推定されるが，その記述をそのままにしておくならば，『デンカルマ目録』の先行性を示すことが出来ないので，丸ごと削除し，文章を整える為にその前後の語句に修正を加えたのである[139]．現行の『デンカルマ目録』前書きに見られる不自然な語形や構文もまた，それで説明が付く．実際，『デンカルマ目録』の前書きに改竄を加え，『パンタンマ目録』と『チムプマ目録』の処分を行なうことの出来た人物がいたとしたら，その候補は極めて限定されており，吐蕃期三目録を実見し，かつ，当時のチベット仏教界において大きな権威と影響力を有し，大蔵経編纂とその目録作成に直接的に関与していたプトゥンはその最有力候補の一人である．吐蕃期三目録に関するプトゥンの不自然で恣意的な記述と併せて考えるならば，大いにあり得ることなのである．

実際，チベットでは，権威付けや正統性を顕示するために，時代を遡ってより古い時代に起源を求めたり，そのために史実を改竄することは，決して稀なことではなかった．例えば，ダライラマやパンチェンラマ等の後追い認定がその典型であり，周知のように，初

---

138 『パンタンマ目録』の写本，特に，その元になった大巻子本は，恐らくは，前伝期に敦煌で作成されたものと推定されるが，その写しがチベット本土に伝わったのは，全くの偶然であり，恐らくはプトゥンの意図せざることであったであろう．トゥンカル・リンポチェは，『チムプマ目録』は，プトゥンが 45 歳の 1334 年に編纂したシャル・テンギュルにおいて，ナルタン・テンギュルに収録されていない稀覯書で探索して新たに得た千程の典籍一覧に見出されず，その後，1362 年に，ネドン宮殿（sNe gdong pho brang）において大司徒チャンチュプギェルツェン（Ta'i si tu Byang chub rgyal mtshan, 1302-1364/71）によりテンギュルが建立された時，プトゥンの筆頭弟子ダツェパ・リンチェンナムギェル（sGra tshad pa rin chen rnam rgyal, 1318-1388）が編纂した目録において新たに得た 27 典籍の何にも見出されないことから，原本は完全に散逸したと考証しているが（『トゥンカル大辞典』p. 131），『パンタンマ目録』と併せてプトゥンにより処分されたと考えるならばよくわかる話である．実際この両目録は，それを実見したプトゥンの手元にあったことは疑いないが，その後消息が途絶えている．彼にとってこの両目録は大蔵経に収録する必要性がない典籍であったことは疑いない．

139 即ち，底本と編纂方法に関する記述を削除した際に，前後の文章の辻褄を合せる為に．... ston sgra bsgyur gyi の ston の後にシェーを入れ，かつ，bandhe dPal brtegs ... la sogs pa'i g-yar sngar の箇所を ... la sogs pas と具格助辞に改変したことが考えられる．但し，シェーの挿入については，プトゥンに遡り，レルティの時代に既にあった可能性があり，その辺の事情は検討の余地が十分にある．

代ダライラマをツォンカパの高弟の一人であるゲンドゥンドゥプ（dGe 'dun grub, 1391-1474）に認定することは，後代に追認という形で行われた．これは端的にダライラマ顕彰の意図でなされたものである．同様のことが，このプトゥンの『デンカルマ目録』の記述にも窺われるのである．もしこの想定が妥当であれば，プトゥンの仏教史は，史実を厳密に明らかにすることを意図するものではなく，チベット仏教顕彰の意図がその背景に潜在していたと解釈すべきかと思われる．この点は，無論，この一件だけで速断するわけにはいかず，より多くの関連情報を収集して総合的に判断する必要があり，その点は今後の検討課題として残しておくが，ここでは，少なくても，『プトゥン仏教史』に見られる吐蕃期三目録に関するプトゥンの記述は信憑性を欠くことを指摘しておきたい．

結語

以上，吐蕃期に編纂された三目録の編纂年について考証した．考証に際しては，現在利用可能な『パンタンマ目録』と『デンカルマ目録』の前書き及び奥書きに賛普に対する言及が全く見られないことに注目して，両目録の編纂年を，賛普が不在の時代，端的には，吐蕃王朝が分裂した842年以降に設定する可能性を検討したが，その場合には，大校閲翻訳師法成の事績と齟齬を来すことが確認されたので，干支を一巡遡り，『パンタンマ目録』編纂を830年，『デンカルマ目録』編纂を836年に設定する説を再検討した．その場合にネックとなるのは，両目録にティツク・デツェン王に対する言及が見出されないことであるが，その点については，一連の蔵漢双方の史料の情報や法成の沙州移転の時期等から，同王は，841年に亡くなったという従来の定説とは裏腹に，833年以前に筆頭大徳ペルユンと共に既に暗殺されていた可能性が高いことを指摘し，両目録に同王に対する言及が見られないことや不完全な体裁のままで編纂されたことは，まさにその事実を反映したものであると考証した．その考証が妥当であれば，830年に編纂されたと推定される『パンタンマ目録』の前書きに同王に対する言及が見られないことは問題なく解決が付けられる．即ち，その時点では同王は既に暗殺されており，生存していなかったからに他ならない．しかるに，このことは，ティツク・デツェン王の没年及びランダルマ王の登位年に関する従来の定説，即ち，両者を841年に立てる説の根本的な見直しを迫ることにもなった．このことは，既存のチベット史料には全く見られない新しい解釈であるので，その点の検証作業が今後の検討課題となる．

この両目録の編纂．特に，『パンタンマ目録』の編纂は，本来予定されていたものではなく，筆頭大徳ペルユンとティツク・デツェン王の暗殺という緊急事態において急遽遂行されたものであり，その背景には，両者の殺害の後に来るであろう反仏派の仏教弾圧に備えて，これまでの翻訳活動の成果を目録として取り纏める緊急の必要性が起こったことが考えられる．それ故,『パンタンマ目録』は，編纂の命を下した人物も明記されず，また，奥書きも付されない不完全な形で急遽取り纏められた．ただ,『パンタンマ目録』と『デンカルマ目録』の間には，嘗ての勢いはないにせよ翻訳活動の推移を見ることが出来るので，仏典翻訳を完全に禁止する破仏政策はまだ行なわれていなかった模様である．その後，引き続き，『チムプマ目録』と『デンカルマ目録』が三年程の短いスパンで編纂された．このことは，当時の仏典翻訳事業が，何時完全に禁止されてもおかしくないような，かなり危うい状況であったことを示唆している．『デンカルマ目録』は，その前書きにはその編纂が仏統会議の命であることが記され，かつ，非常に簡素なものではあるが，奥書きが備わっているので，一応は完本と見なせるものである．但し，大校閲未了と翻訳未完の項目を残しており，結局，全ての翻訳を完成する前に纏めざるを得なかったことが見て取れるのである．

仏典翻訳事業の衰退の過程は，先に考察した法成の肩書きのみならず,『パンタンマ目録』と『デンカルマ目録』に言及されたペルツェクの肩書きからも垣間見ることが出来る．『パンタンマ目録』の前書きに見られる彼の肩書きは,「翻訳師長（ston sgra bsgyur gyi bla）」であったが,『デンカルマ目録』の前書きでは，一介の「翻訳師（ston sgra bsgyur, i.e., ston pa sgra bsgyur ba）」に改称されているので,『デンカルマ目録』が編纂された 836 年頃には，既に翻訳組織の体制が維持できなくなっていた可能性がある．そこまで深読みすることが妥当であるか否かは定かではないが，一つの可能性として示唆しておきたい．『デンカルマ目録』の前書きには，目録編纂を指示した者として，吐蕃期仏教界の首脳組織である仏統会議の名が挙げられていたが，その仏統会議も吐蕃分裂の 842 年頃には解散されたことが，法成の肩書きの変遷から推察される．

このように，護法王ティソン・デツェン王の肝いりで始まった吐蕃王朝の大蔵経編纂事業は，結局は,《ランダルマ王の破仏》— その史実性自体検討課題である — を待つまでもなく，その三代後のティツク・デツェン王の時代に同王の暗殺という形で幕を閉じることになった．その総決算となるべき大蔵経目録は，賛普の欽命により制定されることなく，慌ただしい緊急事態的状況の下で急遽取り纏められたため，大校閲未了や翻訳未完の作品を残した中途半端な形で編纂されることになった．端的には，吐蕃王朝の仏典翻訳事業は完遂されることなく，途中で頓挫してしまったのである．

このことは，大蔵経目録のみならず,『翻訳名義大集』の編纂からも窺うことが出来る．『翻訳名義大集』は，当初の予定としては,『二巻本訳語釈』と同様に，vyutpatti（語源解説）として編纂されるべく *Mahā-vyutpatti*（大語源解説）と名付けられたが，結局は，単なる梵蔵訳語集の形に終ったものである[140]．奥書きが極めて簡素なものであり，また，賛普の御名に対する言及が見られないのも，『パンタンマ目録』や『デンカルマ目録』と同様に，それがティツク・デツェン王の暗殺以降の政治的混乱の時期に纏められたものであるからに他ならない．その編纂の正確な時期は不明であるが，これら三目録と軌を一にして編纂されたことは疑いなかろう．それ故，便宜上，『デンカルマ目録』の編纂年である836年頃と考証しておきたい．

最後に，この大蔵経目録編纂作業が何時頃から開始されたのかということについて，簡単に触れておきたい．既に指摘したように，『パンタンマ目録』の前書きには，底本となった古い作業用の書名簿があったことが記されていた．それは，現在知られている資料の中で最も古い大蔵経目録に相当するので，その意味で，《祖型目録》と名付けたが，その起源は定かではない．恐らく，仏典翻訳を開始した当初から，何らかの作業用帳簿のようなものがあり，翻訳作業の進展と共に，新規翻訳仏典の記録が付けられていたものと推定される．それ故，その起源は，『二巻本訳語釈』が制定された783年以前に，恐らくは，『翻訳名義大集』の祖型と共に作成されたものと考えられる．その委細については，資料不足のため不明の状態であり，新規資料の発掘と公開を待つ他ない．

既に前稿において，『翻訳名義大集』と新旧二つの『二巻本訳語釈』の年代について考証したが，それと本稿で明らかとなったことを併せて記すならば，以下の通りである．

- 『翻訳名義大集』（祖型）の編纂開始：783年以前（同じ頃，祖型目録の編纂も始まる．）
- 『二巻本訳語釈』（旧版）の編纂：783年（ティソン・デツェン王の時代）
- 『二巻本訳語釈』（新版）の編纂：814年（ティデ・ソンツェン王の時代）
- 『パンタンマ目録』の編纂：830年（ティツク・デツェン王の時代）［注．この頃，筆頭大徳ペルユンとティツク・デツェン王が暗殺される．それを契機として法成は沙州へ移転．］
- 『チムプマ目録』の編纂：833年頃（『パンタンマ目録』と『デンカルマ目録』の間に編纂．）
- 『デンカルマ目録』の編纂：836年（この頃，『翻訳名義大集』も併せて編纂される．）

この大蔵経目録編纂は，吐蕃期の仏教活動の最後の余燼のようなものであったのであろ

---

[140] 西沢 2017, pp. 123-126 参照．

う．その後は，仏教教団も徐々に衰微し，その復興を迎えるのは，凡そ一世紀近くも後のことになる．それについてはまた稿を改めて検討することにしたい．

文献表

略号

<...>	削除
[...]	補足
{...}	欄外書き込み
(read: ...)	修正
D	『デルゲ版大蔵経』（東北目録）
DTH	Jacque Bacot, F. W. Thomas, Ch. Toussaint, *Documents de Touen-houang relatifs à l'histoire du Tibet*. Paris, 1940-46.
K	『パンタンマ目録』（川越 2005a）
M	『パンタンマ目録』民族出版社本
N	『プトゥン目録』（西岡 1980-3）
P	『北京版大蔵経』（大谷目録）
S	『太陽光目録』（Schaeffer/Kuijp 2009）
T	『大正新脩大蔵経』
TDD	*Tibetan Documents form Dunhuang kept at the Bibliotèque National de France and The British Library*. ILCAA, Tokyo University of Foreign Studies, 2007.
U	法成著作目録（上山 1990, pp. 85-92）
Y	『デンカルマ目録』（芳村 1950）

辞典・目録類

『トゥンカル大辞典』: Dung dkar blo bzang 'phrin las 2002 を見よ．

『蔵漢大辞典』: *Bod rgya tshig mdzod chen mo*. 2 vols., Mi rigs dpe skrun khang, 1993.

『雪域人名辞典』: *Gangs can mkhas grub rim byon ming mdzod*. Ku zhul grags pa 'byung gnas/ rGyal ba blo bzang mkhas grub (ed.), mTsho sngon mi rigs par khang, 1992.

原典資料

『旧唐書』吐蕃伝：劉昫等（撰），全200巻，第16冊（巻191-200下），北京：中華出版，1975.
『賢者喜宴』: dPal dpa' bo gtsug lag phreng ba, *Chos 'byung mkhas pa'i dga' ston*. 2 vols.. Varanasi: Vajra Vidya Library, 2003.
『資治通鑑』: 司馬光（撰），全294巻，第16（巻226-240），17冊（巻241-254），北京：中華出版，1956.
『新唐書』吐蕃伝：欧陽修等（撰），全225巻，第19冊（巻206-217下），北京：中華出版，1975.
『青冊』: 'Gos lo tsā ba gZhon nu dpal, *Deb ther sngon po*. 2 vols.. Varanasi: Vajra Vidya Library, 2003.
『太陽光目録』: bCom ldan rigs pa'i ral gri, *bsTan pa rgyas pa nyi ma'i 'od zer*. Cf. Schaeffer/Kuijp 2009.
『デウー仏教史』: *mKhas pa lde'us mdzad pa'i rGya bod kyi chos 'byung rgyas pa*. Bod ljongs bod yig dpe rnying dpe skrun khang, 1987, 2nd. 2010.
『デンカルマ目録』: *Pho brang stong thang lhan dkar gyi chos 'gyur ro chog gi dkar chag bzhugs*. Cf. 芳村 1950.
『吐蕃編年記』: *Don chen gnad bsdus kyi lo tshigs*. [= P. tib. 1288; Or. 8212 (187)] Cf. DTH, pp. 13-27, 55-61; 王 1992, pp. 12-33.
『二巻本訳語釈』: *sGra sbyor bam po gnyis pa bzhugs*. Cf. 石川 1990.
『ニャン仏教史』: Nyang nyi ma 'od zer, *Chos 'byung me tog snying po sbran rtsi'i bcud*. Bod ljongs bod yig dpe rnying dpe skrun khang, 1988, 2nd. 2010.
『バシェ』: *sBa bzhed*. In: *dBa' bzhed bzhugs so*. Bod ljongs bod yig dpe rnying dpe skrun khang, 2010, pp. 59-157.
『パンタンマ目録』: *dKar chag 'Phang thang ma*. In: *dKar chag 'Phang dang ma/ sGra sbyor bam po gnyis pa*. Mi rigs dpe skrun khang, 2003.（＝民族出版社本, M）

- 写本：上記民族出版社本の口絵掲載の表題・序文及び奥書の影印
- ローマ字転写本：川越 2005a.

『プトゥン仏教史』: Bu ston rin chen grub, *Bu ston chos 'byung*. rDo rje rgyal po (ed.), Krong go'i bod kyi shes rig dpe skrun khang, 1988.

参考文献

石川美恵

1990　『A Critical Edition of the sGra sbyor bam po gnyis pa: An Old and Basic Commentary on the Mahāvyutpatti. 二巻本訳語釈』，東洋文庫.

岩尾一史

2014　「古代チベット帝国の外交と「三国会盟」の成立」『東洋史研究』72-4, pp. 1-33.

上山大峻

1967　「大蕃国大徳三蔵法師沙門法成の研究（上）」『東方学報』38, pp. 133-198.

1990　『敦煌仏教の研究』，法蔵館.

王堯・陳践（校註）

1992　『敦煌本吐蕃歴史文書』（増訂本），民族出版社.

川越英真

2005a　『dKar chag 'Phags thangs ma』，仙台：東北インド・チベット研究会.

2005b　「『パンタン目録』の研究」『日本西蔵学会々報』51, pp. 115-131.

呉其昱

1984　「大蕃国大徳・三蔵法師・法成伝考」『講座敦煌 7　敦煌と中国仏教』, 大東出版社, pp. 383-414.

佐藤長

1959　『古代チベット史研究』下巻，同朋舎.

1973　「旧唐書吐蕃伝」．羽田明／佐藤長他（編訳），『騎馬民族史』3（正史北狄伝），東洋文庫, pp. 105-205.

1986　『中世チベット史研究』，同朋舎.

羽田野伯猷

1983　「チベット流伝前期の王室仏教備考 ― 勅裁小品 Vyutpatti と目録デンカルマをめぐって」『チベット・インド学集成　第一巻チベット篇 I.』法蔵館，1986，pp. 216-238.（初出：『中川善教博士頌徳記念論集　仏教と文化』）

原田覚

1982a　「吐蕃王国訳経史」『東洋学術研究』21-2, pp. 29-41.

1982b　「lDan dkar ma 目録考」『仏教教理の研究　田村芳朗博士還暦記念論集』，春秋社, pp. 607-617.

1982c　「Sad mi drug 出家考」『Saṃbhāṣā』4, pp. 1-28

1985　「吐蕃訳経史」『講座敦煌 6　敦煌胡語文献』（山口瑞鳳編），pp. 419-448.

西岡祖秀

1980-3　「『プトゥン仏教史』目録部索引 I」「同上 II」「同上 III」『東京大学文学部文化

交流研究施設研究紀要』4, 1980, pp.61-92;『同上』5, 1981, pp.43-94;『同上』6, 1983, pp.47-201.

1985　「沙州における写経事業 ― チベット文『無量寿宗要経』の写経を中心として ―」『講座敦煌６　敦煌胡語文献』（山口瑞鳳編）, pp. 379-393

西沢史仁

2011　『チベット仏教論理学の形成と展開 ― 認識手段論の歴史的変遷を中心として ―』, 第一巻（全四巻）, 東京大学, 2011.

2017　吐蕃王朝大蔵経編纂事情考　(1) ― 『二巻本訳語釈』と『翻訳名義大集』 ―」『Acta Tibetica et Buddhica』10, pp. 83-141.

藤枝晃

1961　「吐蕃支配期の敦煌」『東方学報』31, pp. 199-292.

山口瑞鳳

1978　「吐蕃王国仏教史年代考」『成田山仏教研究所紀要』3, pp. 1-52.

1980a　「ダルマ王殺害の前後」『成田山仏教研究所紀要』5, pp. 1-26.

1980b　「ダルマ王の二子と吐蕃の分裂」『駒沢大学仏教学部論集』11, pp. 214-233

1985a　「『デンカルマ』八二四年成立説」『成田山仏教研究所紀要』5, pp. 1-61.

1985b　「チベット語文献 ― 仏教関係以外の諸文献 ―」『講座敦煌６　敦煌胡語文献』大東出版社, pp. 449-555.

1988　『チベット　下』, 東京大学出版社.

1995　「ダルマ王の「破仏」は虚構」『成田山仏教研究所紀要』18, pp. 1-30.

芳村修基

1950　「デンカルマ目録の研究」, 龍谷大学東方聖典研究会.（『インド大乗仏教思想研究』, 百華苑, 1974, pp. 99-199.）

Dung dkar blo bzang 'phrin las (abbr. Dung dkar)

1981　[Notes of] *Deb ther damr po*. Mi rig dpe skrun khang.

2002　*Dung dkar tshig mdzod chen mo*. Krung go'i bod rig pa dpe skrun khang.

2004　*Bod kyi dkar chag rig pa*. In: *mKhas dbang dung dkar blo bzang 'phrin las kyi gsung 'bum*. Vol. kha. Mi rigs dpe skrun khang.

Frauwallner, Erich

1957　"Zu den Buddhistischen Texten in der Zeit Khri-Sroṅ-Lde-Bstsan's." WZKSO 1, pp. 104-146.

Halkias, Georgios T.

2004 (sic)[141] "Tibetan Buddhist Resistered: A Catalogue from the Imperial Court of 'Phang Thang." *The Eastern Buddhist. New Series*, 36.1-2, pp. 46-105

Herrmann-Pfandt, Adelheid

2002 "*The Lhan Kar Ma as a Source for the History of Tantric Buddhism.*" In: *The Many Canons of Tibetan Buddhism: Tibetan Studies: Proceedings of the Ninth Seminar of the International Association for Tibetan Studies, Leiden 2000*. Ed. Helmut Eimer/ David Germano, Leiden-Boston-Köln: Brill.

2008. *Die Lhan dkar ma: Ein früher Katalog der ins Tibetische übersetzten buddhistischen Texte*. Wien,

Lalou, Marcelle

1953 "Les textes bouddhiques, au temps du roi Khri-sroṅ-lde-bcan." *Journal Asiatique* 241, pp. 313-353.

Obermiller, E.

1932 *History of Buddhism (Chos-hbyung) by Bu-ston*. 2 vols., Heidelberg.

Rab gsal

1996 *Catalogue of Phodrang Lhankarma (gNah bo'i gtam la hJug pa'i pho ṇa)*. Sarnath.

Roerich, George N.

1949 *The Blue Annals*. 1st ed. Calcutta, 1949, reprint, Delhi, 1995.

Schaeffer, R./ Van der Kuijp, L. W. J.

2009 *An Early Tibetan Survey of Buddhist Literature: The bstan pa rgyas pa nyi ma'i 'od zer of bcom ldan ral gri*. London: Harvard University Press.

Thomas, F. W.

1951 *Tibetan Literary Texts and Documents Concerning Chinese Turkestan*. Vol. 2, London: Royal Asiatic Society.

Tucci, G.

1950 *The Tombs of the Tibetan Kings*. Serie Oriental Roma 1, 1950.

1958 *Minor Buddhist Text part 2*. 1st ed., Roma,., 1st Indian ed., Delhi, 1986.

Tshul khrims skal bzang

1985 *bsTan pa snga dar gyi chos 'byung 'brel yod dang bcas pa'i dus rabs kyi mtha' dpyod*

---

[20] 掲載誌の情報では，2004 年刊行とあるが，論文中に川越 2005ab を参考文献として引いており，川越論文と刊行年代が前後している．その委細は不明につき，sic の記号を付しておく．

'phrul gyi me long. The Analytic History of Early Tibetan Buddhism. New Delhi, 1985.

Vostrikov, A. I.

1962 *Tibetan Historical Literature.* (Eng. Tr. Harish Chandra Gupta, Curzon Press: Richmond, 1994.)

ラトナーカラシャーンティの『般若波羅蜜修習次第』梵文和訳

加納　和雄　　松田　和信

本稿は、共著者の松田によって梵文テキスト（松田 2019）が刊行されたラトナーカラシャーンティ（Ratnākaraśāniti）の著作『般若波羅蜜修習次第（*Prajñāpāramitābhāvanākrama*）』に対する和訳と平行文献の紹介からなる。同著は、貝葉にしてわずか 4 葉弱の分量からなる未知の梵語文献であり、対応するチベット語訳などは確認されていない 。この著作が書写された写本は、中国西蔵自治区で最近その存在が明らかとなったものであるが、これだけを書写した写本ではなく、26 点の短編作品を連写した 62 葉からなる貝葉写本である。同著は 26 点中、24 番目に書写されている（56v3–60r5）。26 点の中には讃頌や讃歌等の韻文作品が多く含まれるが、本著の直前には、パラヒタゴーシャ（Parahitaghoṣa）作の『誓願七十偈（*Praṇidhānasaptati*）』が書写され、本著に続いて、奥書ではカマラシーラ（Kamala-śīla）著とされる、同名の *Prajñāpāramitābhāvanākrama* と *Prajñāpāramitopadeśabhāvanā-krama* が続いて写本は終わる。実は、後の二者は独立した文献ではなく、カマラシーラの『修習次第』「初篇」からの抜粋であり、内容上、本著と密接に関連しているように思われる。なお、写本の閲覧と 26 種の文献一覧については松田 2019 に紹介されているので参照していただきたい。

さらに、本稿を執筆するにあたって一言述べておきたい。松田 2019 の脱稿時点では、本著の平行文の解明は不十分であったが、校正中に目を通して頂いたハンブルク大学のハルナガ・アイザクソン（Harunaga Isaacson） 博士およびオクスフォード大学のピーター・ダニエル・サント（Péter-Dániel Szántó）博士より、テキストの一部修正も含めて貴重な御教示を受けた。特に『ムクターヴァリー』については校正時の時間的制約から松田 2019 では御指摘が生かされていない。本稿においては両博士の御教示をすべて取り込んだ。両博士に深く御礼申し上げる。なお、両博士の御指摘を受けて、本稿における平行文の提示と分析等はすべて共著者の加納の手によるものである。

内容梗概

本書は題名に示されるとおり、般若波羅蜜の修行次第を説くものである。その内容は、次の 12 項目に大分される。特に阿頼耶識の転依を修習の到達点とする点など、内容的にラトナーカラシャーンティの他の著作との親和性が高い。

[1] 帰敬偈	[7] 出世間智の同義語
[2] 修習の開始：発菩提心	[8] *Ālokamālā* による三性説
[3] 存在の分析：唯識説	[9] 三昧時の六過失
[4] 迷乱知の顕現	[10] 過失の対治
[5] 出世間智の獲得	[11] 三昧後の誓願行
[6] 阿頼耶識の転依	[12] 奥書

著者について

写本の奥書に「般若波羅蜜修習次第、完。これは、カリ時代の一切智者にしてプールヴァデーシャ（ベンガル）出身の大学者ラトナーカラシャーンティ師の著作である」（prajñāpāramitābhāvanākramaḥ samāptaḥ || kṛtir iyaṃ kalikālasarvajñapūrvadeśīyamahāpaṇḍita-ratnākaraśāntipādānām）と記されるように、本書はラトナーカラシャーンティの著作とされる。内容的にも彼の他の著作に現れる思想と大きく齟齬する点は見あたらない。とりわけ[1]〜[7]は、彼の思想そのものである。実はその箇所には、彼の自著である『ヘーヴァジュラタントラへ』の注釈書『ムクターヴァリー（*Muktāvalī*）』との平行文が大量に含まれている。その平行文を通じて両書を比較対照すれば、その前後関係について予想が立つかもしれない。本書と『ムクターヴァリー』の比較については下記で詳しく論じる。

結論を先取りすると、本書はパッチワーク的な要素が垣間見られ、また三性説の項において、ラトナーカラシャーンティが通常は依用しないカンバラ（Kambala）の『アーローカマーラー（*Ālokamālā*）』を多用する点などから、ラトナーカラシャーンティの著作をよく知る弟子筋の人物の手になる可能性も残されるかもしれない。

本書と『ムクターヴァリー』

本書はパッチワークとしての性格を有し、[1]〜[7]のほとんどの文は、『ムクターヴァリー』との平行文から構成されている。平行文は、原文を集めて本稿末尾の資料１に提示し、『ムクターヴァリー』の対応箇所の和訳を資料２に提示した。

まずは『ムクターヴァリー』の文脈を確認しておく。当該箇所が登場するのは、『ヘーヴァジュラタントラ』1.1.10に対する注釈文の中においてである。そこでは、尊格などの尊容の形象（ākāra）についての観想が説かれるが、無形象唯識の思想体系からすると、その尊容は、所取と能取という誤った二元的世界像の顕現体にすぎないから、そのような観想は、我々を解脱どころか「輪廻に導く」（saṃsāravāha）と論難者が言う。その論難の中で、外界存在の否定から阿頼耶識の転依に至るまでの般若波羅蜜の修習について、要点をまとめた「定説」（siddhānta）が語られる。そしてその定説自体は、論難者の言説の中に含まれるとはいえ、ほかならぬラトナーカラシャーンティ本人が他書でも主張する内容そのものであり、『中辺分別論』などに基づくものである。

その内容は、外界存在の否定（『楞伽経』引用）、極微批判、二取批判（『楞伽経』引用）、三性説（『中辺分別論』引用）をまず説く。続いて、副次的な（gauṇī）般若波羅蜜、そして実義の（mukhyā）般若波羅蜜を説く。前者は、三性説と三三昧（空・無願・無相）を対応付け、後者は迷乱知の顕現、出世間知の獲得、阿頼耶識の転依を説く。後者はまさに本書の[4][5][6]の内容そのものである。また先述の『楞伽経』の引用 2 偈と極微批判も、本書[3]とほぼ同文である。

相違点は次の通り。『ムクターヴァリー』は、副次的（gauṇī）と、実義の（mukhyā）般若波羅蜜をそれぞれ順に説き、前者に三性説の説明を含める。両者は、三性説の瞑想と、入無相方便の修習とにそれぞれ対応する。しかし本書は、このうち実義の般若波羅蜜のみを説き、三性説については『ムクターヴァリー』の文とは異なっており、実義の般若波羅蜜の後に続く『アーローカマーラー』の一連の引用に委ねている点で大きく異なる。両書における議論全体の流れを鑑みると、『ムクターヴァリー』の文脈がより自然であるとの印象を受ける。

また[7]に登場する tatprāptau という語について、『ムクターヴァリー』では tat の指す内容は dharmakāya であり、それが受用身と変化身の基盤であることを説くため、文脈に合致するが、本書では同じ tat が直前の dharmadhātu を指すことになり、やや違和感を残す。『ムクターヴァリー』の文章ないしそれに類する文章を、本書が借用した可能性が高い。また『ムクターヴァリー』自体も他書をもとにしている可能性はあるが、その検討は今後の課題としたい。

【試訳】

凡例　丸括弧（）は説明書きを、角括弧［］には文脈上必要な語句を補足した。説明を要する文言については、ローマ字の注記番号（a～i）を附して、試訳の後に提示する語釈において詳述する。松田 2019 所掲の梵文校訂本への訂正箇所は下記の通り。[3][5]の訂正の根拠は、内容と『ムクターヴァリー』平行文であり（本稿末の資料１、２参照）、[8]の訂正の根拠はその文脈、および典拠となっている『アーローカマーラー』自体の読みである。詳細は語釈の中で論じる。ラトナーカラシャーンティの *Prajñāpāramitopadeśa* との対照は今後の課題であるが、関連のある個所については注記した[1]。

---

[1] セクション番号は Luo Hong 教授が準備されている梵文校訂本による。準備中の和訳を見せていただいた桂紹隆先生および研究班の皆様、さらに Luo Hong 教授に記して謝意を表します。

訂正一覧

[3] nāsti → nāst**īti**

[5] sarvadharmānālambane → sarvadharm**ā**lambane

[7] sarvākārasakalajagadarthalakṣaṇeti → sarvākārasakalajagadartha**karaṇa**lakṣaṇeti

[7] nityaṃ tathaiva bhāvād iti tathatā → nityaṃ tathaiva **bhāvāt** tathatā

[8] nirāsāt kalpitasyāsya kiñcid utsṛṣṭacitravat

→ nirāsāt kalpitasy**āsāsmāt** kiñcid-unmṛṣṭacitravat (ĀM 236)

[8] kim atīva → kim a**pī**va (ĀM 242)

[8] jñāne → jñā**te** (ĀM 243)

[8] adīrgham aparimaṇḍalam → adīrgh**ā**parimaṇḍalam (ĀM 244)

[10] upekṣet → upekṣ**yeta** (*or* upekṣeta)

オーン、ブッダに帰命する。

[1]（帰敬偈）

戯論なく、依存することなく、思議及ばず、変化なく、一切の過失を離れた一切智者（仏宝）に常に敬礼します。

その御方への浄信[2]の光線によって、愚痴なる暗闇のかたまりを破壊する真実を世間の人々は明瞭に見るが、〔その真実を〕語る者たちの中の最高の御方に敬礼する[a]。

[2]（修習の開始：菩提心）

まさにここにおいて[3]、無上正等覚を正等覚しようと欲する菩薩は、般若波羅蜜を修習すべきである[4]。そこにおいて、最初に、どこかの心地よく人里離れた安楽なる座に座り、結跏趺坐を組んで、苦苦性と行苦性と壊苦性とによってこの六趣からなる衆生が苦しんで

[2] yatprasāda-については、下記[10]で登場する prasāda の意味を勘案して、「その御方への浄信」と訳した。ただし prasāda には「恩恵」の意味もあり、「その御方からの恩恵」と訳すこともできる。

[3] 写本には iha khalu ca とあり、作品冒頭に ca が配置されるのはやや不自然である。別文献から抜粋した際に、残ってしまった可能性がある。

[4] この一文は『八千頌般若』の次の文と類似する。tasmāt tarhi bhagavan **bodhisattvena** mahāsattvena **anuttarāṃ samyaksaṃbodhim abhisamboddhukāmena prajñāpāramitā bhāvayitavyā** (*Aṣṭasāhasrikā Prajñāpāramitā*, Vaidya ed., p. 156).

いると観察してから大悲をもち、菩提心を起こすべきである。

[3]（存在の分析：唯識説）[5]
その後に、菩提心の本質を確定して堅固ならしめるために、かつ、［それを］増大、発芽、拡張、円満へと導くために、諸存在をつぎのように観察するべきである。

［すなわち、］**青色や黄色などの形象の集合は**[6]**、外的な事物でも内的な（āntara）事物でもない。一・多の本性を欠いているからである。すなわち（tathā hi）、それは単一ではない。部分に分かれて顕現しているからである。また複数でもない。極微ごとの極微は不合理だから。すなわち、もしこれが部分を持つならば、それはどうして極微たりうるだろうか。しかしもし部分を持たないならば、結合した諸極微は、あらゆるものと結合してしまうので、相互に場所がわかれないものになってしまう。だから**[7]**、すべては極微の大きさのひとつの塊となってしまうだろう――象であれ、山であれ、海であれ**[8]**。**

（二取の否定）
また『楞伽経』に［次のように］説かれた。

> **外界対象は凡夫たちによって構想されるようなあり方では存在しない。潜在印象によって歪められた心が、対象の顕現を持って活動するのである。**
>
> **鏡の中における、姿かたちは、同一性と別異性から離れたものとして、見られはするが、その（鏡の）中に［実際に］存在するわけではない。同じように、諸存在の中における存在性は［見られこそするが、実際に存在するわけではない］**[9]**。**

それゆえに、識の外部の、所取なる対象は存在しない。それ（所取）が存在しないのだから、識の能取性もまた、存在しない。だから（iti）[b]**、あらゆる点で、所取と能取という二者は存在しない。**以上が識論者（vijñānavādin）である。そして［誤って］構想された識については斥けられた。

---

[5] この一段全体が『ムクターヴァリー』とほぼ一致する。資料１参照。
[6] nīlapītādyākārajātaṃ をこのように訳した。末尾の jāta は、「～から生じた」と訳すことも可能だが、文脈は ākāra そのものを議論しており、*Muktāvalī* の平行文もそれを指示する。*Muktāvalī*, p. 12.9: yo 'yaṃ nīlapītādir ākāraḥ khyāti.
[7] テクストに iti を追加（『ムクターヴァリー』に従う）。
[8] Cf. *Prajñāpāramitopadeśa*, §3.5.5.3 (Criticism of the Vaibhāṣika Abhidharma).
[9] Cf. *Prajñāpāramitopadeśa*, §3.5.4.3.10 (The manifestation of all Dharmas in transcendental cognition).

[4]（迷乱知の顕現）[10]

その後に、単なる、無始以来の無明の習慣の潜在印象の力によって迷乱した凡夫たちの知は、けっして存在しない（**asataiva**）あれこれの形象をもって顕現するのだが、まさにその、ありもしない形象を、相に仕立て上げた後で、世人には、二（取）の分別と、一切の無意味なることの原因である二（取）の把捉が発動する。この形象が顕現する限り、勝義が体験されることはない。ちょうど、髪の毛や蚊などを見るティミラ病患者たちによって髪の毛などの空なること［が見られない］ように。

[5]（出世間智の獲得）[11]

そのあとに、彼（菩薩）は、このように観察した後で、すべての名称とすべての相（**nimitta**）を[12]捨て去る。それから、一切諸法を所縁とし[c]、［意］言なく顕現なき三昧において留まる彼には、過去世の前行の潜在印象の力にもとづいて、無功用かつ造作なく、一切戯論の相がなくなって、分別なく、顕現なき、一切諸法空性を見る、純粋かつ垢を離れた無限の虚空に似た、出世間智が［生じる］。

[6]（阿頼耶識の転依）[13]

まさにそれこそが勝義菩提心であり、それこそが実義の（**mukhya**）般若波羅蜜であり、そしてそれこそが一切障礙の対治たる道である。そして、その対治を通じて、阿頼耶識に集まったあらゆる雑染法の諸種子およびそれの諸潜在印象が尽きた後に、［そして］拠り所と身体と享受として顕現する諸々の識が停止した後に、その阿頼耶識は、阿頼耶識の特質を捨て去って[14]、無漏界の特質をつかみとるのである[d]。

[7]（出世間智の同義語）[15]

それこそが、無漏なる界、諸仏の法身、実際、真如、勝義、法界である。実とは真実のことであり、それらの際（きわ）つまり極限なので、実際［という］。常にまさにその如く

[10] この一段全体が『ムクターヴァリー』とほぼ一致する。本稿末の資料１参照。
[11] この一段全体が『ムクターヴァリー』とほぼ一致する。本稿末の資料１参照。
[12] 『ムクターヴァリー』(sarvanāmāni sarvanimittāni ca) に従って理解した。ca が無い場合は、「すべての名称をもつ全ての相」とも訳しうる。
[13] この一段全体が『ムクターヴァリー』と一致する。本稿末の資料１参照。
[14] 『ムクターヴァリー』は「その阿頼耶識は」という文言を欠き、「そのとき（tadā）阿頼耶識の特質を捨て去って」と読む。
[15] この一段は『ムクターヴァリー』と一致する文が散見される。本稿末の資料１参照。

に存在するから、真如［という］[16]。勝れたものの、つまり出世間智の、対象（義）であるから、あるいは、勝れたものにしてかつ対象（義）であるから、勝義［という］。諸法つまり聖者たちの諸法、それらの界つまり依止だから法界［という］。**それ（法界）に到達するときに、それ（法界/法身）に依拠した受用身と変化身に到達するのであり、［それは］一切相なるあらゆる世界への利益行為を特徴としてもつ**[e]、**という**[17]。

[8]（Ālokamālā による三性説）

それゆえ、この世尊母・般若波羅蜜を修習する人には、諸々の状態（avasthāḥ）が生じる。次のように説かれた。

> 心は、撞着のない状態に至るがごとく、［また］夢を見るかのごとくにこだわりなくして、無我性を所縁とした後には、休息するごとく、寂静となる。（ĀM 251）
>
> 空性は、空であると観察する者たちの、両目を固定させて（stabdhatāṃ karoti）、そして頭をお辞儀させ、心と心所を麻痺させる。（ĀM 252）
>
> 真実を見た人は兆表を観察してから「私は目的を達成した」というように、勇者は修習を捨て去ってはならない。それは最高の上の最高のものである。（ĀM 253）

（遍計性）

すなわち―

> 構想されたものを斥けたその後で[18]、少しこすり取られた絵画の如くに[19]、出定してからも、あらゆる世界は汚れている（dhyāmala）と観察する。（ĀM 236）
>
> ［この世界は］あまねく、朽ちたものの如く、老朽したものの如く、破滅したものの如く、廃村の如く、破れ、喜悦なく、寄る辺なし。（ĀM 237）

---

[16] nityaṃ tathaiva bhāvād iti tathatā という文の iti を削除して読む。

[17] Cf. *Prajñāpāramitopadeśa*, §3.5.4.3.7.2 (The synonyms of emtiness). Cf. *Trīṃśikābhāṣya* vv. 29–30, *Madhyāntavibhāga* 1.14 (tathatā bhūtakotiś cānimittaṃ paramārthatā | dharmadhātuś ca paryāyāḥ śūnyatāyāḥ samāsataḥ ||)

[18] テクストの nirāsāt kalpitasyāsya を nirāsāt kalpitasyāsmāt と読む（ĀM に従う）。

[19] テクストの utsṛṣṭa-を unmṛṣṭa-と読む（ĀM に従う）。

［寂しげな］鈴虫の鳴き声の如くに、激しく（bhṛśam）厭離を促した。主なく、所有なく、ただ名前のみのものである。（ĀM 238）

以上、遍計性の排除の特徴である。

（依他起性）

さらにカンバラアンバラ師は言う。

いっぽう、依他起と呼ばれる自性が観察されるときには、さらに次のように観察する。［世界は］自分の心という戦車（syandana）に乗っかったものであり、自分の内側に入り込んでいる如くである、と。（ĀM 239）

その同じもの（世界）は、インドラ神の網（幻）から生じ表れ出たものであり、錯覚に過ぎない。それに対する分別を見ない時には、暗闇にすっかり覆われた如きのものとなる。（ĀM 240）

［世界は］あらゆるところから余力の線で（rekhābhir）削られた（ālīḍham）如くであり、煩悩によって掻き乱された如くであり、そして、轆轤（ろくろ）の回転するが如くである。（ĀM 241）[f]

深い夢から起き上がった智は、表示対象、表示、表示主体を、あたかも見えては消えてゆくものとして、幾分か（kim api）みる。（ĀM 242）[g]

以上、依他起性の特徴である。

（円成実性）

さらに同師は言う。

いっぽう、円成実［性］が知られたとき[h]、すべてのものが一味を自体とし、区分がなく、無始無終で、形象なく、とらえどころがなく、（ĀM 243）

高さがなく（anutsedham）、幅がなく（anāyāmam）、長からず、丸からず[20]、太陽によって闇が除かれた虚空のごとく、無垢である。（ĀM 244）

平等なるダルマを洞察することによって、さらに、あらゆるものは、完全に平等となる。そして世俗として見られたこのダルマは、勝義において見られることはない。（ĀM 245）

世俗は、顕現した分別である。さらなる別の分別にとっての原因である。しかしその同じ勝義は、分別を抑止するものである。（ĀM 246）

云々と詳細に。出世間の円満の楽は不可言である。語ることができないゆえに語られない。それは個別的に知覚されるべきものであるからである。

[9]（三昧時の六過失）[21]

そして修習者は、三昧にとっての、六つの「盗賊たち」（caura）—善法の心を欺いてから無意味なことに陥れるところの者たち—を知るべきである。すなわち、惛沈、睡眠、抑鬱（laya）、掉挙、悪作、疑惑である。(1)惛沈とは、乳酪などを摂取することによってもたらされる、特別な身体の重さの状態など（つまり身体と心の重さ）である。(2)睡眠とは、まさに眠ることである。(3) 抑鬱とは、心が重く沈んでいることである。所縁に向けたのろまな（apaṭu）［心の］活動である。(4) 掉挙とは、興奮状態であり、心が乱れることである。(5)悪作とは、非難されること（kutsitaṃ kṛtaṃ）というのが、「悪しくなされたこと」（kukṛta）であり、それの状態（抽象名詞形 bhāva）が、悪作（kaukṛtya）である。後の特殊な苦悩（後悔）である（paścāt-tāpaviśeṣaḥ）。疑惑とは、疑うことである—「はたしてこのように師によって教示されたのだろうか、あるいはそうでないのか」［と］。

[10]（過失の対治）

そのなかで、惛沈と睡眠を鎮めるためには、食事に対して適量を知り、無常性を想起し、百回分の秋を注視する（śaradāśata-vyavalokanaṃ）。抑鬱を斥けるためには、般若と精進の威力があり、あるいは、庭園・池・秋の月光（udyāna-vāpī-śarajjyotsnā）などといった歓喜

---

[20] テクストの adīrgham aparimaṇḍalam を韻律の制約上、adīrghāparimaṇḍalam と読む（ĀM に従う）。

[21] Cf. *Prajñāpāramitopadeśa*, §3.6.1 (Śamatha-vipaśyanā-yuganaddha). ただし *Prajñāpāramitopadeśa* は五蓋を出すので異なる。

をもたらす事物を想起する。掉挙を鎮めるために、鎮静がある。悪作と疑惑をなくすために、三昧の徳性を想起し、そして善知識に対する強い信解、および篤信と愛敬とによる浄信の状態（gauravapremaprasādatā）がある。そして心が六つの過失を離れてそして本来のあり方（svarasavāhin）になった時、その時［心は］正しい状態になり、静観されるだろう（upekṣyeta）。[i]

[11]（三昧後の誓願行）

三昧から出た人は、誓願をなすべきである。

> 悪趣に導く苦を享受せずに、難行を抜きにして、唯一の尊い身体によって、世人が仏の境地に到達しますように（『入菩提行論』）。

［という偈文を］、あるいは、『普賢行願』を読誦すべきである。以上。

[12]（奥書）

般若波羅蜜修習次第、完。これは、カリ時代の一切智者にしてプールヴァデーシャ（ベンガル）出身の大学者ラトナーカラシャーンティ師の著作である。

【語釈】

[1] [a] 冒頭二偈の原文は下記の如くである。

> niṣprapañcam anālambam acintyam avikāriṇam |
> sarvadoṣavinirmuktaṃ vande sarvavidaṃ sadā ||
> yatprasādakaradhvastamohadhvāntacayaṃ sphuṭam |
> paśyanti jagatas tattvaṃ taṃ vande vadatāṃ varam ||

両偈とも、仏への帰命を示す帰敬偈である。このうち第二偈の jagatas には問題が残る。語形は単数・属格であるので、tattvaṃ に掛かりそうであるが、しかし c 句の paśyanti が韻律上（第二・第三音節の軽音連続は許されていない）、paśyati などに変更できないため、この偈のどこかに、複数の主格が要求される。その一番の候補となりうるのは jagatas であるが、もしこれが複数・主格であるならば通常は jaganti という語形となるはずである。しかしここでは、韻律の要請によってこのような変則的な語形となったと仮に解釈した。

ただし別の解釈の可能性も皆無ではない。たとえば paśyanti の主語について、明示されない「一般的な人々」を想定することもできる。その場合、jagatas は文法通り、単数・属格と考えられ、次のような訳になる。「…を破壊する、世間にとっての真実を、［人々は］明瞭に見るが、…」。

第二偈 b 句については、本文の訳では写本通りに-dhvastatamodhvāntacayaṃ と読み、tattvaṃ に掛かる所有複合語と理解した。ただしその語尾を、-dhvastatamodhvānta**cayāḥ** と訂正したうえで、この語を「人々」に掛かる所有複合語と理解することもできる。その場合の訳は、「…を破壊する［人々は］、世間にとっての真実を、明瞭に見るが、…」となる。

なお、第二偈は、仏への敬礼の中に、法宝と僧宝とを、tattva とそれを見る人々という形で、組み入れているとも解釈できる。

[3] [b] この一段の『楞伽経』引用の直後は次のようになっている。tasmān nāsti vijñānabāhyo grāhyo 'rthaḥ | tadabhāvād grāhakatvam api vijñānasya nāst**īti** sarvathā dvayaṃ nāsti grāhyaṃ grāhakaṃ ca |（「それゆえに、識の外部の、所取なる対象は存在しない。それ（所取）が存在しないのだから、識の能取性もまた、存在しない。だから（iti）、あらゆる点で、所取と能取という二者は存在しない」）。本書の写本では「だから」（iti）を欠くが、議論の流れのうえでは必要である。そしてこれらの文章はまるごと、『ムクターヴァリー』に見られ、そこでも iti がある。なお、[3]末尾に出る、「以上が識論者」以下の二文は唐突であり、『ムクターヴァリー』にも平行文がない。解釈については疑問が残る。

[5] [c]「一切法を所縁とし」（sarvadharmālambane）は「三昧」（samādhau）に掛かる所有複合語である。写本は否定辞を挟み、sarvadharmā**nā**lambane と読むが、その内容と、『ムクターヴァリー』の平行文における読みから、写本の否定辞を外して読む。

[6] [d] ラトナーカラシャーンティの転依については、『カサマタントラ（*Khasamatantra*）』の注釈である『カサマー』に詳述される[22]。Tucci 1954、袴谷 1981、一島 1998 による研究があり、Isaacson 2013 が同書冒頭部の再校訂と英訳を行っている。下記は、Isaacson 本お

[22] 転依については *Prajñāpāramitopadeśa*, §3.5.4.3.9.1 (Vimkutikāya)も参照。

よびウパーディヤーヤ本に従ってテクストを提示し、その試訳を行った[23]。訳文中の太字は本書の記述と表現内容が特に一致する箇所を示す。

iha vajradharo bhagavān sarvabuddhānāṃ bodhiḥ. sā cāśrayaparāvṛttilakṣaṇā. āśrayaḥ śarīraṃ sa teṣāṃ[24] trividhaḥ. tatra cittasantānalakṣaṇasyāśrayasya yāvat sāṃkleśikadharmabījānāṃ tadvāsanānāṃ dauṣṭhulyākhyānāṃ ādhāras tāvad ālayākhyasya paścād āryamārgeṇa niṣprapañcena cirabhāvitena tāsāṃ parikṣayād anālayākhyasya sataḥ pratiṣṭhādehabhoganirbhāsānāṃ vijñaptīnām itareṣāṃ ca sāṃkleśikānāṃ dharmāṇāṃ utpannānām astaṃgamād anutpannānāṃ cātyantam anutpādāt tenātmanā nivṛttiniyamaḥ, viśuddhagaganopamena tu niṣprapañcena prakāśātmanānantena pravṛttiniyamaḥ parāvṛttiḥ.[25] sā buddhānāṃ dauṣṭhulyāśrayaparāvṛttiḥ. saiva teṣām anāsravo dhātur ucyate, anāsravāṇāṃ buddhadharmāṇāṃ bījādhāratvāt. so 'pi mārgas teṣām āśrayaḥ. tasya parāvṛttir laukikena rūpeṇātyantikī nivṛttiḥ, lokottareṇa cātyantikena[26] pravṛttiḥ. sarvadharmatathātāpi teṣām āśrayaḥ. tasya parāvṛttir āgantukasarvāvaraṇaviśuddhir ātyantikī. yeyaṃ buddhānāṃ dauṣṭhulyāśrayasya mārgāśrayasya tathatāśrayasya ca parāvṛttiḥ saiva teṣāṃ bodhiḥ.

（訳）ここにおいて[27]持金剛世尊とは、一切諸仏のさとりである。そしてそれ（さとり）は、基盤の転回（転依、āśrayaparāvṛtti）を特質とする。基盤とは身体/骨組みのことであるが、それ（基盤）は彼ら（諸仏）のものであり、三種ある。その中において、心相続を特質とする基盤は（āśrayasya）、汚染（dauṣṭhulya）と呼ばれる**雑染の諸法の種子およびその潜在印象たちにとっての依止（ādhāra）である限り、「アーラヤ」と呼ばれるが、後に、久しく修習された（cirabhāvitena）戯論なき聖者たちの道によってそれら（潜在印象たち）を滅ぼして以降は「アーラヤなきもの」と呼ばれるのであるが（anālayākhyasya sataḥ）**、［**その基盤にと**

23 『カサマー』p. 231.7–17。袴谷 1981 の優れた和訳がある。ここに示した試訳は、本稿の他の箇所に示した訳語との対応を示すために挙げたに過ぎない。
24 袴谷 1981: 246 n. 29 はチベット訳により teṣāṃ を省く。写本（NGMPP C25/8, fol. 1r1）にはある。
25 tatra 以降この箇所までは Isaacson 2013: 1043 のテクストに従う。
26 写本（NGMPP C25/8, fol. 1r3）は、ウパーディヤーヤ本と同様、ātyantikena と読むが、袴谷 1981: 246 n. 38 に従って ātyantikī と改めるべきか。
27 『カサマタントラ』を指す。この直前には冒頭偈がある。その試訳を挙げると次の通り。「三身を随伴してはいるが虚空と等しい最勝本初［なるブッダ］に帰命する私によって、それ（最勝本初）を内容として有するカサマタントラに対して、まさに虚空に等しい注釈が、著作される」。

って］**拠り所と身体と享受としての諸顕現をもつ諸の表象（vijñaptīnāṃ）とその他の既に生起した雑染の諸法がなくなるから**、かつ（ca）生起していない［雑染の諸法］が［今後］決して生じないから、その本質の観点での（tenātmanā）「止滅としての制限」（nivṛttiniyamaḥ）があり、他方（tu）、澄みきった空に喩えられる戯論なき無限の照出（prakāśa）という本質の観点での「発現としての制限」（pravṛttiniyamaḥ）があり、［それが］転回（parāvṛttiḥ）である。それが諸仏の麁重転依（dauṣṭhulyāśrayaparāvṛtti）である。それこそが彼ら（諸仏）の**無漏界と言われる**。なぜならば無漏なる仏の諸徳性の種子にとってのよるべ（ādhāra）だからである。

それはまた道であり、彼ら（諸仏または仏の諸徳性）にとっての基盤である。それ（基盤）の転回は、世俗の性質に関しては完全に止滅しており、そして出世間の究極の［性質］に関しては発現している。

一切諸法の真如もまた、彼ら（諸仏または仏の諸徳性）にとっての基盤である。それ（基盤）の転回は、究極的に外来のすべての障害を浄化するものである。

この、麁重なる基盤と、道という基盤と、真如という基盤とにとっての転回、それこそが彼ら（諸仏）のさとりである[28]。

上記は、持金剛（vajradhara）が諸仏のさとりであると述べた上で、さとりを転依で説明する文脈であり、袴谷 1981 に詳述される、いわるゆる三種転依を説明する箇所である。続けてそのさとりは仏の三身（法身、受用身、変化身）にほかならないことを示し、それぞれが虚空に等しい（khasama）ことを明かし、以上をもって定説（siddhānta）とする[29]。

上記引用の最初の長文は、三種転依すべてに関連するものであるが、その前半は三種の第一「麁重転依」に関わる解説である。本書[6]の記述は、この三種転依の第一と重なる部分が多い。

---

[28] この後には、「それこそは法身である。仏の諸法（徳性）にとっての身体つまり基盤であるというからである」云々と三身の記述が続く。

[29] 『カサマー』p. 232.9: ... iti siddhāntaḥ。このうち、受用身に関する詳細な記述は、ジュニャーナシュリーミトラの『サーカーラシッディ』における有形象の観点から論じる受用身と対立する（Kano 2016: 12 n. 19, 23 n. 74）。ラトナーカラシャーンティによると、受用身は「形象のままでは」または「形象に従うならば」（yathākāraṃ）「虚空と等しくはない」けれども、「顕現したままで」または「顕現に従うならば」（yathāpratibhāsaṃ）「虚空と等しい」。そしてこの「顕現」という言葉は、顕現したものについて、存在していないと「識別すること」（pariccheda）を意図していると述べる。また受用身が虚空に等しいのは、それが虚空に等しい法身の等流で旨を述べる。『カサマー』p. 231.20–232.7 および袴谷 1981: 242–243 参照。

[7] [e]「一切相なるあらゆる世界への利益行為を特徴としてもつ」(sarvākārasakalajagadartha-**karaṇa**lakṣaṇeti）は、写本では sarvākārasakalajagadarthalakṣaṇa iti となっている。用例および内容から、jagadartha の直後に karaṇa または kriyā を追加する必要があると判断し、このように訂正する。

[8] [f] vāsanāśeṣarekhābhir ālīḍham iva sarvataḥ |
kleśair iva ca saṃkīrṇaṃ cakravac ca paribhramat || ĀM 241

本偈の主語は、ĀM 236 偈 d 句の jagad を継承している。前半句の ālīḍham iva は難解である。通常、ālīḍha は「舐められた」を意味するが、「削られた」の意味もある。ここでは文脈に合わせて後者の意味で理解した。ĀM 236 の unmṛṣṭacitravat「こすり取られた絵画のごとく」とも共通するか。この ālīḍham の読みは、リントナー本でも同様であるが、チベット訳は、bris pa と訳し、*ālikhyaṃ という読みを示唆する。

[8] [g] gāḍhasvapnotthitaṃ jñānaṃ lakṣyaṃ lakṣañ ca lakṣaṇam |
dṛṣṭanaṣṭanibhaṃ caiva kim apīva ca paśyati || ĀM 242

本偈は難解であり未解決の疑問点も残る。後半句の「あたかも見えては消えゆくようなものとして幾分か（kim apīva）見る」という文のうち、kim apīva という読みは、リントナー本による。対応するチベット訳 ci zhig lta bur もこれを支持し、内容的にもこの方向で理解した。本書の写本の読み kim atīva は、この文脈の俎上に載せて解釈することは困難であったため採用しなかった。またリントナー本は、冒頭句を複合語-svapnotthitajñānaṃ とし、b 句を lakṣālakṣaṃ ca tatkṣaṇam と読む。b 句は特に難解であり異読もあり解決策も見出していないため保留しておきたい[30]。

[8] [h] jñāte tu parinispanne (ĀM 243). 写本は jñāne と読むが、これを jñāte に訂正する。根拠は、リントナー本の読みおよび、直前の ĀM 239 の関連表現（dṛṣṭe tu paratantrākhye

---

30 参考までにチベット訳と無性釈の対応箇所を挙げると下記の通り。rmi lam gsal sad shes pa dang || mtshan dang mtshan nyid med par snang || mthong nas mi snang dang mtshung par || ci zhig lta bur snang ba yin || 無性釈は下記の通り（D 3896, 103a1-3）rmi lam gsal sad zhes bya ba la sogs pa smos te | 'di ltar 'ga' zhig rmi lam shin tu gsal bar mtshan nyid dang mtshan nyid can du ldan par snang ba sad pa'i dus na de dag thams cad med par 'gyur ro || de de bzhin no zhes bya ba'i don to || gzhan yang ji lta bur gyur pa 'gro ba snang zhe na | mthong nas zhes bya ba la sogs pa smos te | 'di ltar mig 'phrul gyis sprul pa'i glang po la sogs pa'i dngos po mthong ba skad cig de nyid la slar mi snang ngo || 'gro ba de bzhin no zhes bya ba'i don to ||

svabhāve）である。つまり ĀM 239 の dṛṣṭe が ĀM 243 の jñāte に対応する。一見すると pariniṣpanne が jñāne に掛かる読み方には問題が無いようにも見えるが、ここでは三性説が議論の中心であり、pariniṣpanne は、既出ゆえに文字としては明記されない svabhāve に掛かると理解するのが自然である。

[10] [i] yadā ca doṣaṣaṭkavarjitaṃ svarasavāhi ca bhavati cittaṃ tadā **samyaggatam upekṣyeta** ||
（訳）そして心が六つの過失を離れてそして本来のあり方（svarasavāhin）になった時、その時［心は］正しい状態になり、静観されるだろう（upekṣyeta）。

同文の末尾の語は写本には upekṣet とあるが、upa-īkṣ は通例、反射態で用いられるため、これを訂正して upekṣeta と読むか、あるいは受動態の upekṣyeta と読む可能性が考えられる。そして同文中の bhavati は、cittaṃ が対格ではなく主格であることを明示するので、同文末尾の定動詞 upa-īkṣ についてもやはり同じく cittaṃ（主格）が主語であると考えられる。その場合、もし upekṣeta という読みを採用するならば主語が瞑想者に変わってしまう不都合が生じる（下記用例参照）。それゆえ写本の読みとはやや離れるが、upekṣyeta という読みを採用したい。upa-īkṣ（「捨」）は正確には訳し難いが、こだわりなく平静にみることを意味すると考えられる。その意味において「静観する」または「そのままにする」と理解した。

samyaggatam upekṣeta の箇所については、アールヤシューラの *Pāramitāsamāsa* 第 5 章 13–14 偈に類似表現がある。

vidarśanāvīryabalāl[31] līyamānaṃ samuddharet |
uddhatyamānaṃ ca manaḥ praśamena nivārayet || 5.13 ||
samyaggatam upekṣeta samādhibalaniścalam |
tatrāpi vā tanmayaḥ syāt sugatajñānalabdhaye || 5.14 ||[32]
（訳）［心が］抑鬱となったら、観察（観）の努力に基づいて奮い起こすべし。そして心が興奮（掉挙）したなら、寂静（止）によって押し止めるべし。［心が］

[31] メドウズ校訂本は vidarśanād vīryabalāl とするが、独立した従格を並記する点に違和感を感じる点と、vidarśanā は女性形で用いられることがより一般的であるため（一部、中性名詞の用例もある）、vidarśanāvīryabalāl と訂正した。

[32] *Pāramitāsamāsa* のチベット訳は以下の通り。D 3944, 229a5–6: lhag mthong brtson pa'i stobs kyi mthus || zhum par gyur na gzengs yang bstod || rgod par gang tshe gyur pa'i yid || zhi gnas tshul gyis bzlog par bya || ting 'dzin mthu ni mi g-yo zhing || **yang dag gyur na btang snyoms gzhag** || bde gshegs ting 'dzin thob bya'i phyir || de la chags par yong mi bya ||

正しい状態となったなら、三昧の力によって動かなくなった［心］を、静観すべし（upekṣeta）。あるいはまたその時点で、善逝の智を得るために、それ（三昧）と同体化すべし。

Pāramitāsamāsa 5.15a に出る sammyaggatam upekṣeta という読みについて、メドウズ本は、sammyaggatam upekṣitaṃ と読み、異読として upekṣitaṃ の末尾の anusvāra を欠く読みの存在にも言及する（Meadows ed., p. 222）。ただし、いずれの読みも第 7 音節を軽音で読む限り（upek**ṣ**itaṃ）、韻律に破綻をきたす点は、メドウズの指摘する通りである。さらにこの偈の前後の構文では、定動詞が願望法で表現されるため、5.14ab でも upekṣeta という願望法が使用されるのは自然であろう。そして一連の文脈の主語は瞑想者であり、目的語は manas である点で、cittaṃ を主語とする本書[10]の上記の例とは態が異なる。以上の理由から upekṣeta という訂正案を提起したい。

この *Pāramitāsamāsa* の箇所では、抑鬱した（līyamānaṃ）心と、掉挙した（uddhatyamānam）心は、観と止とによって対処すべきことが説かれている。本書所説の三昧時の六過失の laya および auddhatya と対応している。

このように瞑想中の心の抑鬱と掉挙を観と止とによって正してから心の平静（捨）を説くものに、例えば『大乗荘厳経論』（14 章 9cd–10ab）も挙げられる[33]。

> līnaṃ cittaṃ pragṛhṇīyād uddhataṃ śamayet punaḥ |
> **samaprāptam upekṣeta** tasminn ālambane punaḥ |
> （訳）そして、沈んだ心（抑鬱）を引き締めるべし（高揚させるべし）。高揚した［心］（掉挙）を鎮めるべし。さらにその所縁に対して平等となった［心］を静観すべし（upekṣeta）。

ここに出る samaprāptam upekṣeta という読みは、本書の samyaggatam upekṣyeta および *Pāramitāsamāsa* の samyaggatam upekṣeta という読みを支持する。

---

[33] 読みは長尾本に従う。長尾本（p. 251）はレヴィ本の読みである līnaṃ cittasya gṛhṇīyād を、līnaṃ cittaṃ parigṛhṇīyād とする。

【資料１：平行箇所一覧】

下記左側は本書の文、右側は対応する『ムクターヴァリー』の文である。太字は本書と平行する文言を示す。点線は本書と類似する文言を示す。

<table>
<tr><th>[3]</th><th>Muktāvalī, ed., p. 12.9–10, 11.4–14</th></tr>
<tr><td>yad etan nīlapītādyākārajātaṃ na tad bāhyam āntaraṃ vā vastu | ekānekasvabhāvavirahāt |</td><td>yo 'yaṃ **nīlapītādi**r ākāraḥ khyāti **na** sa **bāhyam āntaraṃ vā vastu | ekānekasvabhāvavirahāt** pūrvavat | (p. 12.9–10)</td></tr>
<tr><td>tathā hi na tad ekaṃ bhāgabhedena pratibhāsanāt | nāpy anekaṃ paramāṇuśaḥ paramāṇor ayogāt | tathā hi yady asau sāṃśaḥ sa kathaṃ paramāṇuḥ | atha niraṃśaḥ tadā saṃyuktāḥ paramāṇavaḥ sarvātmanā saṃyogāt parasparam abhinnadeśāḥ syur iti sarvaḥ piṇḍaḥ paramāṇumātraḥ syāt | gajo 'pi girir api sāgaro 'pi | uktañ cāryalaṅkāvatāre |</td><td>**na** hi **tad ekaṃ bhāgabhedena pratibhāsanāt | nāpy anekaṃ paramāṇuśaḥ paramāṇor ayogāt | tathā hi yady asau sāṃśaḥ sa kathaṃ paramāṇuḥ | atha niraṃśaḥ tadā saṃyuktāḥ paramāṇavaḥ sarvātmanā saṃyogāt parasparam abhinnadeśāḥ syur iti sarvaḥ piṇḍaḥ paramāṇumātraḥ syād gajo 'pi girir api sāgaro 'pi** pṛthivy api | **uktaṃ cāryalaṅkāvatāre** (p. 11.4–9)</td></tr>
<tr><td>Laṅkāvatāra, X 154cd–155ab</td><td>Laṅkāvatāra, X 154cd–155ab= p. 11.1–2.</td></tr>
<tr><td>Laṅkāvatāra, X 709</td><td>Laṅkāvatāra X.709 = p. 11.10–11.</td></tr>
<tr><td>tasmān nāsti vijñānabāhyo grāhyo 'rthaḥ | tadabhāvād grāhakatvam api vijñānasya nāsti | sarvathā dvayaṃ nāsti grāhyaṃ grāhakañ ca | evaṃ vijñānavādī | upakalpitañ ca vijñānaṃ pratyuktam ||</td><td>**tasmān nāsti vijñānabāhyo grāhyo 'rthaḥ | tadabhāvāt** tadapekṣakaṃ **grāhakatvam api vijñānasya nāstīti sarvarthā dvayaṃ nāsti grāhyaṃ grāhakaṃ ca** | (11.13–14)</td></tr>
</table>

<table>
<tr><th>[4]</th><th>Muktāvalī, ed., p. 12.10–14</th></tr>
<tr><td>tataḥ kevalam anādyavidyābhyāsavāsanābalavi-</td><td>**kevalam anādyavidyābhyāsavāsanābalavi-**</td></tr>
</table>

plutānāṃ bālānāṃ buddhir asataiva tena tenākāreṇa pratibhāsate | tam eva cākāram asantaṃ nimittīkṛtya lokasya dvayakalpanā dvayagrāhaś ca sarvānarthanidānabhūtaḥ pravartate | yāvac cāyam ākāraḥ pratibhāsate tāvat paramārtho na dṛśyate | keśamaśakādidarśibhis taimirikaiḥ keśādiśūnyatāvat ||	**plutānāṃ bālānāṃ buddhir asataiva tenākāreṇa** khyāti **| tam eva cākāraṃ nimittīkṛtyā**lambanīkṛtya **lokasya dvayakalpanā dvayagrāhakaś ca sarvānarthanidānabhūtaḥ pravartate | yāvac cāyamākāraḥ** khyāti **tāvat paramārtho na dṛśyate keśamaśakādidarśibhistaimirikaiḥ keśādiśūnyatāvad iti |**

[5]	*Muktāvalī*, ed., p. 12.14–18
tataḥ sa evam upaparīkṣya sarvanāmāni sarva-nimittāni parivarjayati | tatas tasya sarvadharmālambane samādhau nirjalpe nirābhāse sthitasya pūrvaprayogavāsanābalād anābhogato 'nabhisaṃskārataḥ sarvaprapañcanimittānām astaṃgamād avikalpam anābhāsaṃ sarvadharmaśūnyatā-darśanaṃ kevalavimalānantanabhonibhaṃ lokottarajñānaṃ jāyate |	**sa evam upaparīkṣya sarvanāmāni sarva-nimittāni** ca **parivarjayati | tatas tasya sarvadharmālambane samādhau nirjalpe nirābhāse sthitasya pūrvaprayogavāsanā-balād anābhogato 'nabhisaṃskārataḥ sarvaprapañcanimittānām astaṅgamād avikalpam anābhāsaṃ sarvadharmaśūnyatā-darśanam kevalavimalānanta**gagan**opamaṃ lokottara**ṃ (-ānanda-を-ānanta-に訂正) **jñānam |**

[6]	*Muktāvalī*, ed., p. 12.19–22
tad eva pāramārthikaṃ bodhicittam | saiva mukhyā prajñāpāramitā | sa eva ca sarvāvaraṇapratipakṣo mārgaḥ | tena ca pratipakṣeṇālayavijñānasaṃniviṣṭānāṃ sarveṣāṃ sāṃkleśikadharmabījānāṃ tadvāsanānāṃ ca parikṣayāt pratiṣṭhādehabhoganirbhāsānāṃ vijñānānāṃ nirodhāt tad ālayavijñānam ālayavijñāna-lakṣaṇaparityāgād anāsravadhātulakṣaṇaṃ parigṛhṇāti |	**pāramārthikaṃ bodhicittaṃ mukhyā prajñāpāramitā sarvāvaraṇapratipakṣo mārga utpadyate | tena pratipakṣeṇālayavijñānasaṃniviṣṭānāṃ sarvasāṅkleśikadharmabījānāṃ vāsanānāṃ parikṣayāt pratiṣṭhādehabhoganirbhāsānāṃ vijñānānāṃ nirodhāt tadālayavijñāna-lakṣaṇatyāgād anāsravadhātulakṣaṇaṃ parigṛhṇāti |**

[7]	*Muktāvalī*, ed., p. 12.22–24
sa evānāsravo dhātuḥ | buddhānāṃ dharmakāyaḥ | bhūtakoṭiḥ | tathatā | paramārthaḥ | dharmadhātuḥ | bhūtāni tattvāni teṣāṃ koṭiḥ paryanta iti bhūtakoṭiḥ | nityaṃ tathaiva bhāvāt tathatā | paramasya lokottarajñānasyārthaḥ paramaś cāsāv arthaś ceti vā paramārthaḥ | dharmā āryadharmās teṣāṃ dhātur ādhāra iti dharmadhātur iti | tatprāptau tadadhīnā sambhoganirmāṇakāyaprāptiḥ sarvākārasakalajagadarthalakṣaṇeti ||	**sa evānāsravo dhātur buddhānāṃ dharmakāyaḥ | tatprāptau tadadhīnā sambhoganirmāṇakāyaprāptir** iti siddhāntaḥ | ――― Cf. saiva tathatā **nityaṃ tathaiva bhāvāt** | saiva bhūtakoṭiḥ sarvatattvānām agratvāt | saivānimittaṃ bhrāntinimittānām ākārāṇāṃ parivarjane sati tasyāḥ prakhyānāt | saiva paramārthaḥ **paramasya lokottarajñānasya gocaratvāt** | saiva dharmadhātuḥ āryadharmāṇāṃ balavaiśāradyādīnāṃ hetutvāt tām evālambamānānāṃ āryadharmotpatteḥ | (p. 11.27–12.4)

【資料 2：『ムクターヴァリー』対応箇所梵文和訳】

Muktāvalī, pp. 10.13–13.7 on *Hevajra* 1.1.10

（対応文は太字で示した。）

「ひとつの」[34]とは、上述の「見ることや引き寄せること」（1.1.8 偈）などである。「ヘールカ尊」とは結果としてのヘーヴァジュラであり、その御方の「生起」とは、その御方の境地に到達することである。その（つまり到達の）「原因」とは、方便としてのタントラという意味である。どうしてこれが「最初」なのか。尊格などの形象（ākāra）という偉大な方便によって豊かなる生起次第が勝れているからである。

【論難】では[35]（以下、無形象なる唯識こそ最高の真理であるが、尊格の姿という形象を伴った修習はただ輪廻を導くものに過ぎないのではないのか、という意図の長い論難が続く。）

---

[34] 以下、引用する文言は『ヘーヴァジュラ』1.1.10 偈からである（試訳「まず最初に、ヘールカ尊を生起するひとつの原因があるべし。大悲あるヴァジュラガルバよ、まさに修習によって彼らは解脱する」）。

[35] p. 10.16 の nanu は、p. 12.28 の iti までかかるものと理解した。

［外界存在の否定］

これが大乗であり、そして大乗において一切諸法は唯識を骨組みとする（vijñaptimātraśarīra）。そして［そのことは］『聖十地経』において、「この三界は心に過ぎない（cittamātraṃ）」と説かれた。というのは、照出（prakāśa）が識の本質（svarūpa）であるからである。あるものにとってその本質（つまり照出）がない場合、そのものは照出しない（na prakāśate）、矛盾するからである（つまり照出ぬきに現れることは矛盾する）。それゆえに、照出しつつある青や黄色などは、識の外部の対象ではなく、そうではなく（kiṃ tarhi）、識そのものの自身（ātmabhūta）であり、顕現、あらわれ、形象なのである。なぜなら、同類の分別により措定された（āhita）潜在印象によって損なわれた/歪められた（upahata）心自体に基づいて、多様な形象をもつ識が生起するからである。たとえば、夢の中でのように。そして『入楞伽経』には、

> **外界対象は凡夫たちによって構想されるようなあり方では存在しない。潜在印象によって歪められた（luṭhita）心が、対象の顕現を持って活動するのである。**

と説かれた。「歪められた」とは、損なわれた（upahata）という意味である。

［極微批判］

さらに、この青などは（idaṃ nīlādikaṃ）、外界の対象（bāhyo 'rthaḥ）ではない。**なぜなら、一・多の本性を欠いるからである。というのは、部分に分かれて顕現しているからそれ（青など）は単一ではなく、また、極微ごとの極微は不合理だから複数でもないからである。すなわち、もしこれが部分を持つならば、それはどうして極微たりうるだろうか（つまり極微の定義に矛盾する）。しかしもし部分を持たないならば、結合した諸極微は、あらゆるものと結合してしまうので、相互に場所がわかれないものになってしまう。だから（iti）、あらゆる塊は極微の大きさを持つものとなってしまうだろう（sarvaḥ piṇḍaḥ paramāṇumātraḥ syād）—象であれ、山であれ、海であれ。**

［所取・能取］

また『楞伽経』に［次のように］説かれた。

> **鏡の中における、姿かたちは、同一性と別異性から離れたものとして、見られはするが、その（鏡の）中に［実際に］存在するわけではない。同じように、諸存在の中における存在性は**［見られこそするけれど、実際に存在するわけではない］。

それゆえに、識の外部の、所取なる対象は存在しない。それ（所取）が存在しないのだから、それに依拠する、**識の能取性もまた、存在しない。だから（iti）、あらゆる点で、所取と能取という二者は存在しない。**二者が存在しないのだから、二者としての顕現をもつ迷乱は存在しない。まさにその同じ迷乱とは、虚妄分別のことである。あるいは、その虚妄分別には、その二者の空性、つまり欠如状態、つまり唯識性が、常に存在する。

［三性説］

その同じ二者が遍計性である。［そこにおいて］諸存在は、特質のとおりに（yathālakṣaṇam）存在してはいないからである。虚妄分別が依他起性である。他者たちが依拠し、因縁によって生じさせられる、というからである。二者の空性が円成実性である。常にありのままに存在するからである。そして聖マイトレーヤナータによって［説かれた］。

> 遍計と依他と円成実こそが、［順次、］対象に基づいて、虚妄分別に基づいて、二者の非存在に基づいて、説示された。（『中辺分別論』1.5）

（副次的な般若波羅蜜）

［三性と三三昧］

そこで菩薩は、三つ（つまり三性）を引き受けるべきであり（samādhāyo を samādheyo と訂正）、修習するべきである。「遍計された蘊処界という特質の観点からすると、あらゆるものは存在しない」というのが空三昧である。遍計された蘊などが存在しないこと（-nāstitā-）を所縁とするからである。

「三界は苦であり苦の因である。なぜなら［三界は］存在する依他起性として虚妄分別であるがゆえに[36]、存在しない二者（所取能取）の性質によって現れ出ているからである」というのが無願三昧である。生まれ変わりに対する願望を妨げるからである。

二者の空性とは、一切諸法の本性（prakṛti）である。偶発性を欠くからである。ほかならぬそれは、**真如**である。**まさにある如くに存在するからである**（p. 12）。ほかならぬそ

[36] abhūtaparikalpitatvād を abhūtaparikalpatvād と読む（Isaacson 氏のご教示による）。

れは、**実際**である。**すべての真実のなかでも際（きわ）でからである。**ほかならぬそれは、**無相**である。迷乱を相とする形象の排斥がある場合に、それ（二者の空性）が顕現するからである。ほかならぬそれは**勝義**である。**勝れた出世間智の領域だからである。**ほかならぬそれは**法界**である。聖者たちの諸法たる、力・無畏などの原因であるからである。なぜなら、まさにそれ（二者の空性）を所縁としている人々にとって聖者たちの諸法が生起するからである。そしてこのような二者の空は、存在物ではないし、非存在物でもない。どうして存在物ではないのか。二者の非存在を特質としているからである。どうして非存在物ではないのか。一切諸法にとっての本性（prakṛti）であるからである。以上が無相三昧である。無相を所縁とするからである。

そして以上の三三昧は、副次的な般若波羅蜜（gauṇī prajñāpāramitā）である。それ（般若波羅蜜）の準備行（prayoga）であるからである。

（実義の般若波羅蜜）

（迷乱知の顕現）≈[4]

そのあとに、次のように重ねて観察すべきである（upaparīkṣeta）。この青や黄などの形象は顕現しているのだが、それは外部の事物でもないし、内的な事物でもない。前述のように、**一・多の本性を欠いているからである。単なる、無始以来の無明の習慣の潜在印象の力によって迷乱した凡夫たちの知は、けっして存在しない（asataiva）**あれこれの[37]**形象をもって顕現するのだが、まさにその、ありもしない形象を、相に仕立て上げた後で、**つまり所縁にした後で、**世人には、二（取）の分別と、二（取）の把捉が、つまり一切の無意味なることの原因が、発動する。この形象が顕現する限り、勝義が体験されることはない。ちょうど、髪の毛や蚊などを見るティミラ病患者たちによって髪の毛などの空なること［はみられない］ように。**

（出世間智の獲得）≈[5]

彼（菩薩）は、このように観察した後で、すべての名称と（ca）すべての相（nimitta）を捨て去る。それから、一切諸法を所縁とする、［意］言なく顕現なき三昧において留まる彼には、過去世の前行の潜在印象の力にもとづいて、無功用かつ造作なく、一切戯論の相がなくなって、分別なく、顕現なき、一切諸法空性を見る、純粋かつ垢を離れた無限の[38]虚空に似た、出世間智が［生じる］。

---

[37] *Muktāvalī* (p. 12.11)の tenākāreṇa を、本書によって tena tenākāreṇa と訂正。
[38] *Muktāvalī* の-ānanda-を本書によって-ānanta-と訂正。

（阿頼耶識の転依）≈[6]

［このような］**勝義菩提心なる、実義の般若波羅蜜たる（mukhyā prajñāpāramitā）、一切障礙の対治たる道**が生起する。**その対治を通じて、阿頼耶識に集まったあらゆる雑染法の**諸種子たる**諸潜在印象が尽きた後に、**［そして］**拠り所と身体と享受として顕現する諸々の識が停止した後に、そのとき（tadā）阿頼耶識としての特質を捨て去って、無漏界の特質をつかみとるのである**[39]。

ほかならぬその無漏界が、諸仏の法身である。**それ（法身）に到達するときに、それ（法身）に依拠する受用身と変化身に到達するのである。**

以上が定説（siddhānta）である。この定説において、般若波羅蜜こそが仏果（buddhatva）のために修習されるべきである。そしてそれ（般若波羅蜜）は、二［取］という区分をもつ諸対象が非存在であることについての正しい智である。二［取］の非存在を確定することに基づいて、虚偽なる二［取］の諸形象は消え去り、直後に（anantaraṃ）[40]、照出のみ（prakāśamātra）が現れる。

それゆえに、かかる、形象をもった、ヘールカ尊と瑜伽女たちと真言・標示（三昧耶形）・座・楼閣などの修習は、戯論であり、顛倒であり、輪廻をもたらすものであり、もっぱら解脱をもたらすものではない、という懸念がある人には生じるだろう[41]。

【答】それゆえに、それ（懸念）を除くために言う—「修習によって[42]こそ彼らは解脱する」と（*Hevajra* 1.1.10）。修習する、つまり究極に確立させる（atyantaṃ sthāpayati）、つまり一切諸仏の諸法を得させる、というのが意図である。つまり、六波羅蜜を［得させるの］である。それを通じてこそ、大悲ある者たちは解脱する。だからこそ［次のように］呼びかける—「大悲をもつ者」と。(p. 13) というのは、ただ一つの波羅蜜によって解脱する人たちは、それによって、いともたやすく（laghu laghuv eva）、一切煩悩を排除することによって、阿羅漢果（arhattva）を目の当たりにして、その後に声聞の菩提を体得するだろうけれども、さらに仏の菩提を［体得することは］ない。しかし大悲ある菩薩たちは、

---

39 この一文に一部異読あり。前掲の本書の訳文を参照。
40 *Muktāvalī*, p. 12 n. 6 所掲の異読を採用した。
41 ここまでがこの一節の冒頭の nanu の内容と理解した。
42 bhāvenaiva という偈頌（*Hevajra* 1.1.10b）の文言は、内容の点から bhāvanayaiva を意味すると理解した。

諸々の衆生利益のなかでも最もすぐれた達成手段（sādhana）である、最高の菩提を欲するのであり、劣った［菩提］を［欲するの］ではない。それゆえに（tad）彼らは、六種類の波羅蜜によって解脱するのであり、ただひとつ［の波羅蜜］によってではない。

（完）

参考文献

略号

『ムクターヴァリー』= *Muktāvalī nāmā Hevajrapañjikā*: R. Tripathi & Th. Negi (eds.). *Hevajratantram with Muktāvalī Pañjikā of Mahāpaṇḍitācārya Ratnākaraśānti*. Bhota-Bharati granthamala 48. Saranath, Varanasi: CIHTS, 2001.

『カサマー』= *Khasamā nāma Khasamatantraṭīkā*: Jagannāth Upādhyāya (ed.). In: Gokul Chandra Jain (ed.), Saṅkāya Patrikā, Pt. 1, Varanasi: Sampurnanand Sanskrit Vishvavidyalaya, 1983. pp. 231–255.

ĀM = *Ālokamālā*: Chr. Lindtner (ed.), *A Garland of Light — Kambala's Ālokamālā*. Fremont, 2002.

Pāramitāsamāsa: C. Meadows (ed.), *Ārya-Śūra's Compendium of the Perfections: Text, Translation, and Analysis of the Pāramitāsamāsa. Indica et Tibetica* 8. Bonn: Indica et Tibetica Verlag, 1986.

二次文献

一島正真

1991　「「カサマタントラ」の転依について」『天台学報』40、1–8 頁。

長尾雅人

2007　『『大乗荘厳経論』和訳と注解－長尾雅人研究ノート（２）－』、長尾文庫。

松田和信

2019　「ラトナーカラシャーンティの般若波羅蜜修習次第」『佛教大学仏教学会紀要』24、21-32 頁。

袴谷憲昭

1981　「ラトナーカラシャーンティの転依論」、『大乗仏教から密教へ：勝又俊教博士古稀記念論集』235–248 頁。

Isaacson, Harunaga

2013　Yogācāra and Vajrayāna According to Ratnākaraśānti. In: Ulrich Timme Kragh (ed.), *The Foundation for Yoga Practitioners: The Buddhist Yogācārabhūmi Treatise and Its Adaptation in India, East Asia, and Tibet*. Cambridge: Harvard University Press. 1036–1051.

Kano, Kazuo

2016　Jñānaśrīmitra on the *Ratnagotravibhāga*, *Oriental Culture* (Special Issue on Relationship between Tantric and Non-Tantric Doctrines in Late Indian Buddhism) 96, 2016, 7–48.

Tucci, Giuseppe

1954　Ratnākaraśānti on āśraya-parāvṛtti. In: *Asiatica:* J. Schubert & U. Schneider, *Festschrift Friedrich Weller*. Leipzig: Otto Harrassowitz, pp. 765–767.

本研究はJSPS科研費〈挑戦的萌芽研究〉 JP16K13154、および〈基盤研究（A）〉18H03569の助成を受けたものである。

Indian Logic, No. 11 (Tokyo, 2018)
CONTENTS

YOTSUYA Kōdō
Negation and Proof in Prāsaṅgika-Madhyamaka Philosophy 1

ARAI Ikkō
Some Remarks on Compassion (*karuṇā*) in the *Pramāṇavārttika* II.34 33

MATSUMOTO Shirō
On the Life-span of the So-called Eternal Buddha 41

LEE Youngsil
A Note on the Parable of Five Hundred Dust-particle Kalpas in the *Lotus Sutra* 49

WADA Yūgen
On *arthāntaranyāsa* in the *Kāvyādarśa* of Daṇḍin 59

NISHIZAWA Fumihito
A Consideration of the Compilation of the Tibetan Buddhist Canon
by the Tufan Dynasty (Part 2): The *lDan dkar ma* and *'Phang thang ma* Catalogues,
Their Dates, and Their Historical Background 71

KANO Kazuo and MATSUDA Kazunobu
Ratnākaraśānti's *Prajñāpāramitābhāvanākrama*:
An Annotated Japanese Translation from the Sanskrit Text 145

Editor's Note (KANAZAWA Atsushi) 173

編 集 後 記

今号は第11号。2010年9月30日の奥付の日付を持つ本誌創刊号を《松本史朗教授還暦記念号》と謳って刊行したことを思うと編集者としては感無量である。仕事がら、年号や日付がやはり気になる。インドで仏教が滅びたのは1203年、と教科書に使っている『インド思想史』（東京大学出版会）巻末の年表に出ている。「宗教が滅びる」とはどういうことかと説明する必要を感じる。宗教が消えてなくなったということではない、その宗教を大切に思う人がいなくなったことと説明する。その宗教の教えを自身の生活の拠り所とする人間がいなくなってしまったことと説明する。教えを説く者、教えに耳を傾ける者がいなくなり、聖典は廃品と化す。時に焚書という蛮行さえ起こる。紀元前の500年ころにお釈迦さまによって始められた仏教が、肝腎のその地では紀元後の1203年に滅びてしまった。考えさせられるところの多い『インド仏教はなぜ亡んだか—イスラム史料からの考察—』（北樹出版）、旧知のイスラム教研究者の著書に言及しようか。だが、「滅んだのはインド仏教ではない、仏教が滅んだのだ」と囁く声が聞こえる。

この1203年という年号は、インド仏教史の上では重要なものである。インドから遙か遠く東方に位置したわが日本国ではどうか。駒澤大学が成立の基礎を置く曹洞宗の開祖、道元禅師が奇しくもその1203年に先立つこと3年のきりのいい1200年にお生まれになった、と話は続くのである。インドでは仏教は滅びてしまったけれど、最果ての日本では「正伝の仏法」を宣揚することになる道元禅師がお生まれになった。曹洞宗では1月25日を「高祖降誕会」と称して法要を営む。このわずか3年の時間のうちに、＜仏教の運命＞を読み取ることもできる。時間こそ絶対なのだ。特にわれわれが携わっている人文科学の学問には、こうした時間感覚、歴史的な視点は不可欠。＜Uターン秘術＞など夢のまた夢である。

あるいは、本誌がいつ創刊されたかなどは、読者や執筆者にとってはどうでもいいことかも知れない。だが、創刊に関与したわたしにはその年号日付は完全な暗記事項であるし、わたしがわたしである限り金輪際忘れることはないと思うけれど、第11号の難儀した編集作業の締めとなる編集後記を記すにあたっては、本誌創刊号が背負ったこの数字になにか別の意味を与えてみたくなる。すなわち、ちょうど100年前の1910年の世界。奥付の日付は9月30日、その4日前は1910年9月26日。まったくの偶然だが、ついいましがた、わたしは、その年号数字を持つ＜音楽のための喜劇＞と附題された一楽曲の上演を録音したレコードを聴いてきたところだ。4枚組LPの第1面、つまり全体のほぼ八分の一に当たる最初の部分を一冊のブックレットを手にしながら聴き入ってきたところだ。1910

年9月26日は「丁度初演の4ヵ月まえである」（3頁）と同時に、『インド論理学研究』誌創刊号の発行日の100年と4日前である。フーゴー・フォン・ホフマンスタールの台本にリヒャルト・シュトラウスが曲を付けて1910年9月26日に総譜を完成させた、「20世紀の生んだ歌劇の中、最高の作品の一つ」（3頁）と言われる楽劇「バラの騎士*」。

ブックレットの後半に掲載された台本に対訳を付しているワーグナーの専門家でもある渡辺護氏は、ブックレット冒頭から興味深い解説を書いている。「5月はじめには第1幕の台本が完成、シュトラウスはこれも非常に気に入って、まるで「ロイザッハの河のように」作曲は流暢に進んだ。余りに流暢であったのでシュトラウスは台詞でないト書きにまで作曲してしまった**が、そのままにして置かれた。」（3頁）とあるのに驚いた次第。同ブックレット掲載の「《ばらの騎士》の体験」の中で、「ヨーロッパに1年間滞在しているあいだに私は《ばらの騎士》の上演を都合3度聴いた」高崎保男氏は、「初めてスカラ座でその舞台に接したとき、私はステージのすぐ右上にあるバルコニーからのぞきこむように、シュワルツコップのあでやかなGrande dame（貴婦人）の大きくはだけた胸を眺め、純白の衣装に身をかためたルードウィッヒのさっそうたる美青年ぶりに見とれながら、彼女らの美しい歌声に酔いしれた。2千人あまりの呪縛された聴衆たちは、滔々と流れるシュトラウスの豊饒な音楽にのって殆ど無抵抗の状態で運ばれていく」（14頁）と書いている。わたしが楽劇「ばらの騎士」をまるごと？ 体験したのは、 高崎氏のその贅沢な＜経験＞に遅れること15年の銀座ヤマハホール、バルコニーなどではない通常の客席にあって観る1960年ザルツブルク音楽祭記録カラー映画***を通してだった。

高崎氏の「1年〜3度」はすべてカール・ベーム指揮。わたしの視聴した映画は、いましがた聴いた1956年12月ヘルベルト・フォン・カラヤン指揮フィルハーモニア管による記念すべきステレオ録音、楽劇「ばらの騎士」全曲（東芝EMI AA9453. D）のものとほぼ同一のメンバーによるもの。だが、オーケストラは天下のウィーンフィル、オクタヴィアンがクリスタ・ルートヴィヒではなくセーナ・ユリナッチ。ゾフィーはテレサ・シュティッヒ＝ランダルに代わって、高崎氏の場合と同じアンネリーゼ・ローテンベルガーだった。わたしの体験の場所は、ミラノでもウィーンでもザルツブルクでもなくただの銀座、実演の体験ではなく、貧しい学生がなけなしの1500円をはたいての擬似体験？　だが、これぞシュトラウス、これぞ「ばらの騎士」、これぞシュワルツコップとの極めつきの優れモノだった。

その年わたしはようやくサンスクリットへの入門を果たし、次の誕生日でめでたく米寿を迎えられる前田専学先生の授業でケーシャヴァミシュラの『タルカバーシャー』を読み始めたころだ。インド哲学を本格的に勉強、研究するなら、ともかくもインドへ行かなければ、あるいはヨーロッパかアメリカかへ留学する必要のあることを微かに自覚し始めた時期だったように思う。だが、歴史的文献に基づく文献学なのだから、本がありさえすればいいし、音楽だってレコードがありさえすれば十分だと考えて、とことん貧しかったわたしはどこへも出かけて行くことをしなかった。

そして齢だけを徒に重ねたわたしが、本誌『インド論理学研究』誌の第 11 号も編集することとなった。高崎保男氏がリヒャルト・シュトラウスの楽劇「ばらの騎士」に関していみじくも語ったように、読み始めた読者が息もつけぬような緊張と興奮のうちに一気に終わりまで読み進んでしまうような論文を書きたいとだけ長年わたしは願ってきた。そしていまや、わたし自身はもう無理して書く必要もない、と思うようになった。次から次へと新しい研究者は出てくるのだし、書き手に不足はないのである。昨日も今日もどんどん時間は不可逆的に突き進み、銘々が自分の道を思い思いに辿っている中、編集者のわたしが異国の音楽の渦中で秘かに酔いしれているうちに、一つ二つと堅固な論文がわたしの手許に集まってきて、遂に一冊の雑誌の体裁を取るまでになった。寄稿して下さった方々の顔ぶれは必ずしも新しいものではないかも知れないが、もう充分すぎる顔ぶれである。ここ数十年のインド論理学研究のメッカとなった、「ばらの騎士」の舞台でもあるウィーンに立派に留学した方もいるし、ヨーロッパの他の地で深く研鑽を積んだ方々もいる。松本史朗、四津谷孝道、加納和雄、新井一光、和田悠元、李暎実の各氏は、わたしの奉職する駒澤大学の関係者でもある。ドイツでの留学経験を持つ李氏だけは大学院に在籍する現役の学生でニューフェース。また、加納和雄氏とみごとにコラボしている松田和信氏は、唯識の専門家であると同時に仏教写本研究の第一人者であることは周知のことだ。既に何度も言ったことかも知れないが、確か、オランダに向けて留学の途に就こうとしていた若き松田氏を成田空港に見送ったのは結局どこへも行かなかったほんのちょっとだけ年長のわたしだった。行く時には既に日本の松田だったが留学から帰国したときは世界の松田だった、と思う。もう一人の寄稿者の西沢史仁氏はやはり長年の留学経験を持つ、いまやチベット学研究にはなくてはならない存在である。執筆者の方々にはほんとうに心より感謝したい。さらに、おそらくこれから第 11 号が日の目を見るまでにお世話になる人物、感謝すべき人物としてニュージーランド在住のロルフ・ギーブル氏と本郷の仏教書の老舗書店、山喜房佛書林の浅地康平社長のことが片時も念頭を去らないのである。有難くも『インド論理学研究』誌への関心を持続している読者の方々にも編集者としては感謝の気持ちでいっぱいである。こうした善意に満ちた方々のフォースが結集しておそらく第 11 号も今まで通りに無事刊行されるに違いない、とわたしは楽観しているのである。

第 11 号の編集者としてのわたしとしては、一先ずやれやれと安堵の気持ちに浸ることができるはずなのだが、今回は、おそらく一年後に刊行される第 12 号のことが強く頭にあって、なにかと気が休まらない。第 12 号は、実質文字通りの創刊 10 周年の記念号としたいと考えている。それが実際に刊行されるのは東京でオリンピック・パラリンピックが開催される 2020 年になるはずであり、本誌の母胎となったインド論理学研究会の生みの親と言うべき松本史朗氏がめでたく古稀を迎え、その年の 3 月一杯で長年奉職された駒澤大学を定年退職することになる。そしてわたし個人の独断で第 12 号を「如来蔵思想特輯号」にしたいと考えているのである。既に何人かの人にはかなり以前から、その旨を告げて協力を仰いできたが、第 11 号の刊行が無事果たせたら、具体的に行動に移る予定である。言い出しっぺの特典というわけでもないが、わたしは人知れず如来蔵思想の勉強を始めている、とは言いながらも、実のところは、30 年ほど前、わずかに 10 日を隔てて刊行された братья、いや сёстры のような袴谷憲昭氏の『本覚思想批判』（大蔵出版）と松本史朗氏の『縁起と空—如来蔵思想批判—』（大蔵出版）をぽつりぽつりと拾い読みをしているばかりである。前書収録の序論に続く第一論文「空性理解の問題点」、後書収録の最終論文「空について」をとっかかりに。両書とも既に 30 年も昔の刊行物であり、どこまでも巧みな言葉遣いと強靭な論理性に支えられた文字通りの力作名著である。先に「100 年前」を話題にしたが、現在から見れば、遙かにその「100 年前」に近いと言い得る「30 年前」の両書を前にして、わたしはその変わらぬ迫力にただただ圧倒されるばかりだ。どんなに時代が進もうと、個々人の扱い得る情報量は知れたもの。先行研究をとことん踏まえ、そこから一歩でも二歩でも、一センチでも一ミリでも前に進めることを自身に厳しく課しているよほどの剛の者でもなければ、行き行きしものに対してどこまで忠義を貫くものだろうか。（K）

《追記》

(*)つい「バラの騎士」とカタカナ「バラ」を用いて表記してしまったが、これは青い LP ボックスの上に掛けられた帯の表記をそのまま承けたもの。国内盤レコードの証と言うべき 45 頁もある附録のブックレットにはその表題を含めて、全て「ばらの騎士」と表記されてあり、LP レコード盤面のラベルには、日本語表記は一切ないのである。したがって、正規には、楽劇「ばらの騎士」である。

(**)こういう記述を見て驚いた人もいるのではないか。どういうことかと気になるだろうと思うので、以下にもう少し補足する。渡辺氏は、その記述に続く箇所で、「それは第 1 幕の終り近くオックスが銀のばらを見せようとするところで、「あなたの美しい小間使と一対となるとでも云ってよいようなものをそっとお目にかけましょう」と男爵が云うが、この「そっと」diskret vertraulich は元来ホフマンスタールはト書きのつもりで書き添えたのであった。」（3 頁）と説明している。それを確認すべく、同ブックレット収載の渡辺氏自身の対訳付きの台本のその箇所を見る。

BARON
Darf ich Gegenstück zu Dero sauberm Kammerzofel präsentieren? Die Ähnlichkeit soll, hör' ich, unverkennbarsein. Leupold, das Futteral.

男爵（イタリア人を去らせ、夫人の方へ行く。）
あなたの可愛らしい小間使と一対となるべきものをおっとお目にかけましょう。（とりすまして）似ていることは誰の目にも判るそうで。ロイポルド、そのケースを持って来い。（若い従僕がケースを不器用に渡す。）（23 頁）

下線を付した「おっと」は、「そっと」の誤植である。だが、掲載されているドイツ語の台本の方には、その元来ト書きとして書かれたという diskret vertraulich がない。これはどうしたことか。だが、例えば、元帥夫人にキリ・テ・カナワを立てたゲオルク・ショルティ指揮コヴェント・ガーデン王立歌劇場管他による歌劇「ばらの騎士」のレーザーディスク（ナショナルビデオ SM158-3149）を取り出してみる。附録のブックレット収載の小林一夫歌詞対訳・日本語字幕の台本には、以下のように diskret vertraulich はきちんと印刷記載されている。

BARON
Darf ich das Gegenstück diskret vertraulich
zu Dero sauberm Kammerzofel präsentieren?
Die Ähnlichkeit soll, hör' ich, unverkennbar sein.
Leupold, das Futteral!

男爵
奥方の小間使いと同じ境遇の
わしの息子をご紹介しましょう。
誰が見てもわしによく似ていると
言います。レオポルト、あの箱をここへ！
（16 頁）

よくしたもので、こちらの方は日本語字幕を考慮したせいもあるのか、その diskret vertraulich に相当する対訳語の＜そっと＞が欠如している。が、これで、なんとか、渡辺氏の興味深い記述が会通するだろう。ただしショルティ指揮の上演映像では、問題のカラヤン盤と同様、その diskret vertraulich は歌われていない。

(***)オペラ映画の先駆的位置を占めるカラヤンのこの「ばらの騎士」映画も今では容易に家庭で鑑賞出来る。わたしが所有するのは、出てから暫くして入手した 2 枚組レーザーディスク（キングレコード K94L-5031～32）である。その赤いボックスには帯が掛けられ、

「豪華絢爛、感動の舞台の再現／シュヴァルツコップ、カラヤンによる歴史的名演奏！／R.シュトラウス作曲「楽劇」／ばらの騎士／（一九六〇年ザルツブルグ音楽祭記念カラー映画）」などと印刷されている。ショルティのものとは異なって台本そのものは附されていないが、やはりかなり立派なブックレットの附録はある。その冒頭にはカラヤン盤 LP のものと同じ渡辺護氏による大同小異の「「ばらの騎士」解説」が掲載されている。問題の＜ト書き作曲＞の件りも、若干の語句修正が加えられて、「5 月はじめには第 1 幕の台本が完成、シュトラウスはこれも非常に気に入って、まるで＜ロイザッハ河のように＞作曲は流暢に進んだ。あまりに流暢であったのでシュトラウスは台詞でないト書きにまで作曲してしまったが、そのままにして置かれた。それは第 1 幕の終わり近くオックスが＜銀のばら＞を見せようとするところで、＜あなたの美しい小間使と一対となるとでもいってよいようなものをそっとお目にかけましょう＞と男爵がいうが、この＜そっと＞diskret vertraulich は元来ホフマンスタールはト書きのつもりで書き添えたのであった。」（4 頁）とある。むろん、上演映像では、その台詞「そっと」diskret vertraulich は聴かれない。シュワルツコップの元帥夫人はほんとうに美しく愛らしく気品がある。高崎保男氏の「シュワルツコップの～胸」表現はもしかしたら誇張が過ぎるのではないか。既にめでたく米寿を迎えられてなおご健在の原實先生からもう随分昔、贔屓の歌手はギネス・ジョーンズと伺ったことがある。そのギネス・ジョーンズは、1979 年に制作されたカルロス・クライバー指揮バイエルン国立歌劇場管他の「ばらの騎士」映画（ポリドール POLG 9036/7）では元帥夫人を歌っている。是非このジョーンズの艶やかな姿を原先生にお目にかけたいものだ。いや、もしかしたら原先生はジョーンズの「ばらの騎士」の実演をご覧になっているのかも知れない。また、カルロス・クライバーの「ばらの騎士」では、15 年後の 1994 年のウィーン国立歌劇場管を指揮した、ギネス・ジョーンズの代わりにフェリシティ・ロットを元帥夫人に起用した映像（ポリドール POLG-1161）もあるが、そこでも「そっと」diskret vertraulich は聴かれない。「ばらの騎士」の録音録画は今では数多く出回っていると言い得るが、ジョーンズとのからみで、もう一つだけ紹介したい。1971 年録音のウィーンフィルを指揮したレナード・バーンスタインの「ばらの騎士」（CBS/SONY SOCZ 20-23）である。最初の、1956/7 年録音のカラヤン＆シュワルツコップの「ばらの騎士」で、オクタヴィアンを歌ったクリスタ・ルートヴィヒその人を元帥夫人に、後に元帥夫人を歌うことになるギネス・ジョーンズをオクタヴィアンに配した豪華極まりない 4 枚組 LP。「そう、このバーンスタインの指揮した《ばらの騎士》。これがヴィーンの国立オペラにかかった時、私はわざわざききに出かけていったものです。私もこれまで何度かこのオペラをきいたけれども、この時のが、いちばん楽しい想い出となって残っている。1968

年の春のことです。」と始まる吉田秀和氏の「ウィーンで聴いたバーンスタインの＜ばらの騎士＞」や高崎保男氏の「＜ばらの騎士＞解説」などの掲載された和文冊子や深田甫氏による歌詞対訳などの独立の台本冊子、さらに80頁を超えるオリジナルな独・英・仏の対訳台本を含む英文ブックレットを銀色のばらを大きく表面にあしらった銀色のボックスに収めた逸品。しかもこれには、黒い地の中央に銀のばらを大きくあしらったジャケットのハイライト盤 LP（CBS/SONY SOCO 79）が別売りで用意されている。この時の映像があるのか確認していないが、あるようなら是非観てみたいものだ。楽曲としては些末極まりない（極微の）＜そっと＞は、やはり歌われない、聴かれない。正直、わたしは今も、その＜そっと＞の歌われた音源を探し出せないでいる。時はゆくゆく乙女は・・・

おそらくホスマンスタールは、「ばらの騎士」では＜時間＞を主題にしているのだろう。岩波文庫でその『チャンドス卿の手紙他十篇』が檜山哲彦氏の訳で手軽に読めるが、駒澤大学で確か定年を迎えられた富士川英郎氏の「チャンドス卿の手紙」などを収録した四巻本の『ホーフマンスタール選集』（河出書房新社）と共に、常にわたしの手の届くところにある。「チャンドス」Chandos（＝Philipp Lord Chandos）という固有名を口にすると英国音楽ファンに馴染みのレコード会社 Chandos（こちらは「シャンドス」と発音するらしいが、この両 Chandos はまんざら無関係でもなさそうである）を想起する。そしてわたしの場合は、すぐに「チャンダス」を連想するのである。ヴェーダの六補助学の一つに数えられる韻律学 chandas だ。が、雑誌の編集者としてのわたしには、何よりも「ちゃんと出す」と苦々しく響くのである。わたしには、作家の井上ひさし氏の「遅筆堂」に肖って、「遅出堂主人」と号した苦い過去もある。もはや、「遅れて出す」「遅出」、「知（智）出」「血出」「チーダス」、「チャンダス」、「チャンドス」、ホフマンスタール、「ばらの騎士」と、とことん開き直るしかないか。笑止笑止（K）

インド論理学研究　XI

初版　2018 年 11 月 30 日発行

編　集:　松本 史朗　金沢 篤　四津谷 孝道

発行者:　©インド論理学研究会

〒154－8525　東京都世田谷区駒沢 1-23-1

駒澤大学 第二研究館 金沢研究室

発行所:　山喜房佛書林

〒113－0033　東京都文京区本郷 5-28-5

TEL: 03 (3811) 5361

ISSN 1884-7382　定価 4,000 円（税別）